韦政通文集

时代人物各风流

韦政通 著

何卓恩 王立新 编

中 华 书 局

图书在版编目(CIP)数据

时代人物各风流/韦政通著;何卓恩,王立新编. －北京：
中华书局,2011.1
　(韦政通文集)
　ISBN 978 － 7 － 101 － 07489 － 5

　Ⅰ.时… 　Ⅱ.①韦…②何…③王… 　Ⅲ.人物评论 －
中国 　Ⅳ.K820

中国版本图书馆 CIP 数据核字(2010)第 130320 号

书　　名	时代人物各风流
著　　者	韦政通
编　　者	何卓恩　王立新
丛 书 名	韦政通文集
责任编辑	张彦周
出版发行	中华书局
	(北京市丰台区太平桥西里 38 号　100073)
	http://www.zhbc.com.cn
	E － mail:zhbc@ zhbc.com.cn
印　　刷	北京天来印务有限公司
版　　次	2011 年 1 月北京第 1 版
	2011 年 1 月北京第 1 次印刷
规　　格	开本/640×960 毫米　1/16
	印张 21¼　插页 4　字数 250 千字
印　　数	1 － 4000 册
国际书号	ISBN 978 － 7 － 101 － 07489 － 5
定　　价	37.00 元

1958 年于台中东海大学牟宗三先生家门前

1968 年 5 月 4 日,作者与殷海光合影于新竹青草湖

1982年7月朱熹会议期间,作者与哈佛大学教授史华慈(左)、英国汉学家葛里汉(右)合影于夏威夷风景区

1982年7月在夏威夷大学哲学系。前排左起:冒怀辛,赵玲玲,高明,罗光,邱汉生,任继愈,余英时,成中英,张立文;后排左起:姜允明,邓艾民,曾春海,黄俊杰,蔡仁厚,韦政通,秦家懿,傅伟勋

1987 年作者与傅伟勋合影于新竹南园(联合报休假中心)

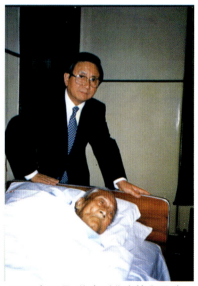

1988 年 5 月,作者到北京协和医院
探望病中的梁漱溟先生

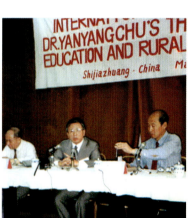

1990 年 5 月,作者在河北石家庄
"晏阳初思想国际学术讨论会"上
发言

1992 年 6 月陈荣捷院士最后一次离开台湾时,作者于机场送行

韦政通(左二)出席"胡适与近代中国国际学术研讨会"

2005 年 5 月,作者与本书编者何卓恩教授(左)、王立新教授(右)合影于其故乡镇江金山寺

不熄的理想火焰

——写在"韦政通文集"出版之际

　　歌德曾说,"读一本好书,就如同和一个高尚的智者在交谈"。陈列在你面前的这部文集,就是当代中国(台湾地区)著名学者、知识分子、思想家韦政通先生以毕生心力和热情,曲折探索和思考的结晶之一,是一部娓娓道来的传统与现代相交响、作者与读者相共鸣的好书。

　　自从西风东渐以来,社会转型的历史课题即在中国出现。围绕是否需要转型,采取何种路径转型,向哪个方向转型等亟需解决的大问题,相继出现几个思想高峰。一是维新时代的"新旧"之思(围绕变与不变、小变与大变而展开的思考与争论),一是革命时代的"主义"之思(民族主义、自由主义、共产主义之间的思想取舍),一是战后和平年代的"现代化"之思(致力于传统与现代的连接,个人、社会、国家价值的均衡)。韦政通先生的思想,是以现代化为中心来展开的。

　　先生致思的时代,变革已成为共识,"天不变道亦不变"的论调,不再能激起社会的涟漪;"主义"之争由于半个世纪理与势的竞争也已渐成定局,有略显过时之虞;而在战后和平发展的时机下,如何为海峡两岸的中国缔造一个光明的前途,遂成为最需要思考的问题。"文化大革命"结束后,尤其20世纪80、90年代以来的大陆思想界,开始全面讨论现代化的道路,而在此之前约二十年,随着台湾地区的经济起飞,现代化已经成为讨论热点。韦政通先生便是这一时期有代表性的思想者之一。韦先生所讨论的问题非常广泛,最主要的兴趣点是在传统思想的现代转化方面。

先生作为思想家，是中国现代思想史上的一个异数，他的学术思想道路充满坎坷和艰险。

先生出身苏南一个小商人家庭，童年时如果按照父亲的愿望，继承家业，依其天资，假以适当环境，或许会成为一个地方上较有实力和影响的企业家。但他不喜欢从商，竟违逆父亲的意愿，只身外出求学镇江、南京、上海，屡经周折，也没有读成一个完整的学历，而后又鬼使神差地跑到台湾去了。完全出乎意料，早期在台湾无依无傍的生活，竟然成了他学术生涯的起点。在那个特殊的时代，不少在各自领域内颇有建树的学者和思想人物，千载难逢地齐聚台岛一隅，为他的学术生命提供了珍贵的营养和不竭的动力。劳思光、方东美、陈康、牟宗三、徐复观、殷海光等学人先后成为他学术生命的浇灌者，一个依靠自学的青年，有此幸运，真可谓生命中的奇遇。

先生在台湾大学旁听方东美先生的"人生哲学"、"印度哲学"课，陈康先生的"希腊哲学史"课，每两周参加一次牟宗三先生在台湾师范学院的"人文友会"，有时因缺车资，必须从火车站步行到台大和师院。"友会"是夜间举行，回到山麓的茅屋已是深夜。其间生活多次陷入绝境，有时仅赖院中木瓜充饥。依靠王船山精神的激励和陆王学说的提撕，先生度过了早期的艰困岁月。

先生是一个个性很强的人，在历经数年跟随牟宗三先生的"信仰之旅"之后，越来越感觉到不满足，遂将自己置于超越师门情感，独自探险的挑战途程中。就在此时，自由主义思想家殷海光先生出现在先生的生活世界里。与殷海光先生的交往颇不同于和牟宗三先生的交往，"在牟先生那里，我只认识他（应该说是崇敬他），不认识自己；在殷先生那里，我认识了我自己"（王赞源《韦政通教授访问录》）。

总结自己的学术生涯，先生自认扮演过三种角色：学者、思想家、知识分子。"做一个学者，是我年轻时的愿望，其他两种角色，绝非当年所敢想象，而是由于不寻常的学思历程，和一些意外的人生机遇塑造而成。"先生的著述,按照这三种角色,可分为学术、思想和社会关怀三部分。具体说,学术部分,专题研究包括"荀子研究"、"朱熹研究"、"董仲舒研究"、"孔子研究"、"毛泽东研究"等,通史撰述包括《中国思想史》、《中国十九世纪思想史》,体现学术通俗化的著作包括《中国文化概论》、《先秦七大哲学家》、《中国的智慧》等;思想部分,儒家思想批判著作包括《传统的透视》、《儒家与现代化》、《中国哲学思想批判》、《儒家与现代中国》、"儒家在台湾经验中的角色"的系列文章等,从传统到现代的思想探索著作包括"以传统批判现代化"系列论文、《中国文化与现代生活》、《中国思想传统的现代反思》等,现代伦理道德问题探索著作包括《伦理思想的突破》、"当代伦理诊断与重建"系列论文;社会关怀部分,包括有关知识分子、台湾政治与文化、中国未来的系列论文。"著述等身",也许可以用来描述先生勤奋笔耕的量,却实在不足以概括先生蔚为大观的学术思想成就和宏博气象,不足以体现他贡献给时人和后世的活生生的智慧。

先生以学术为生命,他的治学,最重客观的精神。先生所献身的学问,是面对活生生的时代问题的学问,他总是以开放的心态,面对中西文化和中西历史,既不妄自菲薄,又不固步自封。

先生以开放的心态,意识到"中国缺乏独立的学统,缺乏为知识而知识、为真理而真理,和这个根本缺陷(逻辑、知识论不发达)是密不可分的。这个缺陷不但长期延误了我国对西方文化的吸收,对中国文化的重建工作,也产生了很大的阻力"。先生此种说法,一方面点出了我国知识分子仍然难于摆脱的自封心态,同时也可看作是对牟宗三先生将儒家当成学问的努力和所做出的杰出贡献的再度提示。

客观的精神导引开放的心态,开放的心态推助客观的精神。先生借助对近代中国不幸遭遇的客观了解,进而再度达成了对近代史上的一些重要历史人物的深切"同情"。"鸦片战后,由于帝国主义列强的侵略本质和中国国力的日益衰微,在这种内外交逼的情况下,使用任何外交策略,基本上都没有获胜的机会。在这期间,我们抵御外侮的条件各方面都非常薄弱,唯一突出的现象,是出了一批杰出人才,这些人才稍早有林则徐,然后是曾国藩、李鸿章、张之洞、郭嵩焘、曾纪泽,他们凭着极有限而又模糊的国际知识,在对交往对手的强度、意向缺乏资讯作为判断依据的情况下,依然要折冲樽俎于列强之间,可谓备极艰辛。""所谓'弱国无外交'","鸦片战争后,在外交上接受残酷考验的不只是少数人才,而是几千年的中国文化"。以当时文化衰落、社会解体、民心涣散的中国,面对强劲无比的西方列强,"不管使用任何外交政策",都同样避免不了一败涂地的结局(《19世纪中国与西方》)。

古往今来,真正的大学问,总是离不开历史的责任和对现实的关怀,这一点在先生的所有文字中都有充分的体现。先生提倡为知识而知识,不是为了让大家脱离生活实际,只是为了培养知识分子独立不屈之品格,意在争取知识本身独立不倚之地位,意在追求热爱真理的新知识传统,而并不是要知识分子放弃对社会、对民族和对人类的责任。先生研习古代思想文化,并不是为了获得一个安宁的栖息场所,从而高枕无忧地安睡其中,往而不返。先生不喜空谈玄理,一言一说必求中的,中历史文化之的,中社会生活之的,中人心风俗之的,中国家民族之的,中人类命运之的。其为现代社会和人生立言的目的性随处流溢。

先生将自己的这种责任情怀称作"现实的关怀",先生对现实的关怀是多角度、多方面的,诸如政治、伦理、教育甚至环境等问题,无不在先生的视野之内,关怀之中。这种关怀充分展现了先生对社会和人生的深挚之爱。

除了在学术、思想上所获得的重大成就之外,先生还以永不停息的追求、坚持不懈的努力,鼓荡理想,燃烧激情,创造了一个生命的奇迹,在自然生命的基础上,不断重新铸造自己,使自己的精神生命不断升级,不断放射出令人艳羡的耀目光辉。也许这才是先生最有感染力和诱惑力的成功。人的一生无论从事什么职业,其所获得的成就,归根到底都是在自然生命的基础上,创造价值生命的成功。这种成功无不在价值原则的导引下进行,无时无刻不受理想光辉的指引。点燃起理想的火焰,让它永不熄灭,并按照它的指引前行,生命的潜能就会得到最大程度的发挥,生命的意义就能在最大的限度内展现。先生的成功,就是理想实现的典范,先生就是一团永不熄灭的理想的火焰。

先生的著作,二十多年前开始在大陆出版。这些著作在大陆读者中引起广泛反响,不少读者意犹未尽,在不清楚联系地址的情况下仍然辗转去信求购先生的其他著作,甚至产生浓厚的研究热情。日益增加的阅读需要,使迄今为止大陆出版的上述著作已经显得难以满足。正是基于这样的背景,在先生的全集目前尚不具备出版条件的情形下,我们认为在先生的全部文字中精选一部分有代表性的文章,编成一套较能反映先生思想各个面向的多卷本文集,也许是一个可解一时之急的办法。我们向先生请示,征得同意,终于有了这套文集的出版。

这部"韦政通文集",基本的选编思路,是希望在尽量体现先生著作结构的同时,能够照顾到大陆读者希望了解先生的实际需要,所以在选材上,采取"论学"、"论世"、"评人"、"自述"的思路分卷。

《传统与现代之间》"论学"部分,列两个专题:一是"儒学新探与方法革新",收录先生研究孔子、荀子、董仲舒、朱熹的几篇文章以及若干讨论研究方法的文章,力图反映先生中国思想史研究的基本主题和风格,使读者了解先生学术研究的基本面貌;二是"传统思想的现代转化",收录先生在学术研究基础上的思想创造作品,包括创造性转化传统的思想和对新伦理问题的思考。

《人文主义的力量》为"论世"部分,列三个专题:"巨变与传统"专题主要体现先生对时代变迁的体认;"知识分子的责任"专题意图体现先生对知识分子使命感的呼唤;"迈出五四的幽灵"专题希望呈现先生对知识分子努力方向的理解。

《时代人物各风流》为"论人"部分,重点突出对人格问题的关注。列传统人物"古典人格的光辉"、近代人物"危机时代的探路者"、当代人物"坚毅的魅力"三专题。本着薄古厚今的原则,传统人物只选取了四篇,近代人物收六篇,当代人物收九篇。

　　《知识人生三大调》为"自述"部分，除了收录学术自传《思想的探险》，同时收录几篇补充性的文章。为显示伦理思想在先生思想中的突出地位，并考虑到各卷篇幅大致平衡，本拟收入"论学"之卷的几篇关于伦理思想的文章和演讲，也作为"我的伦理思想"收录到了这里。本卷最后，附录了一篇概述先生学术思想的文章。

　　由于我们的水平所限和其他种种原因，先生还有许多精彩文字一时尚无法纳入这套文集，这是编者的遗憾，也是编者需要向广大读者致以歉意的。

编者

2008 年 5 月

目录

古典人格的光辉

危机时代的探路者

坚毅的魅力

古典人格的光辉

孔子的性格[①]

一　引言

这里所说的"性格"，相当于司马迁所说"余读孔氏书，想见其为人"[②]的"为人"。在西方，"为学"与"为人"可以分离，有时候分离到甚至相反的地步；在孔子，此二者是分不开的，所谓学，指的就是成德之学，或君子之学，这也是两千多年来儒家传统一贯的见解。

在中国历史上，孔子是怎样的人物呢？梁启超说："自汉以来，号称行孔教二千余年于兹矣，而皆持所谓表章某某罢黜某某者为一贯之精神。故正学异端有争，今学古学有争，言考据则争师法，言性理则争道统；各自以为孔教，而排斥他人以为非孔教……寝假而孔子变为董江都、何邵公矣，寝假而孔子变为马季长、郑康成矣，寝假而孔子变为韩退之、欧阳永叔矣，寝假而孔子变为程伊川、朱晦庵矣，寝假而孔子变为陆象山、王阳明矣，寝假而孔子变为顾亭林、戴东原矣，皆由思想束缚于一点，不能自开生面。"[③]梁氏的原意，是要指出历史上这些思想家们，因思想依附于孔子，而缺乏开创性。此文作于 20 世纪初年，目的是要求思想的解放。他的看法是否正确，在此无法讨论。不过在他生动的陈述

---

①　编注:本文选自韦政通先生著《孔子》,台北,东大图书公司 1996 年版。
②　《史记·孔子世家》。
③　梁启超:《清代学术概论》,台北,中华书局 1989 年版,第 143 页。

中，却也告诉我们一个事实，即孔子其人，在历代思想家心目中，会因其不同的立场和需要，而呈现出不同的精神形貌。例如在古文家看来，孔子是一位整理古史的史学家，在今文家又变成富有革新精神的改革家。在理学家的心目中，又不免把孔子宗教化，如程子说："此圣人之神化，上下与天地同流者也。"①扬雄说："观乎天地，则见圣人。"②孔子明明说："我非生而知之者，好古敏以求之者也。"（7·20）程伊川却认为"孔子则生而知也"③。这种宗教化的倾向，易忽略其人性化的一面。古文家、今文家对孔子的了解，虽不算错，但仅是孔子角色之一端而已。

到今天，我们要怎样了解孔子其人呢？我在《中国思想史》一书中，曾提到民初新文化运动时期的西化主义者，以及稍后兴起的传统主义者，他们对孔子的了解，代表两种大不相同的形象和相反的态度。在前者，孔子成为万恶的渊薮；在后者，穆罕默德、释迦、耶稣皆为"偏至的圣贤型"，只有孔子才是"圆满的圣贤型"。"二者的目的似乎相反，态度也有明显的对立，但有一点是相同的，即在有意和无意之间，都把孔子神圣化、绝对化了，因为不论是功还是过，不论是伟大还是罪恶，都走向极端"。因此，我认为这两种了解孔子的态度，皆不可取。当时我觉得存在主义哲学家雅斯培，在《伟大哲学家》中，讨论苏格拉底、佛陀、孔子、耶稣的态度是可取的。在他的讨论中，既认识到他们的"共同基础"，又了解他们都是"独特的个体"。他把四个伟人放在同一个平面层上透视，直接从生命契入，内心有敬意，但不妨碍理智的分析；能表现客观的认知，但不妨碍主观的体验。这种态度最大的优点，是不同圣者的信徒，以及站在不同民族立场的人，都同样可以接纳④。

徐复观先生曾说过，以卑俗和超越两种态度，都不能了解孔子。所谓卑俗，从徐氏的一些文章，大概包括 1949 年以后大陆的一些反孔学

---

① 《论语·子张》最后一节朱注引。
② 《法言·修身》。
③ 《伊川文集》四《颜子所好何学论》。
④ 以上见韦政通：《中国思想史》，台北，大林出版社 1979 年版，第 63—66 页。

者,和"四人帮"时的批孔,当然也包括"五四"时代的反传统主义者。所谓超越,他指的是"从形上学入手",我想也应包括把孔子宗教化的企图。徐先生欣赏"从具体生命、生活上去接近孔子"①的态度,这正是我在下面要做的工作。

要为孔子写篇完整的传记,因"史有阙文",如没有新出土的资料,已很难办到。但我们仍应感到很庆幸,一位差不多二千五百年前的人物,不但对自己性格上的优缺点,有高度的自觉,而且在学生之前能无隐讳地做自我表白与自我剖析,再加上时人对他的印象和评语,已足够使我们描绘出他那丰富而又多面的性格内涵,也使我们可以接近一位人性化的孔子。

心理学使用人格(personality)与性格(character)这两个名词,在意义上有分歧,也可以相通。在中文里,如写"孔子的人格",似不免会偏向他作为人格典范方面去发挥,"性格"则较为中性,内涵也更为宽广,所以本章的标题用"孔子的性格",而孔子的一些人格特质,也自然包含在其中。

二　孔子的性格

以下列举的孔子的性格,绝大部分是根据《论语》的资料,以类相从而得,《论语》以外的资料也有采用,但很少。至于类别的标题,是否确当,这自然是见仁见智,有兴趣的作者或读者,不妨就自己的了解与体会,重新设计、组合,无论如何,这种方式是值得尝试的。

(一)自我期许极高

如用心理学的术语,就是成就的动机很强。孔子虽是没落贵族的后裔,但自幼家境贫寒,只有一位年少的母亲与他相依为命。他于儿

---

① 　徐复观杂文:《论中共》,台北,时报文化出版公司1980年版,第303页。

时,玩耍的方式,就与其他的孩子不同,所谓"为儿嬉戏,常陈俎豆,设礼容"①。俎、豆连称,代表古代的礼器。我们虽无从揣测他幼小的心灵为何做此选择,但他长大成人后,确是以知礼而闻名于世,这方面的成就,与儿时的爱好,可能有相当的关联。

孔子自我期许极高,最直接的证据,是他对自己学思进境历程的自述:"吾十有五而志于学,三十而立……七十从心所欲不逾矩。"(2·4)十五岁能学什么,不可用现代少年的情况去衡量。在没有广播、电视、报章、杂志的时代,一个十五岁少年读过的书,远比现在大学的研究生要多。"我非生而知之者,好古敏以求之者也"(7·20)虽是后话,于儿时这种倾向便很显著。所以孔子十五岁时所学必很广泛,除了出纳("委吏")、畜牧("乘田")等谋生技能外,还有六艺、诗书和三代文物。子贡说得好:"夫子焉不学,而亦何常师之有?"(19·22)凡是他能接触得到的,都有兴趣去学。由于他的博学多能,使他在面对从国君、权臣到隐者,以及性向不同的弟子时,都能应对自如,应答如流。

"三十而立",就孔子的学思历程而言,"立"是指确立了人生奋斗的目标,这目标就是"士志于道,而耻恶衣恶食者,未足与议也"(4·9)的"士志于道"。这一点孟子非常了解:"王子垫问曰:士何事? 孟子曰:尚志。曰:何谓尚志? 曰:仁义而已矣。"②仁义即"道"的主要内涵。"士志于道",就是要为新兴的士这种角色,确立新的价值取向,并努力给它贯注一种理想主义的精神③。所以"三十而立"最能证明孔子高度的自我期许。

(二)兴趣广泛,多才多艺

"太宰问于子贡曰:夫子圣者与,何其多能也? ……子闻之,曰:太宰知我乎! 吾少也贱,故多能鄙事。君子多乎哉? 不多也"(9·6)。孔

---

① 《史记·孔子世家》。
② 《孟子·尽心上》。
③ 余英时:《中国知识阶层史论》古代篇,台北,联经出版事业公司1980年版,第39页。

子不但重视人的多能，且认为作为君子，才能越多越好。他不但自认多能，时人的印象也是如此。孔子以"君子不器"(2·12)教人，也是要求想成为君子，就应具备更多的才能。兴趣广泛，可能有天赋的成分，多才多艺，则必须经由学习，孔子为此曾下过很大的功夫。"子入太庙，每事问"(3·15)，这是"好古敏求"的具体表现。六艺中"书"、"数"，乃"委吏"必备的条件，孔子年轻时曾靠它谋生。至于"御"，孔子体格魁梧，据《吕氏春秋·慎大览》："孔子之劲，举国门之关，而不肯以力闻。"可以想见，他必是此中高手。"子曰：君子无所争，必也射乎？揖让而升，下而饮，其争也君子"(3·7)。"子曰：射不主皮，为力不同科，古之道也"(3·16)。他赋予"射"一种礼的精神，所谓"射者进退周还必中礼"①。如果他不是擅长这种技能，并熟知射的杀伤力，就不可能想到要将"武射"转化为"礼射"。至于"礼"、"乐"和诗、书，乃孔子知识与智慧的主要来源，这些古典传统中的经典，是经由孔子创造性的诠释，才树立起权威的地位。特别是对"乐"，他三十五岁时，因鲁国闹政变，他逃往齐国，在那里听到韶乐，竟沉湎其中，到"三月不知肉味"(7·14)的地步。

　　大家都知道，孔子是把官学转向平民、普及民间的第一位大教育家，但也应知他的教育与现代所重的专技和专家的教育绝不相类。他教育的主要目的在培养君子，是铸造人格的教育。这种教育的理想是《周易·贲卦象辞》所说的"人文化成"。孔颖达疏："言圣人观察人文，则诗、书、礼、乐之谓，当法此教而化成天下。"孔子重视多能，并将自己培养成多才多艺，因为他的理想，是要做一个"人文化成"的教师。

（三）不厌不倦的精神

　　"子曰：默而识之，学而不厌，诲人不倦，何有于我哉"(7·2)？"子曰：若圣与仁，则吾岂敢？抑为之不厌，诲人不倦，则可谓云尔已矣。公西华曰：正唯弟子不能学也"(7·34)。这是孔子对自学与教人的生活

---

① 《礼记·射义》。

状况，最生动最感人的自白。作为一个教师的角色，这种不厌不倦的精神，就是最显活最有力的身教，也是众多弟子，虽历经危难，始终对他心悦诚服的原因。

"子曰：学如不及，犹恐失之"（8·17）。这两句话正如王熙元先生所说，描绘出一个兢兢业业、孜孜不息地追求学问的人，那种汲汲求进、奋勉努力的心理状态。因学无止境，又如逆水行舟，不进则退，所以应抱有"学如不及"的心情，而兢兢努力于子夏所谓"日知其所亡"（19·5），这是追求新知；还要抱着"犹恐失之"的心情，而孜孜致力于子夏所谓"月无忘其所能"（19·5），这是巩固旧学。二者都需要戒惧勤奋、全力以赴，以做到《周易·乾卦象辞》所谓"自强不息"①。

梁启超说："学而不厌，诲人不倦，这两句话看似寻常，其实不厌不倦，是极难的事。"②所以极难，是因要具备这种精神，至少要有毅力、耐心、体能，毅力来自坚强的意志，耐心要靠长时间的磨炼，有良好的体能才可持续。除了这些基本条件之外，还要养成一种不同于一般的生活方式，也就是要做到使工作与自己的生活、甚至生命结而为一，这样才能达到"发愤忘食，乐以忘忧，不知老之将至"（7·19）的境界。公西华说"正唯弟子不能学也"，想必他也体认到其中的艰难。这的确不是一般人可学而至的境界。

（四）幽默

林语堂于《论孔子的幽默》③一文中，以"入情入理"、"不如意事，十居八九，总是泰然处之"、"安详自适"、"最近人情"、"活泼泼"、"人情味"、"脱口而出"、"全无架子"、"不装腔作势"等语形容孔子。其实，孔子所表现的，正是所有真正幽默者共同具有的人生态度和生命特质，不具备这些条件，是幽默不起来的。

---

① 王熙元：《论语通释》，台北，学生书局 1981 年版，第 450 页。
② 梁启超：《孔子》，台北，中华书局 1962 年二版，第 61 页。
③ 林语堂：《论孔子的幽默》，台北，德华文化公司 1982 年版，第 47—52 页。

　　孔子在日常言行中,表现幽默之处很多,下面举几个例子:

　　(1)"达巷党人曰:大哉孔子! 博学而无所成名。子闻之,谓门弟子曰:吾何执? 执御乎? 执射乎? 吾执御矣"(9·2)。达巷党人虽知孔子伟大,但并不真正了解孔子。孔子的反应,自朱熹以降,大都以为是自谦之辞,这种了解,不免迂腐。林语堂认为,"这话真是幽默的口气,我们也只好用幽默假痴假呆的口气读他。这哪里是正经话? 或以为圣人这话未免煞风景,但是孔子幽默口气,你当真,煞风景是你,不是孔夫子"。① 一句简单明了的话,因出之于自嘲的语气,在体认上竟有如此大的差异。由此可见,读《论语》要读出味道,不能一味"正经八百"地去读,有些地方,必须"换个脑袋"去读,才行。

　　(2)"子贡曰:有美玉于斯,韫椟而藏诸? 求善贾而沽诸? 子曰:沽之哉! 沽之哉! 我待贾者也"(9·13)。子贡从商,提的问题,不脱商人本色,他把老师比之为待价而沽的商品,孔子一点也不觉得有损颜面,反而顺着弟子的口气大声说:要卖! 要卖! 我就是在等待识货的买主啊。这当然是一种幽默。从他直率的反应中,使我们看到一位"脱口而出"、"活泼泼"的孔子。说罢,师生二人,必然是抚掌大笑。

　　(3)孔子六十三岁那年,因吴攻打陈,迫使他不得不逃离陈国,在往蔡国的途中断了粮,面临如此困境,他仍"讲诵弦歌不衰","泰然处之"。子路却很恼火,一则曰:"君子亦有穷乎?"再则曰:"意者吾未仁邪? 人之不我信也。"子贡也有点按捺不住:"夫子之道至大也,故天下莫能容夫子,夫子盖少贬焉(何不降低自己的标准,削价以求)?"孔子不以为然。轮到颜回,只有他的话,最使孔子窝心,他说:"夫子之道至大,故天下莫能容。虽然,夫子推而行之,不容何病? 不容然后见君子。夫道之不修也,是吾丑也。夫道既已大修而不用,是有国者之丑也。不容何病? 不容然后见君子。"②孔子听了欣然而笑:"有是哉颜氏之子! 使尔

①　林语堂:《论孔子的幽默》,台北,德华文化公司 1982 年版,第 50 页。
②　以上均见《史记·孔子世家》。

多财,吾为尔宰。"意谓:颜家有这样的好儿子,假使你能富贵起来,我愿意做你的家臣啊。这种语气是多大的幽默!

(4)《史记·孔子世家》:"孔子适郑,与弟子相失,孔子独立郭东门。郑人或谓子贡曰:东门有人,其颡似尧,其项类皋陶,其肩类子产,然其要(腰)以下不及禹三寸,累累若丧家之狗。子贡以实告孔子。孔子欣然笑曰:形状未也,而谓似丧家之狗,然哉!然哉!"如是普通人,被陌生人视为狗,必然感到受辱而大怒。孔子并不以为诬,反而觉得人家的形容,倒很逼真。如没有健康的心理,如缺乏充分的自信,是表现不出如此自嘲式的幽默的。

(五)率真自然

"子之燕居,申申如也,夭夭如也"(7·4)。这是描述孔子在家闲居时的生活状貌,"申申"言其和顺舒畅,"夭夭"言其轻松愉悦,既不拘谨,也不放肆。和顺舒畅表现其率真,轻松愉悦则合乎自然。"子于是日哭,则不歌"(7·10)。"子与人歌而善,必使反之,而后和之"(7·32)。所谓"是日哭"之"是日",不限于吊丧之日,应包括知道所有亲朋故旧死讯之时。除了这些日子,他是很喜欢唱歌的,不但一个人唱,有时也与人一齐唱,从这些地方可看出,孔子是相当感性的。庄子的妻子死了,他却鼓盆而歌[①],这也是率真自然,但不是感性的,而是超感性的。就感性言,庄子已是矫情。孔子的率真自然,就在感性中表露,所以是人性化的。

"子疾病,子路请祷。子曰:有诸?子路曰:有之。诔曰:祷尔于上下神祇。子曰:丘之祷久矣"(7·35)。朱注:"圣人未尝有过,无善可迁,其素行固已合于神明,故曰丘之祷久矣。"杨伯峻认为"这完全不合于孔子的本意"。他批评是对的。但杨氏以为孔子这样说,"是作委婉

———————

① 《庄子·至乐》。

的拒绝"①,也不对。孔子患了重病,这时刻的心理状态,自然比较脆弱。在平时,他虽少言鬼神,甚至不信鬼神,到病重时,则祈神保佑,毫不矫作,正是率真自然的表现。假如在这种情况下,仍执意拒绝祈祷,便是矫情,便不是人性化的孔子。孔子有非常人的一面,也有常人的一面,所以说是"平凡中的伟大"②。"伟大"令人崇敬,"平凡"则使人更易亲近,偏向任何一面,就无法体认他的真性格,了解他的真面目。

"子曰:二三子以我为隐乎?吾无隐乎尔!吾无行而不与二三子者,是丘也"(7·24)。有隐,便显得虚伪,虚伪就不免装腔作势。为人坦诚无隐,坦荡无私,才能做到率真自然。有人说,"孔子的人格,有如透明的水晶体"③,这从率真自然的性格可以看出。就因为他有这种性格,所以弟子偶尔遭到责骂,也不会感到是一种伤害。

(六)虚怀若谷,从善如流

"子曰:若圣与仁,则吾岂敢"(7·34),"子曰:文莫吾犹人也。躬行君子,则吾未之有得"(7·33),"子曰:君子道者三(指仁者不忧,知者不惑,勇者不惧),我无能焉"(14·28),这是虚怀若谷。"子曰:三人行,必有我师焉。择其善者而从之,其不善者而改之"(7·22),"子曰:见贤思齐焉,见不贤而内自省也"(4·17),"孔子曰:见善如不及,见不善如探汤"(16·11),这是从善如流。虚怀若谷与从善如流,乃一体二面,相伴而行。凡是虚怀若谷者,必能从善如流;反之,能从善如流者,必因其虚怀若谷。以"三人行,必有我师焉"为例,因孔子"学无常师",此正表白了他虚怀若谷、好学迁善的精神。同时,"必有我师"则表现了他从善如流的态度。这不仅表现在谦虚、诚恳,敢于承认别人的优点、长处;而且还要有"不耻下问"、放下架子甘当学生的气度,和不嫉妒别人优点、长

---

① 杨伯峻:《论语译注》,北京,中华书局1980年版,第83页。
② 此乃徐复观语,见氏著杂文集《论中共》,台北,时报文化出版公司1980年版,第278页。
③ 徐复观:《论中共》,台北,时报文化出版公司1980年版,第362页。

处的胸怀①。

"子曰:吾有知乎哉?无知也"(9·8)。"子绝四:毋意,毋必,毋固,毋我"(9·4)。"吾生也有涯,而知也无涯"。学的越多,知识越博,就会感到不知道的更多。孔子自认无知,就是由于这种自觉。有了这种自觉,才能做到"四毋"。"四毋"是不臆测,不武断,不固执,不自以为是。这既是为学的不二法门,也是做人的极高境界。这也是孔子能做到虚怀若谷、从善如流的根本原因。

(七)好恶显明

读《论语》只要稍加留意,对孔子的好恶显明都会留下深刻印象。好恶中自有是非,但毕竟与是非不同。是非涉及知识的真假、对错,与历史的判断,像对尧、舜与桀、纣,就不是单纯的好恶问题,而是属于是非的判断。好恶的对象主要是眼前的人与事,因此常带有情绪性,孔子也不能免。孔子所好之人,为具有木讷、谦逊、知耻、好学、刚毅等特质者;所恶之人,为巧言令色、好勇疾贫、从而不改(阳奉阴违)、言过其行、骄且吝、佞人。

兹以孔子对弟子为例来看。毫无疑问,颜回乃孔子弟子中德性造诣最高的一位,孔子对他常无保留地加以称许:"回也,其心三月不违仁"(6·7);"惜乎!吾见其进也,未见其止也"(9·21);"哀公问:弟子孰为好学?孔子对曰:有颜回者好学,不迁怒,不贰过"(6·3)。孔子对颜回,似乎有好而无恶,至多只说过"回也,非助我者也"(11·4)。盖颜回为人木讷,"不违如愚",从他那里不易获得教学相长之乐。

子路的个性勇猛刚直,对孔子的言行,往往直言不讳,提出不同的看法,孔子对他的好恶也十分显明。"衣敝缊袍,与衣狐貉者立,而不耻者,其由也与"(9·27),"片言可以折狱者,其由也与"(12·12),这是说子路有自信、自尊、果断的优点,为孔子所好。"子路曰:子行三军则谁

---

① 姚式川:《论语体认》,台北,东大图书公司1993年版,第57页。

与？子曰：暴虎冯河，死而无悔者，吾不与也。必也临事而惧，好谋而成者也"（7·11）。"子路曰：卫君待子而为政，子将奚先？子曰：必也正名乎！子路曰：有是哉，子之迂也！奚其正？子曰：野哉由也！君子于其所不知，盖阙如也"（13·3）。这是说子路有勇而无谋、粗野无礼的缺点，为孔子所恶。尽管子路常出言不逊，但他跟随孔子四十多年，始终忠心耿耿，孔子也觉得他是可以共患难的人，所谓"道不行，乘桴浮于海，从我者，其由与"（5·7）！

孔子对冉有、宰予，与颜回恰相反，似乎有恶而无好①。"季氏富于周公，而求也为之聚敛而附益之"，对这种事，孔子气得破口骂他"非吾徒也，小子鸣鼓而攻之可也"（11·17）。宰予因大白天去睡觉，孔子斥责他"朽木不可雕也，粪土之墙不可圬也，于予与何诛"（5·10）！另一次，因宰予不赞同三年之丧，孔子又严责他"予之不仁也"（17·21）。孔子对弟子很爱护、很关心，但有话直说，绝不敷衍，从这些地方可以使我们了解所谓"师严而后道尊"。

孔子对弟子如此，对老友与权臣也不例外。有一次，孔子去看老友原壤，原壤却两腿张开蹲在地上等他，孔子看他这副德性，立即破口而出："幼而不孙弟，长而无述焉，老而不死是为贼。"并以手杖叩击他的小腿（14·43），对无礼者还以颜色。有一次孔子谈到权臣季氏，对季氏的僭越，非常生气，他说："八佾舞于庭，是可忍也，孰不可忍也？"（3·1）孔子也曾直言卫灵公的昏庸无道（14·19），他告诉子贡，如今那些当道者，都是些饭桶（"斗筲之人"）（13·20）。这就是孔子，很人性化的孔子，如果你先入为主地心中存个圣人的形象，就无法体认出会生气、会骂人、活泼泼的孔子。

---

① 孔子曾说"冉求之艺"（14·12）。又说"求也艺，于从政乎何有"（6·8）。不过，在答孟武伯问"求也何如"时，孔子答道："求也，千室之邑，百乘之家，可使为之宰也，不知其仁也。"（5·8）可知所谓"从政"，做家臣而已，为了谋生，孔子虽不反对弟子出任家臣，但此绝非孔子所好（称许）的对象。孔子对伦理的要求，远在家臣伦理之上。

（八）能坦然面对自己的过失

孔子曾多次谈到过失的问题，这是人人必不可免，且时常要碰到的问题。要人坦然面对自己的过失，说来容易，要切实做到，实在很难。孔子教人"过则勿惮改"（1·8）。又说"过而不改，是谓过矣"（15·30）。因人都会犯过，所以犯过是可以原谅的，但过而不改，就不可原谅。话虽如此说，真正要切实改过，并不容易，所以孔子说："已矣乎！吾未见能见其过而内自讼者也。"（5·27）这已不只是对过失，而是对人性的一种洞察。一般来说，"见其过"并不难，问题在绝大多数的人，在"见其过"以后，总有借口来掩饰或搪塞，很少在"见其过"以后，会内心感到羞耻，而痛切自责的。有了这一层的洞察，再看孔子的自我表白，"加我数年，五十以学《易》，可以无大过矣"（7·17），就可以知道他真是一位"躬自厚"而又严于律己的人。从他的话，无异告诉我们，在四十多岁以前，大小过都有过。这里只说"无大过"，可见今后小过还是不能免的。只有自省到这一地步的人，才能坦然面对自己的过失。

"陈司败问：昭公知礼乎？孔子曰：知礼。孔子退，（陈司败）揖巫马期（孔子弟子）而进之，曰：吾闻君子不党（偏私），君子亦党乎？君（昭公）取（娶）于吴为同姓，谓之吴孟子。君而知礼，孰不知礼？巫马期以告。子曰：丘也幸，苟有过，人必知之"（7·31）。鲁昭公在当时以知礼著称，但在婚姻上却违背了"同姓不婚"的古训。陈国的这位司寇贸然而问，似乎有意要为难孔子，孔子不察，也贸然而答，结果掉入对方的语言陷阱。孔子本可为自己辩白："我说昭公知礼，是就一般的评价而言。"孔子未为自己辩白，反而坦然面对自己的过失。"苟有过"之"过"不在知礼与悖礼的矛盾上，而是在"贸然而答"上。从这些地方可看出孔子随时都能实践"反求诸己"、"躬自厚而薄责于人"的德行。

（九）和蔼中带有严肃

"子温而厉，威而不猛，恭而安"（7·38）。温和使人感到和蔼可亲，但一味温和易流于乡原,温和中带有严肃,则不但可亲,而且可敬。一般有威严的人,会显得凶猛,令人望而生畏。孔子的威严,盖得之于修养,是诚于中而形于外的自然流露,因此,不会使人感到凶猛,反而使人不敢轻慢。一般人的恭敬,往往流于谄媚或做作,孔子对人的恭敬,因出于内心的真诚,因此感到自然而安详①。这是弟子对孔子日常待人接物的容色神态的印象,是中庸的人格,是为人师表者极具魅力的特质。子贡说"夫子温、良、恭、俭、让"(1·10)。温是和蔼,良是平易,恭是庄重,俭是节制,让是谦逊,与上述的印象,是完全一致的。"子夏曰:君子有三变:望之俨然,即之也温,听其言也厉"(19·9)。"三变"指给人有三种不同的感受。子夏所说的"君子",显然是以孔子为标准。可见孔子的容色神态,在弟子间已逐渐形成一种共识。

(十)安贫乐道

子贡问:"贫而无谄,富而无骄,何如?"孔子答道:"可也,未若贫而乐〔道②〕、富而好礼者也。"(1·15)贫穷而不阿谀谄媚,富有而不傲慢凌人,在一般人已不容易做到,所以孔子说"可也"。但这也只是一点起码的做人道理,孔子不希望弟子就停留在这个层次上,他希望弟子生活不论是贫是富,都应当追求一种更高的人生价值和理想,这更高的人生价值和理想,就是贫而能乐道,富而能好礼。孔子一生贫苦坎坷,是否能做到"富而好礼",无从验证。从他的自白"饭蔬食,饮水,曲肱而枕之,乐亦在其中矣。不义而富且贵,于我如浮云"(7·16),相信他的生活已经达到"贫而乐道"的境界。

安贫乐道,指涉到一个非常严峻的问题,这问题是:一个理想主义者("士志于道"),当他无法用世行道,甚至因外来的打击,使他的生活陷入贫穷的境遇,这时他要如何自处? 如何仍能保持理想主义的精神?

---

① 以上参考姚式川:《论语体认》,台北,东大图书公司1993年版,第96页。
② 据《史记·仲尼弟子列传》补。

在孔子的想法里,显然认为安贫乐道不是一蹴可及的境界,在这之前,似乎至少要先经历一个安贫力学的阶段:"子曰:君子食无求饱,居无求安,敏于事而慎于言,就有道而正焉,可谓好学也已。"(1·14)在这阶段,道仍是悬着的目标或理想,尚未进入生活与生命之中,"就有道而正焉",这时仍需师友的夹持或协助,所谓"以友辅仁"是也。"好之者不如乐之者",由"好学"升进到"乐道",这时道与生活、与生命打成一片,道赋予生活新的意义,道使生命有了新的光辉,因此使人乐在其中。乐道故能忘忧,乐道然后能真正安贫。

从好学到乐道,其间具体的下手工夫,孔子也有一些提示,如"不耻恶衣恶食"(4·9)、"贫而无怨"(14·10)、"人不知,而不愠"(1·1)、"君子固穷"(15·2)、"不怨天,不尤人"(14·35)。这些不是教条,不是空洞理论,而是孔子在长期的困顿岁月中,因"守死善道"(8·13)而累积的经验之谈,对"士志于道"者,是可以努力做到的。

(十一)富使命感

从孔子的一些自白中,可以使我们感受到,他富有强烈的使命感,下面举两个例子:(1)"子曰:天生德于予,桓魋其如予何?"(7·23)这是当孔子离开曹国,到了宋国,正与弟子们习礼于大树之下,不知何故,宋国的司马桓魋,竟企图杀害孔子,弟子们劝他赶快逃走,孔子的回答,颇有以"救世主"自命的意味[①]。(2)"子畏于匡,曰:文王既没,文不在兹乎?天之将丧斯文也,后死者不得与于斯文也;天之未丧斯文也,匡人其如予何?"(9·5)这是孔子离开卫国,到陈国的途中,经过匡地,匡人因曾受阳虎的暴虐,而孔子的相貌似阳虎,遂遭拘留[②]。值此危难之际,孔子的话仍以周文化的传承与振兴为职志,他的口气与桓魋之难时,如出一辙。这都是在生命遭到威胁,甚至在死亡的阴影之下,爆发出来的

---

① 《史记·孔子世家》。
② 《史记·孔子世家》。

一种神秘感和高峰经验,并超然地感到有一股强大的力量涌现,因而透露出这位老道德家宗教心灵一面的信息。

不但孔子自觉到上天赋予他一种使命感,时人对他也有同样的了解,例如仪封人告诉他的弟子:"二三子何患于丧乎!天下之无道也久矣,天将以夫子为木铎。"(3·24)又如晨门就认为孔子是一位"知其不可而为之者"(14·38)。弟子更不用说了,大弟子子贡就说过,他的老师"固天纵之将圣"(9·6)。从这些方面看来,孔子似是一位"神宠领袖"(Charismatic leader)①,后来历史上将其神化,在孔子的生命史里,也不能说全无根据,问题是不能因此而忽略他人性化的一面,孔子之可爱可敬、可长可久,在此而不在彼。

(十二)行为合乎伦理

孔子这方面的表现,读过《论语》的人,大概都会想到《乡党》篇。《乡党》篇对孔子的日常生活、服饰、饮食、谈吐、容貌、起居、举止,以及上朝的礼仪,都有细腻而详尽的记载。朱注引尹氏之言,以为《乡党》所记,"盖圣德之至,则动容周旋自中乎礼耳"。此本于《孟子·尽心下》"动容周旋中礼者,盛德之至也"。日人竹添光鸿的《论语会笺》,对《乡党》最后一节的解说是:"夫孔子之圣,时行则行,时止则止,动静语默,莫非时中,编者因又置之于篇末以拟之,盖明《乡党》一篇皆为时中也。"这都是心中先存有圣人的形象,因此认为这些有关圣人言行举止的记载,无不中礼,无不合乎伦理。

我们并不怀疑《乡党》所记的真实性,而且认为这是认识孔子另一面的珍贵史料。从这些记载,使我们了解孔子为了准备出仕,为了周旋

---

① 何谓"神宠领袖"?据张德胜说:"神宠也者,指个人所具备的卓尔不群的特质,在别人心目中拥有神授天纵的超凡本领,志在替天行道,或者是完成某项特殊的历史任务。具备此种特质而被拥戴为领袖的人,就称为神宠领袖"。又说"孔子的神宠魅力,部分源于他本人的非凡智慧,但更重要的,则是他所赋予自己的历史使命感"。(见《儒家伦理与秩序情结》,台北,巨流图书公司1989年版,第145页。)

于公卿之间，早就学会了贵族阶级的全部礼仪，和他们的生活方式。《乡党》所记，多半应是出仕四年中的生活情形，就当时的标准而言，说它无不中礼，也没有错。近人梅光迪说："《论语》中最为令人所诟病者，莫如《乡党》一篇，实则此篇所记，最为传神之笔。"①为何"令人诟病"？我想主要是这种生活并不具普遍性，有些也经不起时间的考验，当时移境迁，礼仪是会变的，生活方式也是会变的。当孔子离开官场，流浪异国的十四年中，生活方式必有所改变。特别是他主张"士志于道"，要想成为士或君子，就得准备适应另一种生活方式，其中之一项，就是"不耻恶衣恶食"(4·9)，这与《乡党》中考究服饰，讲究饮食，就大相径庭了。就士而言的一些要求，倒是经得起时间考验的，因为只要有理想主义者存在，那些要求总是有效的。

因此在今天，行为合乎伦理的证据，就不能以《乡党》作为主要的依据。下面举两个特殊的例子，一在危难之中："在陈绝粮，从者病，莫能兴。子路愠见曰：君子亦有穷乎？子曰：君子固穷，小人穷斯滥矣。"(15·2)君子为何要"固穷"？为了"守道"。不要把这一点看得容易，朱熹就曾说过："平生为学，只学固穷守道一事。"②孔子在几乎身陷绝境的情况下，仍然要求自己与弟子们，固守做人的基本原则（道），因为没有它，生命还有何意义。另一例子是在重病之时："子疾病，子路使门人为臣。病间，曰：久矣哉，由之行诈也！无臣而为有臣，吾谁欺？欺天乎？且予与其死于臣之手也，无宁死于二三子之手乎？且予纵不得大葬，予死于道路乎？"(9·12)当孔子病重得可能死去时，子路觉得老师这么伟大，如以士礼送终，未免太委屈，于是叫同门伪装家臣，这样可仿照大夫之礼为老师送终。孔子知道了，就责备子路。可见他在重病时，仍坚守礼仪，绝不自欺、苟且。在危难中、在病重时都如此，则平日所作所为，处处合乎伦理，应不难想见。公明贾曾告诉卫国大夫公叔文子："夫子

---

① 转引自张其昀：《孔子新传》，台北，华冈出版部 1974 年版，第 140 页。
② 转引自陈荣捷：《朱学论集》，台北，学生书局 1982 年版，第 225 页。

时然后言，人不厌其言；乐然后笑，人不厌其笑；义然后取，人不厌其取。"(14·13)这是孔子日常行为合乎伦理的一个旁证。

三　平凡中的伟大

在描述了孔子的性格之后，有几点较为突出的印象，愿在此略加申论：

第一，在世界与佛陀、耶稣等同等级的伟人中，毫无疑问，孔子是最少神话和神秘色彩的人物。虽然在危难中，在使命感的驱使下，也会激发出他的神秘感，并显露其宗教心灵的一面，但他从不以此自豪，更未以此教人。他经由教育、希望养成的理想人格是君子，而君子毫无神秘的色彩。当然，任何民族对待自己的伟人，在历史演变的过程中，都不免会把他塑造成毫无瑕疵的神人，孔子在中国史上也不例外。孔子并非宗教家，却产生了无远弗届的宗教性的影响，与神人的塑造必然有关，就孔子生命的本质而言，这毕竟不是尊孔的正道。因孔子一旦神化，反而使一位平实可亲、人人可学的典范，变得高不可攀，这与他特重"人间性"的精神是不合的。上文对孔子性格的探讨，就是要跳出历史上的种种夹杂，根据原典，恢复他的本来面目。

第二，在十二项性格的描述中，其内涵不但都与道德相关，且集中凸显出一个伟大道德家的人格，与宗教家佛陀、耶稣，哲学家苏格拉底的人格，明显不同。孔子其人，既无天国的期盼，也无地狱的恐惧。他一生的志业，主要是周文传统的振兴与人间秩序的重建。他与"天下人同群"、共忧乐，所谓"鸟兽不可与同群，吾非斯人之徒与而谁与？"(18·6)①

第三，孔子出身贫贱，不靠神灵的付托，没有神话的渲染，完全靠自身"下学而上达"的努力，成就其伟大。后代的士人们，对他道德上的成

---

① "与此天下人同群"，乃此章邢昺疏中语。

就,或仅能与司马迁一样,"虽不能至,然心向往之"①,但他那奋发向上、不厌不倦的精神,世世代代不知激励并鼓舞过多少寒门中有志之士。孔子因未能得君行道,一生坎坷,可是由于他的坚持,和不屈不挠的奋斗,却能在仕途之外,开辟出一条自立自主、无待于外的人生道路,使后代有志之士,知道在"程文之外,另有学问;科名之外,另有人生;朝廷之外,另有立脚地"②。两千多年来,人道得以维系,人文传统得以延续,其基本的动力,有赖于此。

第四,读《论语》的人,大概对颜回居陋巷仍不改其乐的生活,会留下深刻的印象,对孔子的安贫乐道,也会兴起几分敬意,但不一定知道,这种人生态度、人生境界,在儒学发展史上,对儒学命脉的延续,有多重要。以朱熹为例,他是南宋以下数百年,影响仅次于孔子的一位大儒,从陈荣捷先生《朱子固穷》一文,可知他一生大半贫穷,尝自谓:"饥寒安习已久","生计逼迫非常,但义命如此,只得坚忍耳","吾人当此境界,只有固穷两字,足着力处","贫者士之常,惟无易其操则甚善"③。由朱子的自白,可见要做到安贫乐道,需要一番修养的工夫,孔子说"贫而无怨难",为何难? 因为在长期的贫困中,还要做到"无易其操",没有"以身殉道"的决心,是做不到的。朱子如果没有这种精神,就不可能成为儒学巨擘。

此外,王船山于反清复明的希望幻灭后,长期过着艰苦卓绝的隐遁生涯,读者应不致陌生。方以智因其生活太苦又多病,曾赠诗劝他"何不翻身行别路"? 他的回答是"穷措生涯有火传"。在如此境遇中,他却创造了生命的奇迹。他著作宏富,思想有深度,在儒学史上恐是唯一能与朱子匹敌的大学问家④。

---

① 《史记·孔子世家》。
② 徐复观:《中国知识分子的历史性格及其历史的命运》,见《学术与政治之间》甲集,台中,"中央书局"1960 年版,第 147 页。
③ 陈荣捷:《朱学论集》,台北,学生书局 1982 年版,第 224 页。
④ 以上参考韦政通:《中国思想史》(下),台北,大林出版社 1980 年版,第 1358 页。

　　与船山同时代的李二曲,学术思想方面的成就并不大,但在安贫守道这方面,活圣贤应不过如此。他在"数十年历人世未有奇苦"的生活中,把孔子平日教人的"贫而无怨"、"木讷于言"、"耻其言而过其行"、"言忠信,行笃敬"、"隐居以求其志,行义以达其道",在一无凭借的情况下,全做到了[①]。

　　在中国思想史上,类似的例子,不胜枚举。贫穷本身并无价值可言,所以安贫乐道的重点,端在乐道或守道。将来历史条件改善后,或不至于使有志之士,再像传统士人过贫苦的生活,但如缺乏守道或为理想献身的精神,作为人类文明进步主要动力的理想主义,将无法存续下去。

---

①　韦政通:《中国思想史》(下),台北,大林出版社 1980 年版,第 1385 页。

中国哲学史上的四种不同人格[①]

一 导言

20 世纪由于科学迅速的发展,不但提高了人类的生活水准,也确实解放了人类的智能,为人类潜力的发挥,提供了良好的环境和崭新的天地。但丰硕的科学成果,由人的智能创造以后,渐如脱羁之马,人自己却无法对这些成果做有效的控制。因为科技而造成的 20 世纪新文明,带来的是人类前所未有富庶丰盛的景象,这景象吸引了全人类的注意力,这景象迫使人类向前奔跑,虽经过两次毁灭性的大战,曾使人感到短暂的幻灭。但它的引诱力,仍然有增无已,人类对科技文明的迷执,暴露了人类自身的大问题——物质生活与精神生活失调的问题。

20 世纪的存在主义哲学家,以及少数诗人、小说家如艾略特、汤玛斯曼、海明威等,在他们的作品里,早就表现或剖析了这个问题。艾略特有一首叫"空心人"(The hollow man)的诗,空心人真是 20 世纪人类极佳的象征,表现人类活着如行尸走肉,物质虽充斥世界,心灵却日渐萎缩、空虚。海明威的名著《老人与海》,也为当代人类提供了极有力的

---

① 编注:选自韦政通先生著《中国思想传统的现代反思》,台北,桂冠出版公司 1990 年版,附录。

启示:老人代表人类,鱼象征着大自然,老人与鱼在海上经过八十余天的搏斗,表面上是胜利了,但带回来的鱼,却只剩下几条鱼骨头。海明威藉着这个扣人心弦的故事,要告诉人类的是:征服自然的努力,终将成为徒劳,人类应该及早回头。因人类对科技文明迷执太深,诗人和小说家们的洞识,竟没有收到预期的效果。目前弥漫在全世界每一角落,尤其是那些高度现代化的国家,已普遍响起空虚、苦闷、孤独的呼声,这呼声表现出这个问题的严重性①。

　　作为一个中国人,尤其作为一个中国文化的研究者,有责任去探讨这样一个问题:面对人类由于科技文明日益加深的疏离感而产生的心灵空虚、苦闷和孤独,中国几千年的传统文化,能不能提供一些克服这问题的智慧呢? 今天我选择这个题目,就是在这个问题的追逼下而想到的,也可以说是我尝试着去回答这个问题的一个端绪。在我的了解中,中国传统文化的智慧,虽不足以克服当前人类心灵的复杂问题,但中国经几千年忧患培育的文化智慧,尤其是文化智慧与生活凝结而成的一些人格典型,对当代人类苏醒灵魂和恢复自我的努力,无论如何可以提供一份丰富的滋养。

　　下面所讲到的四种人格,不一定能称之为人格典型,却的确具有独特的风格。他们在历史上的评价,虽有褒有贬,但在今天看来,这四位哲家的人格,都是很值得我们向往的。

二　孟轲的刚健

　　孟子是中国哲学史上最富有光彩的哲学家之一。一般提到孟子,总与他的性善学说不可分,根据当代心理分析家对人性探讨的成果而言,孟子的人性思想,势必逐渐消失其重要性;可是孟子的人格光彩,却

---

①　目前流行在世界各地的 Hippies,就是一个例子。关此,可参看韦政通《人文主义与西皮运动》一文,此文原为台北医学院人文研究社的演讲稿,后发表于中原理工学院《中原青年》第18期和《自立晚报》。

不会因时代的久远而稍逊色。读《孟子》一书,不难感受到一股逼人的光焰,这种光焰,是由于他刚健的人格发射出来的,而刚健就正是他人格最突出的部分。

孟子的刚健人格,具有哪些内涵呢?

第一,坚强的自信心

这是世界上具有特殊成就者必备的一个条件。有人自信可以创造一种新的学说,有人自信可以成就一种新的功业,创造新学说,成就新功业,就是人生的肯定,就是生命意义的赋予,人就在肯定生命的意义中建立起信念,再由信念去推动自信心。孟子的基本信念在实践仁义。有一次孟子与人讨论到尚志问题,人问:"何谓尚志?"他的回答是:"仁义而已矣。"又说:"居仁由义,大人之事备矣。"①朱熹把"志"解释为"心之所至",换为现代语,志就是信念,这信念乃承继孔子而来,复又深深影响后世的儒者。

孟子的一生,和孔子一样,也曾周游列国,游说诸侯,希望能得君行道。终其一生,客观的功业方面,是彻底失败了,但对实践仁义的理想,却始终怀抱着信心。"如欲平治天下,当今之世,舍我其谁?"②就是藉颇为激烈的言辞,表达了他坚强的自信心。"人之知,亦嚣嚣;人不知,亦嚣嚣"③。这是说一个有真信念的人,他能不计个人的成败,不顾世俗的毁誉,百折回,独行其是。孟子就正是这样的一个人物。他生存在一个唯利是尚的社会,独抱仁义与之对抗,知其不可为而为,表面上在当时虽未能成功,可是仁义的理想,却为中国文化开拓了一个正大的远景。秦、汉以降,仁义早已落实为中国人普遍遵循的生活规范,这就是由于孟子坚强的自信心促其实现的重大成就。

第二,永久不衰竭的救世热情

这一点在孟子的人格内涵中,是最感人的。他在世上活了八十多

---

① 《孟子·尽心》。
② 《孟子·公孙丑》。
③ 《孟子·尽心》。

年,见过梁惠王、梁襄王、齐宣王、滕文公和邹穆公,和他们谈天下事,并
乘机宣扬自己的理想,可惜这些政治的当道人物,没有一个能真正接受
他的理想。这种挫败,乃所有理想主义者很难避免的遭遇,因二者之间
有一道难以跨越的鸿沟,这鸿沟使追求权力者与追求理想者,生活在两
种不同的价值世界。当一个知识分子面对这样的遭遇时,是对自己的
理想抱着坚信的态度,继续向前呢? 还是让开一步,在精神上先拯救自
己呢? 孟子选择了前者,庄子选择了后者。孟子的态度,与现实世界是
不隔离的,惟其不隔离,所以能保持救世的热情。庄子的态度,与现实
世界是隔离的,惟其隔离,所以能静观世态。不过这两种态度,并不代
表两条迥然不同的人生道路,而是可以随着人生的机遇加以调节的,孟
子就说过"穷则独善其身,达则兼善天下",穷、达是机遇问题。孟子的
奋斗赋予先秦儒家的新精神则在:人生不可静静的等待机遇,人必须不
断地去创造机遇,这就是孟子所以能保持救世热情的原因之一。这种
创造性的心灵,表现在客观的理想上,就是外王精神。外王精神乃先儒
的重要特色之一。秦、汉以后,由于权力结构和社会结构,甚至经济结
构,都与先秦不同,遂使后世儒者不再表现外王精神。后世儒者在观念
上差不多只剩下出仕问题,不是救世问题。出仕只代表禄位的获得,与
实现救世理想的意义有很大的不同。这是古今理想的一大转变,也是
原始儒家的一大挫折。在这一背景下,使我们愈加了解孟子刚健人格
的特殊意义。

　　第三,为知识分子争尊严

　　在中国历史上第一个站出来为知识分子争取尊严,并在思想上有
重大贡献的,是孟子。从春秋时代起,多数的文化分子,就莫不以依附
权势为荣,读书人的价值,差不多就决定于是否能被任用,任则荣,不任
则辱,读书人本身就没有独立的价值。孟子为解救知识分子的危机,首
先在观念上提出"天爵"与"人爵"之辨,他说:"有天爵者,有人爵者。仁
义忠信,乐善不倦,此天爵也;公卿大夫,此人爵也。古之人修其天爵,
而人爵从之;今之人修其天爵,以要(求)人爵,既得人爵,而弃其天爵,

则惑之甚者也,终亦必亡而已矣。"①这段话重要的意义,是在为公卿大夫与知识分子之间,建立不同的价值标准。一个读书人,如果不出仕,不为公卿大夫,丝毫无损于他自身的独立价值,这独立的价值就是实践仁义忠信,培养道德人格,这方面的努力是不受穷通的机遇影响的,也就是孟子所说的"人人有贵于己者",这方面的尊贵,在原则上,是可以完全由自己来决定的。人人有贵于己者,在中国文化传统里,是一重大的肯定,由于这一肯定,才为知识分子的尊严,提供了理论的基础,才为士人传统,树立了独立的价值标准。东汉末年的文化分子、宋代的太学生、明末的东林党人,以及历代的御史,他们所以能与暴政和政府不合理的措施相抗衡,部分的原因,就是因为凭藉着这种价值标准。

在学而优则仕的传统里,与知识分子的尊严最直接相关的一个问题,是君臣的关系。先秦儒家的代表人物中,荀子比较主张尊君,孔子的君臣关系是对等的,到孟子又有轻君的倾向。孟子所讲的君臣关系,是站在维护知识分子尊严的立场设想的。

(1)他第一个主张有不召之臣,他说:"大有为之君,必有所不召之臣,欲有谋焉,则就之。"②一个有尊严的知识分子,不是权势人物呼之则来,挥之则去的,他应该有自己立身处世之道,中国历代明君,往往有尊贤访贤之举,多少是受了这类思想的影响。这种思想的作用是两面的,一方面鼓励明君,一方面为知识分子树立风范。

(2)御史诤谏的故事,在中国史上真是史不绝书,这代表知识分子的光辉传统。孟子也是第一个主张臣子有诤谏之权的。他说:"君有大过则谏,反覆之而不听,则易位。"③知识分子为维护自尊,如只是保持不召之臣的身份,仍属消极意义;只有当国君犯了大过,敢据理力争的,才是知识分子自尊心的积极表现。

---

① 《孟子·告子》。

② 《孟子·公孙丑》。

③ 《孟子·万章》。

（3）"格君心之非"①，是孟子另一个更积极的主张，企图从根上化除人君不合理行为的来源，终极的理想在期望圣君出现。有一次孟子和齐宣王谈卿的问题，当孟子说到贵戚之卿，如谏君不被接受时，就可以易君之位，齐宣王马上变了脸色，可是孟子照常侃侃而谈，毫无惧色，这就是"格君心之非"主张的实践。

宋儒尝称孟子的人格如"泰山岩岩"，泰山虽不是顶高，但有雄伟的气象。孟子又尝解释大丈夫为"富贵不能淫，贫贱不能移，威武不能屈"②，这三句话对孟子的人格，也是很适当的评语。

三　庄周的透脱

庄子是中国哲学史上最具有天才的哲学家之一，也是最富原创力的哲学家之一。潇洒的文字，弥漫着混沌之美；对人性深刻的悟解，更充分表现出透脱的哲学智慧。他的思想代表人生智慧的宝藏，将永远发出扣人心弦的力量。

庄子的生平事迹，我们知道得很少，因此无法从具体的生活资料描述他的人格，只有透过他的思想，探索他的人格形象。

透过他的思想，映现在我们眼前的人格形象，最突出的一个部分，就是他的透脱，这可以从三方面来看：

第一，生死问题

人生在世，不论智愚，生死问题总是人生最关切的问题之一。因此总要抱某一种态度，以便对此问题有一交代。对生死问题的态度，并无客观的标准可寻，因生死不全是知识问题，至少有一部分是取决于个人主观感受的。庄子对生死问题的体会，可能是最平易的，同时也是最透脱的。

---

① 《孟子·离娄》。
② 《孟子·滕文公》。

先看他对生的悟解：

（1）庄子说："善吾生者，所以善吾死也。"①是说一个人活着的时候，生命如果有意义、有价值，那么他死了也就有意义、有价值。这是对生命意义的肯定。庄子的隔离不是逃避，是将生命归向自己，开发心灵的世界。在佛教没有传入中国以前，没有一个哲学家对心灵世界的探索，比庄子走的更深更广。"善吾生"对生命世界来说，是非常积极的态度。

（2）不溺于哀乐，是庄子对生命另一体会。芸芸众生，哀乐的情绪是很难平衡的，不是过哀便是过乐，过哀过乐皆足以伤生，为此，庄子劝诫世人不要溺于哀乐。一个人只有不溺于哀乐，才能保持清明的理智，培养智慧的生命，超脱悲欢离合的人生陷阱。庄子所向往的人生境界是超越与自由，人如不能从哀乐的情绪中解脱出来，就不能达到这种境界。

（3）庄子说："人生天地间，如白驹过隙。"②这句话可以用三种不同的标点，表示出三种人生不同的含义。如果用句点，就表示只是对人生短暂现象的一种描述。如果用惊叹号，就表示对人生苦短的慨叹。如果用问号，那就是藉怀疑的态度，对人生的意义要求一肯定的答案。盖人生虽然短暂，但人却可以赋予不朽的意义。第一种含义，说明生命只是一种自然现象；第二种含义，表示出一种无可奈何的态度；第三种含义，代表人生意义的追求。人究竟接受其中的哪一种呢？这是庄子要求每一个人自己去提供答案的。

再看庄子对死的体悟：

（1）人死如解倒悬。人生在世，哀痛多，欢乐少，逆境常遇，顺境难求，人很少能欢愉自在地生活一辈子的。庄子对陷于如此情境的人生，喻之为倒悬。这种情境，只有死了，才算彻底解脱，死是不必可怕的。

---

① 《庄子·大宗师》。
② 《庄子·知北游》。

（2）死乃返其真。恢复生命的本真，乃庄子所追求的人生理想之一。事实上，礼俗的学习，知识的探求，皆足以使人丧失本真。接受文化的薰习愈深，往往也愈容易失去人的本来面目，庄子对这一点了解最深。人如果不能通过修养工夫，恢复生命的本真，那就只有等待死的时候，才能达到这一目的。"人之将死，其言也善"，就是这个意思。死既然可以使人恢复本真，那么死就成为可贺的事。

（3）死乃安息。人活在世上，不论成就大小，差不多总是辛苦忙碌一生。人需要休息，需要睡眠，休息与睡眠不过是藉以恢复活力，使人不断经得起辛苦忙碌。只有死才能使人获得真正的安息，人如果对死能抱这样的态度，死就不足以构成一种恐怖性的威胁。

庄子的生死观，可以约之为两点：

（1）他说："生者死之徒，死者生之始。"[①]人活着最感困惑的一点，就是不知道什么时刻将会死去。人生的脚步，就好像踏着悬崖的边上，又好像走上薄冰，随时都可能掉下去丧生。所以说"生者死之徒"，生死是相伴随着的。假如人只想着这一点，人生真是可哀可悲的。庄子深知这种人生可哀可悲的真象，要努力冲破它，所以接着说"死者生之始"。前一句的"生"是指自然生命，后一句的"生"是指再造的生命，人的形体虽然会不存在，但人创造的生命意义，却不会随之以俱去。有的人甘愿以身殉道，就是基于"死者生之始"的信念。

（2）庄子说："死生为昼夜。"[②]又说："死生命也，如夜旦之常。"[③]就生死本身的现象看，它和昼夜循环的自然现象一般，永恒如如，没有任何奥秘可言。被许多宗教说得那么郑重、那么深奥的生死问题，在庄子看来却是如此的稀松平常。这真是既平易又透脱的生死观。平易是说这种道理人人易解；透脱是说它可以把人从种种讨论生死问题的陷阱里解救出来。

---

① 《庄子·知北游》。
② 《庄子·至乐》《庄子·田子方》。
③ 《庄子·大宗师》。

第二,冲决网罗

"冲决网罗"是清末谭嗣同在《仁学》自序中提出的一个很有意义的观念,他视利禄、俗学(指考据、词章)、君主、伦常、天与佛法,都是笼罩在人间的网罗。这些网罗妨碍理性的发扬,形成人性的桎梏,成为社会罪恶的渊薮,因此主张冲决它①。谭嗣同冲决网罗的主张,其目标是在促成思想的解放,就民国以来的思想趋势看,他所从事的实是先知式的工作。庄子所要冲决的网罗,是以人类的文化为对象的,他的思想像一阵狂风,将文化的枝叶,从根上起了动摇。他的目标不只是思想的解放,还要进一层追求精神的自由,文化却给人加上了重重的约束和界限。为了冲决重重的约束和界限,庄子主张:

(1)除掉人间社会的樊篱。什么是社会的樊篱?照庄子的看法,身份、阶级、职业分类,以及国族的划分,都是筑在人与人之间的樊篱,它们像一道道的墙,把人限在一个个格子里,使彼此之间感情的交流发生阻隔,文化的偏见,社会的争端,和人对人的暴虐行为,根源上都是由于这种阻隔产生的。庄子妄想把文化加诸人身的种种限制,一层一层地剥掉,以恢复人的本真,使每人成为一个感情可以互相渗透的个体,这样如生活在春光之中,快活似婴儿。

(2)在庄子冲决网罗的思想中,有一段话表现了先知式的智慧,以往只被人当做寓言看。他说:"吾在于天地之间,犹小石小木之在大山也。方存乎见少,又奚以自多。计四海之在天地之间也,不似礨空之在大泽乎。计中国之在海内,不似稊米之在太仓乎。"②这些话不可误解为打击人的尊严,人的尊严不能建筑在依靠情绪和意气支持的优越感上。在人类历史上,差不多每一个民族,都认为自己优于其他民族,于是不自觉地以自己的文化偏见和价值标准,去强迫他人接受,这样自然要造

---

① 参看韦政通《中国哲学思想批判》中《谭嗣同的思想》一文,台北,水牛出版社1968年版。
② 《庄子·秋水》。

成民族之间的争端与仇恨①。庄子告诉我们，人生存于天地之间，不过像大山的一块石头、一棵小树，中国在海内的地位，不过是太仓之一粟，因此，人的文化观点和价值判准，不免是一偏之见。这是多么开放的思想！这种思想有助于对其他文化的了解与接受，与现代社会科学，尤其是人类学努力消除人类文化偏见的目标，正相一致。

第三，人生境界

在《庄子》书中，描述人生境界的句子很多，如"鱼相忘乎江湖，人相忘乎道术"②；"浮游乎万物之祖，物物而不物于物"③；"逍遥于天地之间，而心意自得"④；"独与天地精神往来"⑤；"天地与我并生，万物与我为一"⑥。人生到此境界，则无生死，无人我，无是非，无真伪。读者讽诵着这类的句子，除了感受到一种直觉的混沌之美以外，还能领会到什么意义呢？我们纵然很向往这种境界，究竟要从何处契入，使这种境界对我们不只是外观之美，而能成为精神生活的真实内容？如要从理论的方式下手，就必须先了解庄子泯是非、反对待的思想，从这里一层层地翻上去，我在《庄子及其哲学》⑦一文，曾有过初步尝试。在这里，我拟提供另一种经验，这经验或许是一道简易之门。

《三国演义》扉页上有一首词，我从少年时代就喜欢读，后来这首词成为我研读《庄子》的引导，至今仍认为这首寥寥六十字的词，是浓缩了庄子的人生观和人生境界。词曰：

　　　　滚滚长江东逝水，浪花淘尽英雄。

　　　　是非成败转头空，青山依旧在，几度夕阳红。

_____

① 参看人类学家蒙德鸠（Ashley Montagu）《人类学与历史》一文，见陈少廷《二十世纪的意义》，台北，野人出版社 1968 年版，第 150—161 页。

② 《庄子·秋水》。

③ 《庄子·山木》。

④ 《庄子·让王》。

⑤ 《庄子·天下》。

⑥ 《庄子·齐物论》。

⑦ 《现代学苑》74 期（1970 年 5 月 10 日）。

白发渔樵江渚上,惯看秋月春风。

一壶浊酒喜相逢,古今多少事,都付谈笑中。

这是一首充满着抑郁苍凉之美的词,气氛、色调与庄子很能相应,虽然做这首词的直接灵感,可能是得之于苏东坡的《前赤壁赋》。滚滚长江之水,象征着历史的洪流,多少在事功上有过成就的人物,如曹孟德之流,当他们活着的时候,意气飞扬,沉醉在胜利的欢愉中,可是时过境迁,究能留下些什么呢?"是非成败转头空",说明人间的欲求,无论是合理的或是不合理的,最后都是一场空梦,没有持久的价值可言。青山常在,夕阳轮回,只有回到大自然的怀抱,才能追寻到永恒。渔、樵代表智者,智者不谴是非,不溺成败,冷观世事之推移。酒能解愁,好友相逢,一杯在手,谈谈古今事,在淡淡的喜悦里,仍不免隐藏着深沉的悲凉。这正是庄子所说的"知其不可奈何而安之若命"的情怀。

如此人生观和人生境界,不管你是否能接受,无可否认地,它代表一种透脱的人生智慧,这种智慧可以使我们面对任何不堪的境遇,都能从容自如。这是一种观照悲剧的智慧,它早已凝结为中国传统哲学不朽智慧的一部分。

四 阮籍的狂放

从思想史的观点看,阮籍代表庄子精神的一步俗化。庄子游心于无穷之野,混然天趣;阮籍虽"任性不羁",终不能忘怀世事,而世事又不可为,故不免激越之情。庄子已完全从礼俗的拘限中跳出来,所以精神四达并流,无往而不自适;阮籍虽"不拘礼教",然终身仍不能不与礼教为敌。阮籍狂放的人格,就是透过激越之情与礼教为敌的对抗中充分表现出来。

据《晋书·阮籍传》的记载:"籍容貌瑰杰,志气宏放……本有济世志,属魏晋之际,天下多故,名士少有全者,籍由是不与世事,遂酣饮为常。"如果政局平稳,他本来可以扮演一个官吏的角色,一生富贵。因生不逢辰,恰遇上一个衰乱杀伐的时代,人命如粪土,环境逼迫他逃避现实,并需借装疯作痴,以求自保。读他的咏怀诗"终身履薄冰,谁知我心焦","念我平常时(指少年时代),悔恨从此生"①,就不难看出他在这种境遇里流露的心情。阮籍毕竟不是一寻常人物,他不甘愿做一隐士与草木同朽,他把济世之志,一转而为反抗的情绪②,在中国思想史创造了一个狂放的典型,并开一代的宗风。

第一,放浪形骸的行为

从下面的几件事,我们不难窥知阮籍狂放表现之一二③。

(1)阮籍嫂尝归宁,籍相见与别,或讥之,籍曰:礼岂为我辈设耶?

(2)邻家妇有美色,当垆酤酒,阮尝诣饮,醉便卧其侧,籍既不自嫌,其夫察之,亦不疑也。

(3)兵家女,有才色,未嫁而死,籍不识其父兄,径往哭之,尽哀而还。

阮籍发泄反抗情绪的主要对象,是当时社会流行的礼俗,反抗的方式之一,就是行为处处与礼俗悖逆,这样他的精神就不免被礼俗局限,而反映出丑角的姿态。他心灵被许多不平衡的力量牵制着,不得超越,不能纯化。庄子游戏人间,嬉笑怒骂,可是内心是严肃的。阮籍所以不能企及庄子的境界,原因之一,就是因为他缺乏这份严肃的心情,终不免做一个俗界放浪形骸的狂士。

第二,《大人先生传》

《大人先生传》是阮籍很重要的一篇论文,也是表现魏晋思想的一篇代表作。此文有两个要点:一是攻击虚伪的礼法和守礼的君子;一是

---

① 阮籍咏怀诗共82首,前两句属第33首,后二句属第61首。

② 关于这一点可参看韦政通《中国哲学思想批判》中《阮籍的时代和他的思想》一文。

③ 下列三条均见《晋书·阮籍传》或《世说新语·任诞》。

宣扬老庄虚静无为的主张。前一点乃放浪形骸行为的理由化，后一点可看出他人生思想的归趋。

大人先生就是阮籍理想的化身，在文章的第一段里，假借有人给大人先生信的口气，说"天下之贵，莫贵于君子"，接着就对"服有常色，貌有常则，言有常度，行有常式"的君子的言行、志趣、作为，做了极精彩的描写。阮籍笔下的君子，即由儒家教义的制度化和官式化陶养出来的儒生，或称之为经生、经师。这类读书人，头脑迂腐，生活虚伪，满口圣贤之道，实际上不过是假仁义礼法的美名，以满足功名利禄的私欲。这样的人物活在世上，依阮籍看来，和虱子活在裤子里，简直没两样，他说："且汝独不见夫虱之处裤中，逃乎深缝，匿乎坏絮，自以为吉宅也。行不离缝际，动不敢出裤裆，自以为得绳墨也。饥则啮人，自以为无穷食也。然炎邱火流，焦邑灭都，群虱死于裤中而不能出，汝君子之处区内，亦何异夫虱之处裤中乎！"这不只是一则极佳的妙喻，实是把利禄之徒自限的境遇、心情和他的命运，都生动地刻划出来，短短百数字，写尽了一个读书人丧失独立自尊人格的悲哀。

《大人先生传》一方面讥刺迂腐庸懦的伪君子，一方面假托大人先生为理想人格的化身。大人先生是怎样的一种人物呢？"夫大人者，乃与造物同体，天地并生；逍遥浮世，与道俱成；变化散聚，不常其形。天地制域于内，而浮明开达于外。天地之永固，非世俗之所及也"。可见阮籍的理想，乃在与天为徒，与造物者游，如庄子型的人格。阮籍虽以庄生为宗师，然终不逮，一由于气质天分，一由于魏晋的社会环境已与先秦大异——不但缺乏自由风气，行为又处处为礼俗所囿限，这些主客观的因素，遂使阮籍的人格不如庄子之纯化。不纯化，故流于狂放。

五　王船山的贞固

船山是中国哲学史上最伟大的学者之一，他广注群书，著作等身，经、史、子、集，无所不窥，中国文化到他手中，就像百川汇归大海，别开生面。历史上很少人思想的根须，像他触及的那样广、那样深。

船山生于 1619 年，与黄梨洲、顾亭林、颜习斋、孙夏峰、李二曲为同时代人。17 世纪在中国思想史上是一个成就辉煌的大时代，魏晋唐宋以来，一直到此刻，才算彻底摆脱了释、道的羁绊，恢复先秦的阳刚精神。不幸适逢改朝换代之际，社会无立足之地，经过累次三番抗清运动失败以后，有的僻处穷乡，有的托迹林谷，在非人世所能堪的境遇中，他们竟仍能卓然成家。张西堂论及船山在并世诸儒中地位时，尝谓："船山先生当明末清初之际，刻苦似二曲，贞晦过夏峰，多闻博学，志节皎然，方之梨洲、亭林，实有过之而无不及。"①但他忽略了一点，即船山在当时，实为最富有原创力的哲学家，只因他的著作太多，至今无人能把他的思想做通盘的整理②。船山因环境所迫，三十三岁以后，遂不与世事，浪迹天涯，或隐遁山林，或寄寓僧寺，或变姓名为猺人，直至七十四岁死去，他好像一身背负着整个民族的苦难。就在这深沉的苦难中，培养了一个千古不朽的贞固人格。

为求对船山的人格有进一步的了解，下面再分述两点：

第一，坚贞不移　崇祯十六年（1643），张献忠攻陷衡州，宣告当地士绅，凡是愿意投效的，一律封官，否则绑起来投置湘水。是时船山藏匿在南岳双髻峰下，张献忠要延纳他，不得，于是执其父为人质，逼船山出来。船山誓死不愿投效张献忠，但为了救父，遂用刀把自己的身体，刺得遍体鳞伤，叫人抬到张献忠那里，要求换回父亲，终于感动了张献忠，父子竟得脱。时船山才二十五岁。

康熙十七年（1678），吴三桂称帝于衡州，吴的僚属示意船山，希望他能上劝进表，船山说："某本亡国遗臣，所欠一死耳，今汝亦安用此不

---

① 　张西堂《王船山学谱》例言一。张西堂评语乃本之邓显鹤《船山著述目录》，见同书（台北，文星书店 1965 年版）第 8 页。

② 　据我所知，到目前为止，研究王船山思想最有成绩的是唐君毅，唐先生的两篇论文均曾发表于《学原》：（一）、《王船山之文化论》，《学原》3 卷 1 期；（二）、《王船山之人道论通释》，《学原》3 卷 2 期。

祥之人哉?"①遂逃入深山,时已六十高龄。

　　以上是船山坚贞不屈的两个例子,《湖南通志列传》称"先生以文章气节重于时","气节"盖即指此。

　　第二,守死善道　王船山是传统中国哲学家中,著书最多的人,在他四十一年的隐遁生活中,不但经常饥寒交迫,且又体弱多病,在如此恶劣的条件下,竟仍能从事持久性的工作,留下卷帙浩繁的著作,他的忍受力和意志力真令人难以想象。据他的儿子王敔所写的《姜斋公行述》,说船山著书,"一一皆楷书手录,贫无书籍纸笔,多假之故人门生,书成因以授之",可见他对著作本身,并不十分重视,后世善读其书者,除了思想的价值以外,还应该知道这些书实代表着一种守死善道的精神②。一个知识分子如具有这样的精神,纵然不留一字,他的人格仍有不朽的价值。王船山晚年曾自题遗像:"把镜相看认不来,问人云此是姜斋。"③由于长期忍受着贫穷与饥饿,连自己的貌相已无从辨识,自称姜斋,因生姜皮色黄又多皱纹,很像他的脸。如此枯槁的外表,竟裹藏着一个孤高耿介的灵魂。

　　唐鉴《清学案小识》,述船山一生的志行,颇能传其真,今录于后,以补前文之未备:

　　　　先生理究天人,事通古今,探道德性命之原,明得丧兴亡之故,流连颠沛而不违其仁,险阻艰难而不失其正。穷居四十余年,身足以砺金石;著书三百余卷,言足以名山川;遁迹自甘,立心恒苦,寄怀弥远,见性愈真。奸邪莫之能撄,渠逆莫之能憾,嵌崎莫之能踬,空乏莫之能穷。先生之道,可以奋乎百世矣。

---

① 见余廷灿《船山先生传》。
② 唐鉴《清学案小识》说:"先生(指船山)之著书也,大抵为人心之衰,世道之迁,学术之不明也。汪洋浩瀚,烟雨迷离,以绵邈旷远之词,写沉菀隐幽之志……斯其为有道君子乎!"就正是指的这种精神。
③ 见王敔《姜斋公行述》。

六　结语

（一）中国哲学史上四种不同的人格，恰与《周易》乾卦的元、亨、利、贞四种德性巧合。元代表刚健精神；亨是通达透脱；利乃锋利，是一种冲破蔽锢和束缚的力量，表现在人格上就显狂放；贞，固也，是一种遁世而无闷，天变地变而我不变的气象。在《周易》，元、亨、利、贞象征着宇宙生成的过程；哲学史上的四种人格，则象征着哲学智慧的生长与成熟。

（二）在中国历代的杰出哲学家中，实多少表现着这四种人格的某些方面，所以这四种人格，可以作为评判中国哲学家人格的重要指标。中国文化里，哲学与文学互相重叠的部分很密很深[①]，因此第一流的哲学家，在文学史上，往往也具有崇高的地位。由于这种关系，在文学史上也同样可以找到这四种类似的人格形态，如韩愈的刚健似孟子，东坡的透脱似庄子，李白的狂放似阮籍，陶潜的贞固似船山。

（三）这四种人格，可以给生活在所有苦难时代的人一个伟大的启示：孟轲和庄周生于战国乱世，阮籍生于魏、晋衰世，船山身受亡国之祸，这一事实说明，不朽人格的出现，伟大哲学智慧的产生，皆与动乱的环境有密切的关系。历史的前例，足以使生活在这样一个充满苦闷不安时代里的人们，激发生活的勇气和信心，知道此刻也正是有志之士，树立不朽人格，创造伟大智慧的好时机。

---

① 参看杨慧杰《中国哲学与文学之关系》，见《仁的含义与仁的哲学》附录，牧童出版社，1974年版。

"庆元学禁"中的朱熹[①]

一　引言

"庆元"是南宋宁宗的年号，"学禁"是指政治迫害学术。本文的目的，是要探讨庆元元年到六年(1195—1200)这段期间，宋代道学所受政治权威的压迫，以及朱熹在此过程中的遭遇和反应。

《宋元学案》为这一历史事件设立专案:《庆元党案》，行文中又称之为"庆元党籍"，或"庆元锢籍"[②]，其中首要的主角是曾任宰相的赵汝愚等，显然政治色彩与党派意识较浓。本文主要是以朱熹为线索，来探讨这一迫害学术的事件。而朱熹在朝中，虽不乏同情者与支持者，但并非出于党派意识，他在朝不过四十六日，只尽言责，无权无势，不可能与人结党。《庆元党案》盖延用《元祐党案》之例，不知这两次党争，性质并不相同，故在此不再延用，而径采用《宋史》中之"庆元学禁"[③]。

下文将顺三个步骤进行探讨:第一，庆元学禁的背景。希望藉此了解此一学术迫害事件直接、间接的起因。第二，庆元学禁的经过。在这过程中不难看出，南宋宁宗时，是一君昏臣奸、政治腐化、法纪荡然、士

① 编注:本文为参加 1993 年 5 月台北中研院文哲所"国际朱子学会议"的学术论文，选自韦政通先生著《中国思想与人文关怀》，台北，洪叶文化公司 2000 年版。
② 黄宗羲等:《宋元学案》下册，台北，世界书局 1962 年版，第 1781、1805、1818 页。
③ 新校本《宋史》第十五册《郑丙传》，台北，鼎文书局 1980 年版，第 12035—12036 页。

气颓唐的时代。在这样的环境里,自然是"奸邪者易进,守道者数穷"①,因而发生迫害学术的事件,是并不令人意外的。第三,庆元学禁中的朱熹。毫无疑问,朱熹在中国儒学史上,无论是学问或修养,都是一等一的大儒,儒学又特重视道德实践的价值,因此朱熹在危难中的反应,正是对儒学的一大考验。

二 "庆元学禁"的背景

"庆元学禁"的背景,可从两方面来了解:

(一)帝王之家的伦理悲剧

这场被王船山称之为"火绝天彝,贻宗社以阽危之势"②的皇家伦理悲剧,跨越孝宗、光宗、宁宗三代,光宗是悲剧形成的主角。

孝宗虽未能达成他恢复中原的初衷,但"在位二十七年(1163—1189),民心未失,国是未乱"③,与儿、孙相比,他还算得是一位能守成的皇帝。而且他还是一个孝子,因为他虽为一国之君,仍能尽人子之职,使得贵而无位的高宗,"得优游于琴书花鸟之侧"④,颐养天年。

可是,等到孝宗把皇位传给光宗以后,这第一家庭不久便发生家变。孝宗当"春秋方盛"之时,便传位于其子,原先大概也想和高宗一样,希望自己的余生,能过一阵自己喜欢而又悠闲的生活。他没有料到,光宗却是一"不肖之子",登基之后,不仅父子反目,翁媳相仇,连病了这儿子也不去探望,死了也不为他执丧,搞得朝廷大乱,群臣束手,民间议论纷纷。

在船山的笔下,光宗其人,不但"有愚蒙之质",而且"愚顽之声音笑

---

① 以上参考萨孟武:《中国社会政治史》第四册,台北,三民书局1965年版,第72—73页。

② 王夫之:《宋论》,台北,世界书局1962年版,第190页。

③ 王夫之:《宋论》,台北,世界书局1962年版,第191页。

④ 王夫之:《宋论》,台北,世界书局1962年版,第190页。

貌,千载而下,犹可想见"①。正因其"愚蒙",所以在即位后,"多不与外臣谋,而与小人谋"。如此性格,如此行径,终于使宫内"交斗日深,疑隙日大"②。

一个"昏悖之主",又配了一位凶悍、善妒、揽权的皇后李氏,先是为立太子事,与公公孝宗争吵,继又将光宗宠爱的黄贵妃杀害,当光宗因故"震惧增疾,自是不视朝"后,终于使朝廷"政事多决于后",而"后益骄恣"③。孝宗、光宗父子之间关系的恶化,一部分是因她从中阻挠和挑拨,导致光宗甚至怀疑其父要谋害他。孝宗因"恶李氏而有废之之语",无奈此时孝宗"已处于贵而无位,高而无民之地"④,他的话经由左右的离间,再传达给皇后,自然更激起她的悖逆与报复。绍熙五年(1194),孝宗崩逝,光宗竟然不愿为之执丧,诚如船山所谓"人君之忍绝其心,公为不孝以对天下而无怍者"⑤。在名分上,他毕竟是一国之君,因他个人的"愚顽",叫朝廷如何向国人交代? 在此时刻,丞相留正率宰执们入奏,试探是否可以传位给皇子嘉王,以安人心,光宗不理。过了六天,大臣们又请,光宗虽表面同意,实则并"无释位之心"。次日果然变卦,这使劝皇帝退位的大臣顿陷险境,于是造成"廷臣空国而逃,太学卷堂而噪,都人失志而惊"的局面⑥。这一幕帝王之家的伦理悲剧,虽由光宗内禅,宁宗即位,而暂告落幕,却因"宁宗之立不正",因而导致"韩侂胄之奸得逞"⑦。船山的评论是:"光宗虽曰云内禅,其实废也。宁宗背其生父,正其不孝之罪,而急夺其位,且以扶立者为有大勋劳而报之,天理民彝,其尚有毫发之存焉者乎! 宁宗以是感侂胄而重任之,加以不赀之荣宠,人知光宗不孝,而不知宁宗之不孝,尤倍于光宗。"⑧王氏的评论是否得

① 王夫之:《宋论》,台北,世界书局1962年版,第189、190页。
② 毕沅:《续资治通鉴》第七册,台北,世界书局1974年版,第4089页。
③ 毕沅:《续资治通鉴》第七册,台北,世界书局1974年版,第4079页。
④ 王夫之:《宋论》,台北,世界书局1962年版,第190页。
⑤ 王夫之:《宋论》,台北,世界书局1962年版,第195页。
⑥ 王夫之:《宋论》,台北,世界书局1962年版,第199页。
⑦ 王夫之:《宋论》,台北,世界书局1962年版,第195页。
⑧ 王夫之:《宋论》,台北,世界书局1962年版,第199页。

当而全无瑕疵,在此可不必讨论。但必须指出,是因皇家的悲剧,才使权奸韩侂胄有机可乘,而所谓"庆元学禁"的事件,则是因韩氏为了争权而一手导演的。

(二)朝廷的权力斗争

在扶立宁宗的过程中,留正因惧祸"弃相位而去"后,具有"同姓之卿"身份的赵汝愚,便成为主谋者,具有"外戚"身份的韩侂胄乃居中策应者,这里所说的朝廷权力斗争,就是指韩党与赵党之间的斗争①。

据《宋史》记载:"侂胄恃功,为汝愚所抑,日夜谋引其党为台谏,以摈汝愚,汝愚为人疏,不虞其奸。"②又据《续资治通鉴》:"知临安府徐谊告汝愚曰:'侂胄异时必为国患,宜饱其欲而远之。'不听。"③韩氏为争夺权力,可谓处心积虑,无所不用其极。而赵汝愚既无知人之明,又乏防范警惕之心,在权力斗争上,根本不是韩的对手。

宁宗即位后,将原任知枢密院的赵汝愚升为右丞相,其初他不愿接受,理由是:"同姓之卿,不幸处君臣之变,敢言功乎!"④韩侂胄的为人与赵正相反,不但居功,而且争位,他希望出任大将军之职,赵却率直地告诉他:"吾宗臣,汝外戚也,何可以言功! 惟爪牙之臣,则当推赏。"⑤于是将大将军之职,给了在紧急时曾维护宫内秩序的郭杲,仅任韩氏为宜州观察使,使韩大失所望。韩为了达到揽权的目的,从此便直接向宁宗下功夫,宁宗与侂胄,一个是"君拒谏以宣欲",一个是"臣嫉贤而犹诼",所以侂胄很快便成为宁宗的亲信。

赵汝愚任丞相后,随即引荐朱熹入京担任焕章阁待制、侍讲。朱熹每次入对,往往直言无讳,既责宁宗于即位时"上违礼律",又要求"深诏

① 韩党人物见《宋元学案》下册,台北,世界书局 1962 年版,第 1823—1824 页之《附攻庆元伪学者》的名单;赵党人物包括在同书第 1805—1808 页之《庆元党案表一》之中。

② 《宋史》第十五册,台北,鼎文书局 1980 年版,第 11988 页之《赵汝愚传》。

③ 毕沅:《续资治通鉴》第七册,台北,世界书局 1974 年版,第 4112 页。

④ 毕沅:《续资治通鉴》第七册,台北,世界书局 1974 年版,第 4112 页。

⑤ 毕沅:《续资治通鉴》第七册,台北,世界书局 1974 年版,第 4112 页。

左右",勿预朝政,甚至为了"修葺东宫之役",要皇上"下诏自责"①。这自然使宁宗不悦。同时朱又建议赵氏,"当以厚赏酬侂胄之劳,勿使预政"②,无形中便已卷入韩、赵的斗争之中。当他再次上奏,明言宁宗"移易台谏",不免被左右利用,"臣恐名为独断,而主威不免于下移"时,终于被以"内批"的方式,"除熹宫观"③,逐出朝廷,成为韩、赵斗争中第一个牺牲者。

朱熹被罢之后,韩氏逐赵的行动遂积极展开,因他"日夜谋引其党为台谏",在"其党牵联以进"的情形下,不久"言路遂皆侂胄之人"④,这样一方面包围宁宗,从中破坏宁宗与赵的关系,另一方面也使赵渐感孤立。最厉害的一招,是韩既嗾使枢密院直省官蔡琏诬告赵于扶立时便有异谋⑤,又教唆"尝求节度使于汝愚不得"的李沐上奏:"汝愚以同姓居相位,将不利于社稷,乞罢其政。"⑥这一招果然奏效,赵汝愚罢右相后,并被贬衡州。韩氏虽斗垮了他的对手,心犹未甘,必欲置赵于死地,遂命衡州太守钱鍪,就地将病中的赵汝愚害死,时为庆元二年(1196)正月。凡是为赵氏求情、力谏、鸣不平的朝臣与太学生,不是被罢官,便是被放逐。

到此,韩氏仍不罢休,为了达到专权的目的,于是以"引用伪学之党以危社稷"等罪名⑦,清除赵氏朝中余党与不愿阿附的同僚,从此"一时善类,悉罹党祸"⑧。身为道学之魁的朱熹,也从此进入他一生当中最困厄的岁月。

---

① 《宋史》第十六册之《朱熹传》,台北,鼎文书局1980年版,第12766、12765页。
② 毕沅:《续资治通鉴》第七册,台北,世界书局1974年版,第4117页。
③ 《宋史》第十五册之《赵汝愚传》,台北,鼎文书局1980年版,第11987页。朱熹罢侍讲的原因,据自述是"因僖祖之祧与诸公争辩"(《朱子类语》卷九○)。此外,王懋竑《朱子年谱》对罢讲经过言之较详,可参考。
④ 《宋史》第十五册之《赵汝愚传》,台北,鼎文书局1980年版,第11988页。
⑤ 毕沅:《续资治通鉴》第七册,台北,世界书局1974年版,第4163页。
⑥ 毕沅:《续资治通鉴》第七册,台北,世界书局1974年版,第4089页。
⑦ 王夫之:《宋论》,台北,世界书局1962年版,第4137页。
⑧ 《宋史》第十七册《韩侂胄传》,台北,鼎文书局1980年版,第13774页。

三　"庆元学禁"的经过

当"韩侂胄用事,士大夫素为清议所摈者,教以凡与异者皆道学之人,疏姓名授之,俾以次斥革。或又言道学何罪,当名曰'伪学',善类自皆不安。由是有'伪学'之目[①]。时为庆元元年(1195)六月。

早在淳熙九年(1182),"朱熹行部(巡视)至台州,奏台守唐仲友不法事"[②]。仲友乃宰相王淮的姻亲,奏章到了朝廷,"淮匿不以闻"[③],朱熹为这个案子锲而不舍,力争到底,终于被孝宗知道,而孝宗对朱的印象不差。仲友的好友吏部尚书郑丙,为迎合王淮,他无法从案子本身来申辩,却趁机借题发挥打击道学,他上奏孝宗:"近世士大夫有所谓道学者,欺世盗名,不宜信用。"当然指的就是朱熹。监察御史陈贾跟着也上了奏章:"道德之徒,假名以济其伪,乞摈斥勿用。"《宋史》评论道:"道学之目,丙倡贾和,其后为庆元学禁,善类被厄,丙罪为多。"[④]由此,不仅使我们知道负面意义"道学"一词的来历,而且它已形成南宋史上权奸们打击异己或政敌惯用的手段。

不过,到庆元元年,将"道学"改称"伪学",在策略上是一次狡黠的转变。首先发难者,即韩侂胄荐引的言官刘德秀,他向宁宗上言:"邪正之辨,无过真与伪而已,彼口道先生(王?)之言,而行如市人所不为,在兴王之所必斥也。昔孝宗锐意恢复,首务核实,凡言行相违者,未尝不深知其奸。臣愿陛下以孝宗为法,考核真伪以辨邪正。"[⑤]由此可知所谓"伪学",重点不在其"学",乃是一种人身攻击的伎俩。试问若以言行不相违如此严酷的准则,来考核官吏的真伪与邪恶,其不伪不邪者几希!

---

①　毕沅:《续资治通鉴》第七册,台北,世界书局1974年版,第4131页。

②　《宋史》第十五册《郑丙传》,台北,鼎文书局1980年版,第12035页。

③　《宋史》第十六册,台北,鼎文书局1980年版,第12756页。

④　《宋史》第十五册《郑丙传》,台北,鼎文书局1980年版,第12035—12036页。

⑤　毕沅:《续资治通鉴》第七册,台北,世界书局1974年版,第4131页。

这一奏章,果然使博士孙元卿、袁燮,国子正陈武罢去,其中袁、陈二氏,后又被列入庆元党籍的名单之中。同属庆元党人的汪逵,在当时还"入劄子辨之",结果"德秀以逵为狂言,亦被斥"①。在这种情形下,有权有势者,就代表"真"、代表"正",任谁不"奉行侂胄风旨"的言论,都会被贬斥为"伪"、为"邪",无不遭到排击。

庆元元年(1195)七月,韩党的御史中丞何澹再上奏章②,对揭发道学之伪,他不用直攻法,而采用迂回之术,并饰以堂皇之词,对宁宗和对道学有反感的人,具有相当的说服力。内容有三个要点:

(1)道学流行之后,在朝廷内外有三种不同的反应,"有从而附和之者,有从而诋毁之者,有畏而不敢窃议者"。那些附和者认为道学讲"致知格物,精义入神之学,而古圣贤之功用在是",于是"一人倡之,千百人和之,幸其学之显行,则不问其人之贤否"。另一群反对道学者,则认为"其说空虚而无补于实用,其行矫伪而不近于人情,一入其门而假借其声势,小可以得名誉,大可以得爵禄,今日宦学之捷径,无以易此"。还有一些人则保持缄默,因担心"言一出口,祸且及身。独不见某人乎,因言其学而弃置矣。又不见某人乎,因论其人而摈斥矣"。何澹"以为附和者或流而为伪,诋毁者或失其为真,或畏之而无敢窃议,则真伪举无所别矣",似乎相当客观,但其用意则很明显,无非是要揭穿今日所谓道学,不仅是热门的利禄之途的捷径,且已成为党同伐异的霸权。

(2)何澹承认有"真圣贤之道学",这表示他并不是反对道学。所谓"真圣贤之道学,是其践履可观而不为伪行,其学术有用而不为空言,其见于事也,正直而不私,廉洁而无玷,既不矫激以为异,亦不诡随以为同"。他反对的是学术本空虚而又假借道学"以盖其短拙"、"以文其奸诈"的"伪学",他们为士论所不齿,为道学之玷累,一旦遭人批评,"则不知自反,又群起而攻之曰:彼其不乐道学也,彼其好伤善类也"。何澹提

---

① 毕沅:《续资治通鉴》第七册,台北,世界书局1974年版,第4131页。
② 毕沅:《续资治通鉴》第七册,台北,世界书局1974年版,第4132—4133页。

醒宁宗,伪学的流行,"国家将受其害"。他这一段言论,实是将刘德秀"邪正之辨,无过真与伪而已"之说,做了最佳的申论。

(3)何澹提到宋高宗时,程颢与王安石之间发生争论,高宗为此曾下诏要"学者当以孔、孟为师"。他提这段往事,目的在明示今日之道学非即孔、孟之学,因而要求宁宗欲"以高宗之言风厉天下,使天下皆师孔、孟。有志于学者,不必自相标榜……而无彼此同异之说。听其言而观行,因名而察实,录其真而去其伪,则人知勉励而无敢饰诈以求售矣"。

从以上三点来看,有些话表面上的确有些道理。更厉害的是,他所指陈的伪学现象,谁也不敢保证绝无其事,因道学家在现实生活中,毕竟不是真圣贤。何氏的这份奏章,果然打动了宁宗,不但加以肯定,且"诏榜于朝堂",使私言成为公书,其获得韩党之喝彩,是不难想见的。从此在朝中,"考核真伪"渐成风气,大凡针砭道学者,几乎都可以升官,如"有张贵模者,指论《太极图》,亦被赏擢"①。即其一例。

庆元二年(1196),韩党对道学的压迫,逐渐进入高潮。前一年对道学的针砭,主要的对象还是引荐朱熹入朝的赵汝愚,汝愚被害身亡后,攻击的矛头便要直接指向朱熹了。

是年正月,刘德秀弹劾于扶立宁宗之初因怕惹祸上身而留书出走的前丞相留正。留正于光宗绍熙元年(1190)任左丞相时,曾"引赵汝愚首从班,卒与之共政"②,所以"引用伪学之党以危社稷",就成为弹劾他的四大罪名之首,结果被下诏落职罢祠③。留正被罢的真正原因,是在他恢复相位后,对"浸谋预政"的韩侂胄,往往不假辞色,又曾防止刘德秀接近宁宗④。

二月,刘德秀又上言:"伪学之魁,以匹夫窃人主之柄,鼓动天下,故

---

① 毕沅:《续资治通鉴》第七册,台北,世界书局1974年版,第4133页。
② 《宋史》第十五册《留正传》,台北,鼎文书局1980年版,第11974页。
③ 毕沅:《续资治通鉴》第七册,台北,世界书局1974年版,第4137页。
④ 《宋史》第十五册,台北,鼎文书局1980年版,第11976页。

文风未能丕变,请将语录之类尽行除毁。"①从欲毁其语录来看,这"伪学之魁"指的应该便是朱熹。所谓"以匹夫窃人主之柄",大概是指当初朱熹本无意入朝就待制、侍讲,在辞呈中便警告新即位的宁宗,勿使宠臣在宫廷中立足,在当时情况下,这等于是对韩侂胄的攻击②。在韩氏党徒的心目中,用人乃皇帝之权,岂容外臣干预。同时在宁宗心目中,朱熹在朝侍讲之日,经常数落他的不是,即连下旨修葺旧东宫这种小事,朱熹都要危言耸听地说出一篇大道理来阻止③,因此对朱的印象必定不佳。由于这些因素,尽管刘德秀是欲加之罪,也自然容易使宁宗听信。刘德秀这次的上言,产生了极大的效应,不但使这一年"是科取士,稍涉义理者悉皆黜落",连"《六经》、《语》、《孟》、《中庸》、《大学》之书",也"为世大禁"④。由此可见,前一年韩氏党徒欲"使天下皆师孔、孟"的话,不过是打击异己的幌子而已。

就在同一时间(二月)稍后,为了迎合韩侂胄,淮西总领张釜也上言:"迩者伪学盛行,赖陛下圣明斥罢,天下皆洗心涤虑,不敢为前日之习,愿陛下明诏在位之臣,上下坚守勿变,毋使伪言伪行乘间而入,以坏既定之规模。"⑤好像"前日之习",全由"伪学盛行"所造成,完全是一派阿谀、浮滥之言。南渡以后的小朝廷,早已是"纪纲荡废","无一事不弊,无一弊不极"⑥,哪里还有什么"既定之规模"可坏!

七月,对韩党迫害道学的连串举动,朝中终于有人发出不同的声音,中书舍人汪义端"以伪学之党皆名士,欲尽除之,太皇太后闻而非之"⑦。太皇太后是否积极干预此事,已不得而知,但由宁宗的反应,多少已给他一些压力,有机会重新反省这一事件。接着宁宗便下诏给台

① 毕沅:《续资治通鉴》第七册,台北,世界书局 1974 年版,第 4137 页。
② Conrad M. Schirokauer:《朱熹的政治生涯:一项内心的冲突》,台北中研院人文社会科学合作委员会编译:《中国历史人物论集》,台北,正中书局 1973 年版,第 240 页。
③ 《宋史》第十六册《朱熹传》,台北,鼎文书局 1980 年版,第 12765 页。
④ 毕沅:《续资治通鉴》第七册,台北,世界书局 1974 年版,第 4137 页。
⑤ 毕沅:《续资治通鉴》第七册,台北,世界书局 1974 年版,第 4137 页。
⑥ 《宋史》第十六册《杜范传》,台北,鼎文书局 1980 年版,第 12286 页。
⑦ 毕沅:《续资治通鉴》第七册,台北,世界书局 1974 年版,第 4140 页。

谏们，要他们"论奏不必更及旧事，务在平正，以副朕建中之意"①，似有弛禁的意图。在此紧要关头，韩党绝不放松，刘德秀遂与御史张伯垓、姚愈等联合上疏，向宁宗施压："自今旧奸宿恶，或滋长不悛，臣等不言，则误陛下之用人；言之，则碍今日之御劄；若俟其败坏国事而后进言，则徒有噬脐之悔；三者皆无一而可。望下此章，播告中外，令旧奸知朝廷纪纲尚在，不敢放肆。"宁宗毕竟不是一位有主见、有魄力的君王，于是听从了他们的建议，"自是侂胄之党攻击愈急矣"②。

八月，太常少卿胡纮上言："比年以来，伪学猖獗，图为不轨，动摇上皇，诋毁圣德，几至大乱。赖二三大臣、台谏出死力而排之，而元恶殒命，群邪屏迹。自御笔有救偏建中之说，或者误认天意，急于奉承，倡为调停之议，取前日伪学之奸党次第用之，或与宫观，或与差遣，以冀幸其他日不相报复。"从后面这段话，可以看出，尽管"侂胄以势利蛊士大夫之心"，到这时候，显然还没有达到完全控制朝政的地步，朝中一些不甘愿附和韩侂胄的人，遂趁机利用宁宗的诏书，起用赵汝愚的余党。韩党自不允许这种情势发展一下，所以胡纮接下去说："往昔建中靖国之事，可以为戒，陛下何不悟也！汉霍光废昌邑王贺，一日而诛其群臣一百余人；唐五王不杀武三思，不旋踵而皆毙于三思之手。今纵未能尽用古法，宜令退伏田里，循省愆咎。"这已是怂恿宁宗对道学之士大开杀戒，最低限度，也要把他们逐出朝廷。宁宗果然下诏，今后不许进用"伪学之党"，"自是学禁愈急"③。

胡纮之外，同时大理司直邵褒也上言："三十年来，伪学显行，场屋之权，尽归其党，请诏大臣审察其所学。"于是下诏："伪学之党，勿除在内差遣。"这还不够，韩党的言官又要求杜绝伪学的根源，遂又诏："监司、帅守荐举改官，并于奏牍前声说非伪学之人。"不仅如此，从今以后，

<hr />

① 毕沅：《续资治通鉴》第七册，台北，世界书局 1974 年版，第 4140 页。
② 毕沅：《续资治通鉴》第七册，台北，世界书局 1974 年版，第 4140—4141 页。
③ 毕沅：《续资治通鉴》第七册，台北，世界书局 1974 年版，第 4141 页。

凡是参加会试与乡试的考生，都要被迫声明自己不是伪学①。

到此，道学之徒既不能在朝廷立足，甚至连仕途也断了，韩党为迫害道学能竟其全功，终于把矛头直接指向朱熹，并期给予致命的一击，于是十月有监察御史沈继祖之上疏。《宋史纪事本末·道学崇黜》曾言及此一疏文的来历与动机："胡纮……为监察御史，乃锐然以击熹自任，物色无所得，经年酝酿，章疏乃成。会改太常少卿，不果。……纮以疏草授之继祖，谓可立致富贵。"②由胡、沈联手而成的疏文，是"庆元学禁"过程中最重要、但也是最丑陋、最恶毒的文献，它不但主张消灭对手的肉体，还要诬蔑对方的人格。

疏文长约一千六百三十字③，它不像以往的上言，只笼统地说"伪学"或"伪学之党"，一开头便点明要弹劾的是"朝奉大夫秘阁修撰提举鸿庆宫朱熹"。全文也不像一般疏文，其性质酷似现今检察官对犯人的控诉状，除首列剽窃、结党、营私之外，共有六大罪、五罪行。六大罪是：不孝其亲、不敬于君、不忠于国、玩侮朝廷、赵氏死党、为害于国教。五恶行是：不廉、不怒、不修身、不齐家、不治国。身为儒者，在专制时代，任何一、二项，都是罪在不赦之列，可见其恶毒的程度有多严重。

有关疏文中罗列的细节，如谓"会徒于广信鹅湖之寺"、"除是人间别有天"诗句之张冠李戴，以及"娶刘珙之女，而奄有其身后巨万之财"、"帅长沙则匿藏赦书，而断徒刑者甚多"、"发掘崇安弓手父母之坟，以葬其母"、"男女婚嫁，必择富民"、"四方馈赂……动以万计"、"绞缚圣像……折肱伤股"等等，陈荣捷已逐条根据史实予以辨驳。惟疏文中指朱熹"私故人之财，而纳其尼女"，对道学家而言，是非常严重的指控，陈氏仅言朱熹《谢表》未尝为事实上之辩护，盖事实昭然，无辩白之必要

---

① 毕沅：《续资治通鉴》第七册，台北，世界书局1974年版，第4142页。

② 陈邦瞻：《宋史纪事本末》，转引自陈荣捷：《朱子新探索》，台北，学生书局1988年版，第770页。

③ 疏文最早见于南宋人叶绍翁《四朝闻见录》，陈荣捷《朱子新探索》录其全文（第765—767页），以下所引疏文，均转引自陈著。

也",是缺乏说服力的①。

　　疏文末段是建议宁宗对朱熹的处分:"若少正卯言伪而辩,行僻而坚,夫子相鲁七日而诛之。夫子圣人之不得位者也,犹能亟去之如是,而况陛下居德政之位,操可杀之势,而熹有浮于少正卯之罪,其可不亟诛之乎?臣愚欲望圣慈,特赐睿断,将朱熹褫职罢祠……永不得与亲民差遣。"胡纮与沈继祖所望于宁宗者,最好是将朱熹斩首,最低限度也要落职罢祠,永不录用。同时选入余嚞也上书"乞斩熹以绝伪学"②。

　　宁宗虽昏庸,但并未满足韩党的愿望杀朱熹,只以落职罢祠了结。所以会有如此轻微的处分,可能基于下列的几个原因:(1)当赵汝愚引荐朱熹入朝时,当然是经由宁宗的同意,朱熹对这个职务曾一辞再辞,不许。出任待制、侍讲后,又向宁宗面辞,为此,宁宗曾下过这样的手谕:"卿经术渊源,正资劝讲、次对之职,勿复劳辞,以副朕崇儒重道之意。"③若杀朱熹,岂非自打嘴巴,且有知人不明之过。(2)孝宗时便有人在朝抨击朱熹,但孝宗当面告诉丞相王淮:"朱熹政事却有可观。"④如杀朱熹,又置孝宗于何地。(3)庆元二年(1196),"时台谏迎合侂胄意,以攻伪学为言,为惮清议,不欲显斥熹"⑤。当余嚞上书乞斩朱熹时,便有"谢深甫抵其书于地,语同列曰:朱元晦、蔡季通不过自相讲明耳,果何罪乎!"⑥可见此时期中清议仍在。(4)光宗绍熙五年(1194),《朱子年谱》载:"在途所次,老稚携扶来观,夹道填拥,几不可行。长沙士子,夙知向学,及邻郡百里间,学子云集,先生诲诱不倦,坐席至不能容,溢于户外,士俗欢动。"⑦由此可知,朱熹在民间讲学,是如何地受到欢迎,并享有崇高的声望。(5)据《朱子语类》记录:"自去年来,拜跪已难,至冬

──────────

①　陈荣捷:《朱子新探索》,台北,学生书局1988年版,第768—770页。
②　毕沅:《续资治通鉴》第七册,台北,世界书局1974年版,第4145页。
③　《宋史》第十七册《朱熹传》,台北,鼎文书局1980年版,第12764页。
④　《宋史》第十七册,台北,鼎文书局1980年版,第12756页。
⑤　《宋史》第十七册《韩侂胄传》,台北,鼎文书局1980年版,第13773页。
⑥　《续资治通鉴》第七册,台北,世界书局1974年版,第4145页。
⑦　王懋竑:《朱子年谱》,台湾影印版第191页。

间益艰辛。今年春间仅能立得住,遂使人代拜。今立亦不得了。"①朱熹是庆元二年(1196)十二月落职罢祠,这里的自述,正是他罢祠以后一二年身体的状况。晚年他自号"晦翁病叟"或"沧州病叟",对这样一位衰病的老人,哪里还用得着对他开杀戒呢。

朱熹门人众多,不知何故,胡、沈疏文特涉及蔡元定(1135—1198):"熹既信妖人蔡元定之邪说",此指"发掘崇安弓手父母之坟,以葬其母"之事,也就是元定也犯了"为害于风教"的第六罪,"乞行下建宁府追送别州编管"。未几,果谪道州(今湖南零陵地区),一年后死于贬所,是庆元学禁中除赵汝愚外另一牺牲者。

庆元三年(1197)十二月,因"知绵州王抗(沆)疏请置伪学之籍"(类似今日之黑名单)②,使这一政治迫害学术、权奸排除异己的事件,达到最高点。这份名单以"伪学"、"逆党"的罪名列名其中者共五十九人,包括做过丞相的赵汝愚、留正、周必大、王蔺等四人,待制以上的有朱熹、徐谊、彭龟年、陈傅良等十三人,其他官员著名的还有永嘉学派的叶适和陆象山的大弟子杨简。

庆元学禁发展到伪学党籍的开列,虽仍未落幕,事实上这一事件已到尽头,这时候韩侂胄已"威行宫省,权震寓[宇]内"③。嗣后两年,值得一提的,一是庆元四年(1198)五月,韩侂胄命直学士院高文虎起草诏书,诏书中有"向者权臣擅朝,伪邪朋附,协肆奸宄,包藏祸心。……甚至窃附于元祐之众贤,而不思实类乎绍圣之奸党"等语④。所谓"权臣擅朝",当然是指赵汝愚等人,"伪邪朋附"则是指朱熹等人,"元祐众贤"指元祐党祸中之受害者司马光、文彦博、吕公著等,"绍圣奸党"指兴起元祐党祸的权奸章惇、蔡京等⑤。依照史实,赵、朱等的遭遇,与"元祐之众

---

① 《朱子语类》卷九〇,台湾,正中书局影印版,第3735页。
② 毕沅:《续资治通鉴》第七册,台北,世界书局1974年版,第4153页。又见《宋元学案》下册,台北,世界书局1962年版,第1813页。
③ 《宋史》第十七册,台北,鼎文书局1980年版,第13777页。
④ 《宋史》第十五册《高文虎传》,台北,鼎文书局1980年版,第12033页。
⑤ 《宋元学案》下册,台北,世界书局1962年版,第1789、1801页。

贤"相类,而韩党之所为,"实类乎绍圣之奸党",在这份捏造的诏书中,完全予以黑白颠倒。

高文虎是怎样的人呢?《宋史》本传云:"文虎以博洽自负,与胡纮合党,共攻道学,久司学校,专困遏天下士,凡言性命道德者皆绌焉。"①像胡纮一样,也是韩党中的一名打手。这份诏书,无异假传圣旨,要宁宗为庆元学禁这一事件立背书,并负起责任。

最后促使庆元学禁开始落幕者,是左丞相京镗和参知政事(副相)何澹等命言官上疏,时为庆元五年(1199)十二月,疏文云:"向来伪徒,其大者已屏斥禁锢,用惩首恶;其次亦投闲置散,使省愆咎。盖为天下后世计,使已往者得以悔过,方来者可以远罪,融会党偏,咸归皇极也。今此类苟有洗濯自新者,请明诏大臣,仰遵圣祖之训,姑与祠禄,使知小惩大戒之福。其长恶弗悛者,必重置典宪,投之荒远,庶几咸知惩创,守道向方,悉为皇极至正之归,以成圣明极辨之治。"②显然企图收拾士心,并使此一扰攘五六年的事件告一段落。

京、何二人为何有此动念?史载:"镗既得位,一变其素守,于国事谩无所可否,但奉行侂胄风旨而已。又荐引刘德秀排击异类,于是有伪学之禁……居无何,以年老请免相。"③又载:"澹美姿容,少年取科名,急于荣进,阿附权奸,斥逐善类,主伪党之禁,贤士为之一空。其后更化,凶党俱逐,澹以早退幸免。"④命言官上疏时,京镗年六十二,翌年便去世。他们当然知道,"阿附权奸"者,很少有好下场的,所以上疏除上述之企图外,也是为自己打算,希望就此全身而退。《续资治通鉴》于疏文之后,紧接着说:"自胡纮、刘德秀去位,侂胄亦厌前事,故镗等令言者以建极之说投之。侂胄用其言,学禁渐弛。"⑤胡纮、刘德秀都曾为打击道

① 《宋史》第十五册《高文虎传》,台北,鼎文书局1980年版,第12033页。
② 毕沅:《续资治通鉴》第七册,台北,世界书局1974年版,第4172页。
③ 《宋史》第十五册《京镗传》,台北,鼎文书局1980年版,第12038页。
④ 《宋史》第十五册《何澹传》,台北,鼎文书局1980年版,第12026页。
⑤ 毕沅:《续资治通鉴》第七册,台北,世界书局1974年版,第4172页。

学和赵党卖过大力,从他们的去位,可看出学禁后期韩党内部也在斗争,由这个现象,便可知京、何等令言官上疏的用意,就更加明显。

四 "庆元学禁"中的朱熹

朱熹于绍熙五年(1194)十月二日到达临安(杭州),十日受命为待制、侍讲,十四日开始讲《大学》,旋即因祧庙之议,以及上疏忤韩侂胄,到闰十月十九日,即被以"悯耆艾,隆冬恐难立讲"的理由,罢侍讲之职。十一月在返乡途中,曾于江西玉山讲学,二十日回到福建建阳县考亭,伴他度过最后五年困厄生活的竹林精舍,此时已动工建造。他于绍熙三年(1192)便由崇安迁居考亭,建了考亭书堂,竹林精舍即位于此宅之东。十二月完工的竹林精舍,比以往所建的寒泉精舍(1170)、武夷精舍(1183)都要宽敞①。

此番入朝,本就勉强,在朝之日,即已有悔意②,竟然因此被卷入韩与赵的权力斗争之中,是朱熹没有料想到的,并由此而引发学禁,使自己与朋辈受辱、受难,更成为终生之憾。

赵汝愚于绍熙五年(1194)八月任右相,庆元元年(1195)二月被罢,在朱熹离开朝廷的这段时间,韩逐赵的斗争,随即达到高潮。赵氏被贬,朱熹的反应,据《年谱》载:"太府寺丞吕祖俭(朱子讲友),以论救丞相,贬韶州。先生自以蒙累朝知遇之恩,且尚带从臣职名,义不容默,乃草封事数万言,极陈奸邪蔽主之祸,因以明丞相之冤。子弟诸生更进迭谏,以为必且贾祸。先生不听。蔡元定入谏,请以蓍决之,遇'遯'之'家

---

① 《答蔡季通》"书堂高敞,远胜云谷、武夷,亦多容得人,他时尽可相聚也"。《朱子大全》第十二册"续二",台北,中华书局1970年台二版,第20页上。

② 《朱子语类》孙自修(敬甫)录:"初见先生即拜问云:先生难进易退之风,天下所共知,今新天子嗣位,乃幡然一来,必将大有论建。先生笑云:只为当时不合出长沙。"见第七册,台湾正中书局影印版,第4286页。有关朱子书信所属年份,主要参考陈来:《朱子书编年考证》,上海人民出版社1989年版。

人'。先生默然退,取奏稿焚之,更号遯翁。"①这是以卜筮经由心理学所谓"转移作用"而达到否决。元定的建议,虽无法克制其师的内疚,多少能减轻他精神上的负担。

为了赵氏的被黜,朱熹在给友人的信中,屡次道及,内心充满着痛苦和无奈,如《答张定叟书》:"昨蒙朝廷不弃,累加收用,迄无补报,狼狈而归,方此省衍,尚期后效,而时论一变,中外震骇。忠贤斥逐,下及韦衣,盖近世所无有。病中愤闷无聊,悲叹累日,顾念疏远,言之无益,竟不能发一语以效其愚。"②吕祖俭在朝中上奏救赵相的同时,也为朱熹鸣不平③,被贬后,朱熹写信给他,对自己不如祖俭的勇敢,而感到惭愧:

> 熹以官则高于子约(祖俭字),以上之顾遇恩礼则深于子约,然坐视群小之为,不能一言以报效,乃令子约独舒愤懑,触群小而蹈祸机,其愧叹深矣!④

是年(1195)六月,朝中开始有人诬道学为伪学,朱熹于竹林精舍与弟子们谈起这件事,他说:"元祐诸公,后来被绍圣群小治时,却是元祐曾去撩拨它来,而今却是平地起这件事出。"⑤元祐党祸是由于新旧党之争,庆元元年开始的道学之禁,是因韩侂胄为了清除异己和赵氏余党,而在朱熹看来,好像事出无因似的,可见学禁开始时,他的反应与朝中的实际情况,是有些隔阂的。

到了七月,朝中因去年议论祧庙之事,韩侂胄又利用这件事来打击异己,兴起风波,使一些议论此事的官员,遭到罢黜。此事朱熹也曾参与,于是奏状自劾:"……然伏念向尝妄议永阜攒宫,今小大之臣曾议此

---

①　王懋竑:《朱子年谱》,台湾影印版第216页。
②　《朱子大全·文集》卷二九,台北,世界书局版,第21页下。
③　《宋史》第十七册《吕祖俭传》,台北,鼎文书局1980年版,第13369页。
④　《宋史》第十七册《吕祖俭传》,台北,鼎文书局1980年版,第13370页。
⑤　《朱子语类》第七册,台湾,正中书局影印版,第4304页。

者，皆已次第降黜，而臣以所入文字不曾付外，是致漏网，岂可隐忍不言，冒窃荣宠，伏望圣明付之司败，以肃邦刑。"①这表示他对自己的言论，有坦荡负责的态度，别人既因此事受罚，自己也不愿例外，故自请处分。结果有旨："朱熹无罪可待。"这次虽没有受到处分，但从朝中传来的讯息，使他相信那些兴风作浪之辈，不会就此罢手，此时他给蔡元定的信中说："时论如此，未见阳复之验，自劾之章又复不放，然闻论者颇喧，势必不免。"②从当时的情况研判，他对必将受到进一步的处分，已有了心理准备。

学禁的第一年，朱熹虽为了赵相与吕祖俭的遭谪，而感到愤懑，为祧庙之议而感到焦虑不安，但对他个人直接的冲击，可说还没有开始。到了庆元二年(1196)，学禁的严重性，有了出乎意表的演变。

首先是二月间，不但有言官要求皇帝将道学家的语录销毁；不但使应考的士子，凡涉及道学家之言者，悉遭排除；连中国最重要的经典，也因它们是道学家立言的依据，而成为禁忌，使庆元学禁表现出高度的反智性格：因敌视道学家，连带着也憎恨起儒学本身。这是一种疯狂的现象，在如此情境中，发生"台谏汹汹，争欲以先生(指朱熹)为奇货"，便毫不足怪。这时候，"门人杨道夫，闻乡曲射利者，多撰造事迹，以投合言者之意，亟以书告"。朱熹的回答是："死生祸福，久已置之度外，不烦过虑。"③

其次是十月胡纮与沈继祖合作的上疏，控诉朱熹六大罪、五恶行，对朱熹的道德、人格做了最严厉的抨击，很明显是有意置这位"道学之魁"于死地。接着便有余嚞上书，"乞斩熹以绝伪学"，企图在朝中制造出一股对道学致命一击的舆论。一生以道统自任，又以道德教化为终生职志的人物，亲身面临如此恶毒难堪的抨击，除了难以言喻的愤懑之

① 王懋竑：《朱子年谱》，台湾影印版第216页。
② 《朱子大全·别集》卷二，台北，世界书局版，第2页上。
③ 以上均见王懋竑：《朱子年谱》，台湾影印版第218页。

外,难免生起一阵莫可名状的恐惧,所谓"某今头常如黏在颈上"的话①,大概就是在这种情况下说的。面对这种情况,恐惧是心理正常的反应。值得注意的是,就在同时,他又说"自古圣人未尝为人所杀"②。这句显得相当突兀而意味深长的话,使我们有理由推想,此刻朱熹心目中忽然想起孔子当年身陷险境的往事③:孔子周游列国时到了宋国,有一天正在一棵大树下与弟子们习礼,突然有人跑来说宋司马桓魋要杀害孔子,弟子们就催促孔子赶快起程,孔子的回答是:"天生德于予,桓魋其如予何?"④朱熹在危难中,忆及圣人的往事,就现代心理学而言,可叫做心理上的"仿同(或表同)作用",这种防卫性机制的发挥,有助于在严重挫折中重新强化他一向所信守的信念。

这次欲置朱熹于死地的疏文,乃胡纮所主导,《朱子语类》只有一次谈及胡纮,乃陈枅所录:"一日独侍坐,先生忽顰蹙云:'赵丞相谪命,似出胡纮。'问:'胡纮不知曾识他否?'曰:'旧亦识之,此人颇记得文字,莆阳(福建莆田县)之政亦好。但见朋友,多说其狠愎。'"从内容看,谈话应在汝愚被贬之后,胡、沈合作疏文之前,他"对于胡纮亦赞亦评,毫无怨语"⑤,做到了"不以言废人",但不知受到疏文冲击之后,其反应又如何。

还有一些谈话,大抵可断定是在庆元二年(1196),却无法判定究竟是在知道胡、沈疏文之前或之后。从这些谈话,多少可以使我们了解,当学禁逐渐达到高潮时,朱熹在危机中的心境,如:"或劝先生散了学徒,闭户省事以避祸者。先生曰:祸福之来,命也。"又如:"先生曰:如某辈皆不能保,只是做将去,事到则尽付之,人欲避祸,终不能避。"又:"今为避祸之说者,固出于相爱,然得某壁立万仞,岂不益为吾道之光。"又:

---

① 《朱子语类》第七册,台湾,正中书局影印版,第4306页。
② 《朱子语类》第七册,台湾,正中书局影印版,第4306页。
③ 韦政道:《先秦七大哲学家》,台北,牧童出版社1974年版,第15页。
④ 《论语·述而》。
⑤ 陈荣捷:《朱子新探索》,台北,学生书局1988年版,第763页。

"或有人劝某当此之时,宜略从时。某答之云:但恐如草药,锻炼得无性了,救不得病耳。"①由此不难想见,在此期间,他仍相当能保持镇定,且具自信。

在此期间,朱熹对朝中的变化,始终保持高度的关切。有关学禁的消息,不断传到考亭,他的心境也跟着起了变化,有时他为此自责:"熹之无状,偶自获罪于世,而讹误连染,上累斯道,下及众贤,例得诡伪之名,诋以不道之法,至有初不相识,而横罹其祸者,杜门循习,私窃负愧,虽欲悔之,而厥路无繇(由)矣。"②有时想到遁世:"居今之世,惟有一味退后,勿求人知为上策耳。"③有时又担心被贬:"时论又大变,旦夕必见及,其兆已见矣。《星经》、《参同》愿早见之,只恐窜谪不得共讲评耳。"④

朱子并未因胡、沈的上疏而被贬,可能的原因,前文已论及,他仅遭到落职罢祠,在给友人的信说:"某拜镌罢之命,罪大责轻,惟知感戴。"⑤因疏文是要求置他于死地的,故有"罪大责轻"之言。朱熹虽逃过一劫,弟子蔡元定却因被牵连而遭贬,并因此送掉性命。

蔡元定于庆元二年(1196)十二月编管道州(今湖南道县),消息传到考亭,应已是庆元三年(1197)年初,《语类》对朱熹闻讯后的反应,以及饯别元定的一幕,都有生动的描述:"季通(元定字)被罪,台谓及先生。先生饭罢,楼下起西序行数回,即中位打坐。贺孙(叶味道字)退归精舍告诸友。汉卿(辅广字)筮之,得小过'公弋取彼在穴',曰:'先生无虞,蔡所遭必伤。'即同辅万季弟至楼下,先生坐睡甚酣,因诸生偶语而觉,即揖诸生。诸生问所闻蔡丈事如何,曰:'州县捕索甚急,不晓何以得罪。'……闻蔡已遵路,防卫颇严,诸友急往中途见别。"⑥如果这则记录确能表达当时真实的状况,那么朱熹在闻知元定被贬的第一反应"打

---

① 以上皆见《朱子语类》第七册,台湾,正中书局影印版,第4304—4305页。
② 《答留丞相》,《朱子大全·文集》卷二九,台北,世界书局版,第19页上。
③ 《答蔡季通》,《朱子大全·续集》卷二,台北,世界书局版,第4页上。
④ 《答任行甫》,《朱子大全·文集》卷六四,台北,世界书局版,第22页下。
⑤ 《答章茂献》,《朱子大全·别集》卷二,台北,世界书局版,第3页上。
⑥ 《朱子语类》第七册,台湾,正中书局影印版,第4302—4303页。

坐"，正是心理学所谓"潜抑作用"，经由这种心理机制，可以将内心的激动与悲痛暂时忘掉，以求取内心的安静。"先生坐睡甚酣"，令人怀疑，应是误记，真实的状况该是因打坐而入定。

接着便是饯别元定的一幕："先生往净安静候蔡，蔡自府乘舟就贬，过净安，先生出寺门接之。坐方丈，寒喧外，无嗟劳语，以连日所读《参同契》所疑扣之，蔡应答洒然。小迟，诸人酿酒至，饮皆醉。先生间行，列坐寺前桥上饮，回寺又饮，先生醉睡……"①此次饯别，詹元善从中调护，刘砥、刘砺兄弟馈赠特厚②，表现出患难中同门之谊。此时元定年六十三，故由幼子蔡沈伴行，临别时，元定赋诗："执手笑相别，无为儿女悲。"一路上虽走得"脚为流血"，但"父子相对，常以理义自怡悦"③。

蔡元定父子走后，朱熹在竹林精舍的讲学生涯，也起了重大的变化，这些变化从写信给友人与弟子的书札中，尚可窥知一二。《答潘子善》："精舍春间有朋友数人，近多散去，仅存一二。"④《答黄直卿》："亲旧皆劝谢宾客，散遣学徒，然其既来，即无可绝之理。"⑤《答吕子约》："风色愈劲，精舍诸生方幸各散去。"⑥《答黄季通》："精舍已空，眼前朋友亦不长进，只前日永嘉一二人来，稍可告语，今已去矣。"⑦《答郑子上》："此间精舍有数朋友，自熹避地入山，遂皆散去，今则其室久虚，盖火色如此，想彼自不敢来此，亦不敢愿其来也。"⑧

弟子与友人相继散去，精舍已空，经常只有一位孤单而又多病的老人守着它。朱熹于前年（1195）曾大病一场，病后身体状况便日见恶化，到今年（1197）给陈才卿的信中说："熹今年足疾为害甚于常年，凭

①　《朱子语类》第七册，台湾，正中书局影印版，第4303页。
②　高令印、陈其芳：《福建朱子学》，福州，福建人民出版社1986年版，第69页。
③　《宋史》第十六册《蔡元定传》，台北，鼎文书局1980年版，第12875、12877页。
④　《朱子大全·文集》卷六〇，台北，世界书局版，第27页下。
⑤　《朱子大全·续集》卷一，台北，世界书局版，第9页下。
⑥　《朱子大全·文集》卷四八，台北，世界书局版，第30页上。
⑦　《朱子大全·续集》卷三，台北，世界书局版，第2页下。
⑧　《朱子大全·文集》卷五六，台北，世界书局版，第37页下至38页上。

几不得,缘此礼书不得整顿,且看向后病势又如何。"①重修礼书,是他生前最后几年一直在进行的主要工作之一,现在因病却无法继续。再加上生活又不得平静,因朝中为学禁事仍在议论纷纷,使他的"姓名踪迹无日不挂议者之口"②。此刻的生活,恐怕只有"身心交瘁"四字足以形容。

自己身体不好,处境恶劣,至少还有"区区旧学,足以自娱"③,还有儒学的道统,足以安身立命。此时最使他难过的,恐怕还是"眼前朋友亦不长进"。《答刘季章》书云:"外事绝不敢挂口,但见朋友当此风头,多是立脚不住。"④所以这里所说的"不长进",不是指朋友们的修养和学业,而是指在学禁的高压下,多不能坚守自己的信念,甚至见风转舵,这大概才是"精舍已空"的主要原因。

当朱熹遭到迫害时,关于一般儒生的处境,以及朱子门人的种种表现,《宋史·朱熹传》有扼要的描叙:"方是时,士之绳趋尺步,稍以儒名者,无所容其身。从游之士,特立不顾者,屏伏丘壑;依阿巽懦者,更名他师,过门不入,甚至变易衣冠,狎游市肆,以自别其非党。"⑤儒学千言万语,总要能实践,才是真工夫,尤其在危难中,仍能挺拔不退堕,守道不渝,方为有得,朱熹面对弟子们的异状百态,其内心之失望与痛苦,是不难想见的。《宋史》于上引文接着说"而熹日与诸生讲学不休,或劝以谢遣生徒者,笑而不答"。这自是竹林精舍初成时的情形,庆元三年(1197)为避乡扰,朱熹已"避地入山"了。

有关朱熹避难的情形,以往所知甚少。既是他的高足又是他的女婿的黄干,在《朱子行状》中且说,朱熹在学禁期间,始终在建阳考亭"日与诸生讲学竹林精舍",撰述不停。执教于厦门大学哲学系的高令印,

① 《朱子大全·文集》卷五九,台北,世界书局版,第31页下。
② 《答苏晋叟》《朱子大全·文集》卷五五,台北,世界书局版,第34页上。
③ 《答刘季章》《朱子大全·文集》卷五三,台北,世界书局版,第8页上。
④ 《朱子大全·文集》卷五三,台北,世界书局版,第5页上。
⑤ 《宋史》第十六册,台北,鼎文书局1980年版,第12768页。

根据福建地方志和新出土的朱子墨迹,考证出朱熹不但在考亭附近的闽北避难,还逃到遥远的闽东等地避难,前后到过古田、长乐、长溪、黄崎山、闽清、连江等地,有时候且照样授徒讲学。这不但纠正了《行状》所言,也证实了《福建通志》中"避迹无定所"①的说法。

所谓"伪学逆党得罪著籍者"五十九人的名单,是于庆元三年(1197)十二月发布的。朱熹于《答刘德修》云:"某屏处如昨。近以乡邑不静,挈家人城,扰扰逾月,今且归矣。间读邸报,幸复联名,而贱迹区区乃先众贤,为不称耳。侧听久之,未有行遣,势不能免,姑静以俟之耳。"②这应是他获知党籍名单后的反应。邸报传到考亭,以及由"侧听久之"的语气来看,这封信最早也是庆元四年(1198)春所写。在名单里,除了四位做过丞相的人物之外,朱熹居首位,故有"贱迹区区乃先众贤"之说。这次他觉得"行遣"被谪的噩运,再也不能避免。

朱熹虽仍未遭贬,但精神上的折磨,与肉体上的疾病,却与日俱增。庆元四年(1198)这一整年里,先是自己大病一场,弟子与友人因"畏伪学污染",很少敢登门探望。接着弟子与友人死亡的消息纷纷传来。在朝中,学禁的高潮似已过去,但迫害的事件,并未终止,使他日日夜夜生活在恐惧气氛之中。

大病是在这一年的春天。关于病情,《答黄子耕》书云:"伏枕月余,已分必死,自入夏以来却稍减轻。"③又《答刘季章》:"熹今年一病狼狈,入夏方粗可支吾。"④又《答石应之》:"熹衰病日益沉痼,数日来又加寒热之证,愈觉不可支吾。相见无期,亦势应尔,不足深念。犹恨党锢之祸,四海横流。"⑤对学禁的感受,除"四海横流"之外,还用过"忧患侵陵"、"时论咄咄逼人"、"风色愈劲"、"当此岁寒"、"诡伪之禁"、"仇怨交攻"等

---

① 高令印:《朱熹事迹考》,上海人民出版社1987年版,第79—83页。
② 《朱子大全·别集》卷一,台北,世界书局版,第15页上。
③ 《朱子大全·文集》卷五一,台北,世界书局版,第27页下。
④ 《朱子大全·文集》卷五三,台北,世界书局版,第12页下。
⑤ 《朱子大全·文集》卷五四,台北,世界书局版,第4页上。

词语予以形容。这次大病,为朱熹带来严重影响,《答应仁仲》云:"久不闻问,辱书为慰……如闻亦苦目疾,莫不至其妨事否?熹则左目全盲,右亦渐不见物矣。来日几何,学不加益,而罪戾日闻。"①由于目疾,自然影响到工作,《与暖亚夫》:"熹衰朽疾病,更无无疾痛之日,明年便七十矣,区区伪学,亦觉随分得力,但文字不能得了,恐为千载之恨耳。"②

在病中,假如精舍的弟子们仍在,必能给他很大安慰,可是此刻,却必须孤独地承受精神与肉体的双重苦痛。《答郑子上》:"病中不敢出门已累月,精舍亦鞠为茂草,块坐无晤语。"③又《答余占之》:"老衰殊甚,疾病益侵,仇怨交攻,盖未知所税驾也。今年绝无朋友相过,近日方有至者。"④

因大病,使身体衰弱得已无力为文,等到身体稍稍复原,因长久的学禁,又恐惧得不敢为文。《答詹子厚》:"铭墓诚愿效区区,但时论如此,两三年来不敢为人作一字,而犹不免,今谴责方新,岂敢干犯。"⑤所谓"谴责方新"盖是指庆元四年(1198)姚愈上书,谓伪学窃取张、程之说,聋瞽愚俗,请播告天下,使伪学之徒无以盗名欺世⑥。有一次,因王晋辅来求其尊人铭文,经一再登门相求,不得已,"辄以数字附于行状之末",但"切告勿以示人"⑦。晋辅去后,朱子仍觉不安,又立刻写信望他不要刊刻流布⑧。从这些地方,可以想见学禁带给朱熹的压力有多大,恐惧有多深。

王晋辅年少气盛,竟然想在这个时候为朱熹编印文集,大概是对学禁的一种抗议吧。朱熹知道这件事,写信给晋辅的友人刘季章:"渠(指晋辅)又说欲得鄙文编次锓木,此虽未必果然,亦不可有此声。恐渠后

① 《朱子大全·文集》卷五四,台北,世界书局版,第12页上。
② 《朱子大全·文集》卷六三,台北,世界书局版,第10页下。
③ 《朱子大全·文集》卷五六,台北,世界书局版,第38页上。
④ 《朱子大全·文集》卷五〇,台北,世界书局版,第25页下。
⑤ 《朱子大全·文集》卷五六,台北,世界书局版,第4页下。
⑥ 《续资治通鉴》第七册,台北,世界书局1974年版,第416页。
⑦ 《朱子大全·文集》卷六二,台北,世界书局版,第13页下。
⑧ 《朱子大全·文集》卷五三,台北,世界书局版,第5页下至6页上。

生未更事,不识时势,不知此是大祸之机。"①稍后,季章正在晋辅家作客,朱熹又给他一信:"文集之议,当已罢止,此实于彼无益,而于此不便。"②大概晋辅仍不肯罢手,朱熹再书告季章,语气便相当坚决:"王晋辅好且劝他莫管他人是非长短得失,且理会教自家道理分明。"③为学禁事,已使不少弟子友人遭祸,朱熹为此负疚良深,这些信,当然是为了保护后辈。去年(庆元三年,1197)弟子周纯仁、吴伯丰,前者继元定后被贬④,后者去世,已够使朱熹伤心。是年秋季,蔡元定与吕祖俭相继死于贬所,给他的打击太大了。《答李季章》云:"亲旧凋零,如蔡季通、吕子约皆死贬所,令人痛心,益无生意。"⑤又《答黄直卿》:"季通之枢已归陈坂上对面一寺中……今冬便葬也,万事尽矣,尚何言哉!"⑥儒学在理论上主张不怨天、不尤人,但此情此景,岂能不怨?《答曾景建》:"季通、子约相逐而逝,不谓天之无意于善人乃如此。"⑦

促使"学禁渐弛"的上疏,是在庆元五年(1199)十二月,距离朱熹去世不过二三个月。在逝世前一年中,朱熹外在的处境依旧恶劣,但竹林精舍的情况已大有改善。庆元二年(1196)十二月落职罢祠后,朱子仍保有朝奉大夫之衔,按礼年届七十,应上休致之请,想不到人在危难之中,要循例办点简单的事,都会横遭波折。《答林德久》:"气痞足弱,不能屈伸……以病,故不能俯伏几案……引年告老,昨以乡间横议,官吏过扰,久不得上,至烦台评播告,后乃得之。"⑧又《答田子真》:"休致文字,州府已为施行,但举城知旧无一人肯为作保,不免远求左右,想无不

---

① 《朱子大全·文集》卷五三,台北,世界书局版,第6页上。
② 《朱子大全·文集》卷五三,台北,世界书局版,第10页下。
③ 《朱子大全·文集》卷五三,台北,世界书局版,第11页下。
④ 周纯仁被贬,见陈来:《朱子书信编年考证》,第461页。陈荣捷:《朱子门人》,台北,学生书局1982年版,第141页。周朴(字纯仁),未及被贬事。
⑤ 《朱子大全·文集》卷三八,台北,世界书局版,第41页上。
⑥ 《朱子大全·续集》卷一,台北,世界书局版,第14页上。
⑦ 《朱子大全·续集》卷七,台北,世界书局版,第6页下。
⑧ 《朱子大全·文集》卷六一,台北,世界书局版,第12页上、下。

可得。"①又《答刘晦伯》:"年及告老,乃礼之常,而异议乡评,横为沮抑,若非台章催促,几不可遂,今幸得之。"②休致之请始于庆元四年(1198)冬,到五年(1199)四月才获准。由朱熹的遭遇,又不禁令人想起蔡元定被贬后,他的家庭"为乡人陵扰百端,几不可存立"③,吕祖俭因死于贬地,"亲戚有为旁郡守者,遂不复相闻"④。政治迫害本身,对知识分子已是沉重的负荷,除此之外,还要被骚扰,还要被孤立,给知识分子精神上的戕害,比囚禁还要酷虐。

好在这一年,精舍的气氛重新活络,必定带给残病延年的朱熹不少安慰。《答余占之》:"直卿(黄干)已归在此,今年往来亦有一二十人。"⑤又《答潘子善》:"熹衰病益侵,本无足言,最是气痞不可伏几观书,殊以为扰耳。……此间朋友亦有十余人,颇有讲论之益。"⑥又《答蔡仲默》:"漳州陈安卿(淳)在此,其学甚进。"⑦最后到考亭的一批弟子,由朱子书信中,可知李敬子、胡伯量于去年(1198)已到,吕焘、吕焕兄弟今年(1199)始来。陈淳与他的岳父李唐咨于十一月中旬同抵考亭,次年(1200)正月初五拜别,这段时间,淳"或独自请问,或与诸友同问,或诸友揖退,先生留淳独语,且夕均入卧室",与其师的关系不但亲密,论学亦最相得,朱子对他的评语是:"如公所学,已见本原,所阙者下学之功尔。"⑧

朱熹逝世于庆元六年(1200)三月初九日,临终时陪伴他的弟子有蔡沈、林夔孙、陈埴、叶味道、徐寓、方伯起、刘成道、赵惟夫、范元裕⑨。临终前一日写信给黄干:"三月八日熹启,人还得书,知已至三山,一行

---

① 《朱子大全·续集》卷五,台北,世界书局版,第4页下。
② 《朱子大全·续集》卷四上,台北,世界书局版,第7页上。
③ 《答黄直卿》,《朱子大全·续集》卷一,台北,世界书局版,第2页下。
④ 《与饶廷老》,《朱子大全·续集》卷六,台北,世界书局版,第4页下。
⑤ 《朱子大全·文集》卷五〇,台北,世界书局版,第25页下。
⑥ 《朱子大全·文集》卷六〇,台北,世界书局版,第40页上、下。
⑦ 《朱子大全·续集》卷三,台北,世界书局版,第10页下。
⑧ 陈荣捷:《朱子门人》,台北,学生书局1982年版,第220、221页。
⑨ 王懋竑:《朱子年谱》,台湾影印版第228页。

安乐。又知授学次第，人益信向所示告文规约皆佳，深以为慰。今想愈成伦理，凡百更宜加勉力，吾道之托在此者，吾无憾矣。……病遂大变，此两日愈甚，将恐不可支吾。泰儿又远在千里外，诸事无分付处，极以为挠。然凡百已定，只得安之耳。异时诸子诸孙，切望直卿一一推诚，力赐教诲，使不大为门户之羞，至祝至祝。礼书……并望参考条例，以次修成……不意遂成永诀，各希珍重。"①一心挂念的，仍是吾道之托，与礼书的修成。一生艰苦，一代儒宗，就这样默默地死于庆元学禁之中。

五　结语

前文在叙述庆元学禁的过程时，曾提到它的"反智"性格，其实，如果要对这一长达数年的事件加以界定，可以说，整个学禁的过程，就是一场反智的运动。它的背景虽肇因于皇家的伦理悲剧，与韩党与赵党之间的权力斗争，但也不可忽略南宋时对士风的摧抑，以及由摧抑而造成的颓唐。这种士风已不是"士大夫寡廉鲜耻"足以形容，而是连是非价值观都被扭曲颠倒了，例如孝宗朝，推官罗点上封事说："今时奸谀日甚，议论凡陋：无所可否，则曰得体；与世浮沉，则曰有量；众皆默，己独言，则曰沽名；众皆浊，己独清，则曰立异。"②正因有如此士风，"韩侂胄以势利蛊士大夫之心"，才能无往而不利，反智运动也才能在"上既壅塞，下亦欺诬"③、"以快同列之私忿"④的情形下进行。

余英时在《反智论与中国政治传统》一文中，提到"反智论"两个互相关涉的部分：一是对于"智性"（intellect）本身的憎恨和怀疑，认为"智性"及由"智性"而来的知识学问对人生皆有害而无益；一是对代表"智

---

① 《朱子大全·文集》卷二九，台北，世界书局版，第22页下。
② 《宋史》第十五册《罗点传》，台北，鼎文书局1980年版，第12006页。
③ 《宋史》第十五册《陈宓传》，台北，鼎文书局1980年版，第12311页。
④ 《宋史》第十五册《李宗勉传》，台北，鼎文书局1980年版，第12233页。

性"的知识分子表现一种轻鄙以至敌视①。当刘德秀上疏请宁宗将道学家的语录尽行除毁，连带着道学所依据的儒家经典也一并禁止时，已充分表现此举不止对"智性"本身的怀疑，而是憎恨。比起光宗、宁宗，孝宗已算是比较好的皇帝，他已觉得"近世书生但务清谈，经论之才盖未之见"②。这里当然指的是道学家。起用朱子为侍讲的宁宗，也认为"朱熹言多不可用"③。所以反智运动得以顺利地展现，未必完全是权奸"挟天子以令诸侯"，皇帝们对道学至少也是相当怀疑的。至于反知识分子的态度，在庆元学禁中，一份代表当时知识精英、人数多达五十九名的党籍名单，早已成为中国历史上反智主义的铁证。

再说朱熹，在这场反智运动中，最初的感受是无风起浪，是无妄之灾。在整个事件中，表面所受的惩罚，相当轻微，罢侍讲之职，这职位本来就是他不想干的；落职罢祠，也不是严重打击。学禁带给朱熹最大的苦痛，是人格遭到诬蔑，是内心对弟子与朋友的负疚，以及长期生活在不确定、不安、焦虑、恐惧中，使精神受到无尽的折磨。有人说"他并没有进一步主动地为他的理想而战"④。事实上朱熹在学禁中，从没有机会与攻击者正面交锋，他的危难完全是在缺席审判的情形下被决定的。在中国的政治传统中，一纸御批，便可以决定知识分子的生死，从没有机会像苏格拉底那样，可以在法庭上为自己的信念申辩的。危难中的朱熹，有时候表现的虽不免"明哲保身"，但从未失去自重与自尊，以道自任的信念，也从未动摇。身处乡野，疾病缠身，依旧忧国伤时，去世前二年（1198）向他的弟子郭友仁说："某要见复中原。今老矣，不及见矣！"在党禁中，除重修礼书之外，去世前一年（1199）还完成《楚辞集

---

① 见《历史与思想》，台北，联经出版事业公司1976年版，第2页。
② 《宋史》第十五册《刘珙传》，台北，鼎文书局1980年版，第11850页。
③ 王懋竑：《朱子年谱》，台湾影印版第212页。又见《宋元学案》下册，台北，世界书局1962年版，第1819页。
④ Conrad M. Schirokauer：《朱熹的政治生涯：一项内心的冲突》，《中国历史人物论集》，台北，正中书局1973年版，第243页。

注》,李默说:"先生忧时之意,屡形于色,因注《楚辞》以见意。"①

对一位道德理想主义者而言,政治迫害,虽是一场灾害,但也是难得的考验。朱熹是一位经得起考验的儒者。

---

① 以上均见陈荣捷:《朱子新探索》,台北,学生书局 1988 年版,第 774 页。

曾国藩:古典人格的最后闪现^①

19 世纪中叶,曾国藩集团与洪杨集团的对决,在当时的中国,是件惊天动地的大事,假如这场对决发生在以往任何时代,朝廷极有可能因此覆亡。但在 19 世纪中叶,前有鸦片战争之惨败(1842),后有英法联军之攻陷广州和北京(1857、1860),产生了历史上少见的文化认同感的危机,这一变数,使得原本为农民暴力推翻旧王朝的战争,转变为保卫文化认同感之战。当然,洪杨集团的目标,不只是推翻旧王朝,他们还希望能建立一个以上帝教为体、以共产制度为用的新国家,纵然他们所标榜的理念是正当的,可是在西方帝国主义侵略的历史条件下,他们的作为却是扩大了文化认同感的危机。洪杨集团所凸显的观念中,并不是没有支持文化认同感的成分,如民族革命的意识,不过这一意识已为其所依附的洋教色彩所冲淡。

曾国藩集团在这场对决中终能获胜的原因很多,他们为保卫文化认同感而战,在社会文化方面取得坚强的立足点,无论如何是主要原因之一。也因为如此,我们把在认同感之间互相冲突的两个集团,都纳入"巨变与传统"的概念架构中来处理,应该有助于了解这一段思想史的真相。

---

① 编注:选自韦政通先生著《中国十九世纪思想史》上册,台北,东大图书出版公司 1991 年版,第八章。副标题为编者根据文意所加。

一　生平四阶段

　　曾国藩(1811—1872)原名子城,字伯涵,号涤生,入翰林院后改名国藩,祖籍衡阳,先世于清初迁居湘乡荷塘都的大界里,父亲曾麟书,累试十七次,到四十三岁才补入县学为生员,他一共生了五个儿子,国藩列长,曾国荃(1824—1890)行四。国藩的宦途比他父亲顺利,二十三岁考取秀才,二十四岁中举人第三十六名,二十八岁中进士第三十八名,朝考获一等第三名,进呈宣宗改为第二名,并入翰林院为庶吉士。嗣后十年间,由七品检讨升为四品侍讲,再升为二品内阁学士兼礼部侍郎,可谓一帆风顺。擢授内阁学士后,写信给诸弟:"蒙皇上天恩及祖父德泽,予得超升内阁学士,顾影扪心,实深惭悚,湖南三十七岁至二品者,本朝尚无一人。"①虽深自"惭悚",其内心的志得意满仍不可抑。

　　国藩的一生可分下列几个时期:

(一)青少年期

　　这一时期读书虽很用功,主要为猎取功名,各方面并无特异的表现,后来在写给刘蓉(1816—1873)的信中,就有"仆早不自立"②的话。

(二)京官时期

　　共十五年,尝自谓:"自庚子(道光二十年)以来,稍事学问,涉猎于前明本朝诸大儒之书,而不克辨其得失。……于是取司马迁、班固、杜甫、韩愈、欧阳修、曾巩、王安石及方苞之作,悉心而读之。"③科举考试,非关真学问,中了进士之后,犹知专心向学,这一步自觉,再加上后续的长期苦读潜修,终于奠定了他深厚的学养。这时候他当然没有料到自

---

① 《曾文正公全集》(实际只是选集),台北,东方书店 1963 年版,第 63 页。
② 《曾文正公全集》,台北,东方书店 1963 年版,第 193 页。
③ 《曾文正公全集》,台北,东方书店 1963 年版,第 193 页。

已将来会成为一位功业彪炳的大人物,但京官生涯的历练,和对学问的钻研,确已为扮演历史人物进行了长期的准备。王聿均曾探讨曾国藩的内心世界,如知识的累积,思想的孕育,心性的陶冶,生活之体验等①。这种内心世界的开拓,主要就是在这一时期。

这一时期,还有值得一提的,是他在上书皇帝时,已表现出直言不讳的刚正性格。道光三十年(1850)于《应诏陈言疏》中说:京官办事的通病是退缩、琐屑;外官办事的通病是敷衍、颟顸。因此,"十余年间,九卿无一人陈时政之得失,司道无一折言地方之利病,相率缄默,一时之风气,有不解其所以然者;科道间有奏疏,而从无一言及主德之隆替,无一折弹大臣之过失,岂君为尧舜之君,臣皆稷契之臣乎"②!次年,又有《敬陈圣德三端预防流弊疏》,其言论之大胆,在专制时代颇为少见,即连对曾氏有恶评的学者,也认为这是他"生平中的一次冒险举动,也表示了他是一个有眼光的政治家"③。疏文直指咸丰皇帝在礼仪方面虽有敬慎的美德,如讲求过当,则会产生因小失大的流弊;在纳谏方面虽有好古的美德,征之实际,不过是虚应故事、徒尚文饰而已;在心胸方面虽有广大的美德,可是因皇帝高高在上,不免因骄矜之气,而产生自执己见的流弊。所谓"美德",不过是进言的技巧,真正的用意是指责皇帝既不能用心于国家大计,又喜私心自用。专制帝王是"独制而无所制"的,因而历来为人臣者,为求自保,"大率戆直者少,缄默者多"。曾国藩又为何敢"干犯天威"呢? 由于胆识,同时也自恃理直,他说:"自古之重直臣,非特使之成名而已,盖将借其药石以折人主骄侈之萌,培其风骨,养其威棱,以备有事折冲之用,所谓'疾风知劲草'也。若不取此等,则必专取一种谄媚软熟之人,料其断不敢出一言以逆耳而拂心,而稍有锋芒者,必尽挫其劲节而销铄其刚气。一旦有事,则满廷皆疲苶沓泄,相与

---

① 王聿均:《从日记书札中探讨曾国藩之内心世界和自强思想》,载《清季自强运动研讨会论文集》下册,台北,中研院近代史研究所1988年版,第925页。
② 《曾文正公全集》,台北,东方书店1963年版,第441—442。
③ 李曦:《曾国藩》,载《中国近代著名哲学家评传》上册,济南,齐鲁书社1982年版,第122页。

袖手,一筹莫展而后已。"①此一疏文撰于咸丰元年(1851)四月二十六日,是年初洪秀全已在广西起事,最后数言,正道出清廷实况。疏文虽不免刺伤皇帝的自尊,但也无法否认它说得很有道理,只好以"迂腐欠通,意尚可取"的批示了结。

(三)征战时期

这一时期长达十年,十年之间使一个二品京官达到位极人臣、擎天一柱的地位,也是他一生中履历最艰辛、处境最险恶的阶段。压力主要来自两方面:一是与太平军对决,毫无取胜的把握,且时常处于劣势;一是因满、汉之间的矛盾,使他与清廷之间长期处于紧张之中。

奉命筹组湘勇之初,即遭遇重重困难,因国藩既无权又无钱,湘勇既非经制之兵,地方官吏处处抵制,绿营官兵又与之为敌。在如此恶劣的条件下,竟然能组训出一支支撑大局的湘军,表现出他确有开创性的能力,却未因此改善他的处境。咸丰四年(1854)太平军屡败官军,攻占武昌,当国藩率领湘军收复武昌的捷报传到京师,皇帝兴奋地向军机大臣说:"不意曾国藩一书生,乃能建此奇功!"可是这位军机大臣(祁寯藻)的反应却是:"曾国藩以侍郎在籍,犹匹夫耳。匹夫居闾里,一呼蹶起,从之者万余人,恐非国家福也。"②于是仅以兵部侍郎衔领军,直到咸丰十年(1860),江南大营第二次被太平军击溃,在不得已的情况下,始命国藩署理两江总督。如果说曾氏的内心世界,"时见和谐清明之象,时有矛盾挣扎之迹;时而刚毅坚忍,时而消沉颓唐;时而旷达恬淡,时而急功好名"③,必然是在这一时期最为严重。

到了同治初年,征战之事虽未胜利在望,但因位高名重,自觉日处危机之中,更加深他内心的戒惧,曾写信给郭筠仙(嵩焘):"近来体察物

---

① 《曾文正公全集》,台北,东方书店1963年版,第445页。
② 薛福成:《庸庵全集》之《庸庵文集续编》卷下,第5页。
③ 王聿均:《从日记书札中探讨曾国藩之内心世界和自强思想》,《清季自强运动研讨会论文集》下册,台北,中研院近代史研究所1988年版,第925页。

情,大抵以鄙人用事太久,兵柄过重,利权过广,远者震惊,近者疑忌,撵之消息盈虚之常,即合臧热收声,引嫌谢事,拟于近日毅然行之,未审遂如人愿否?"①因此于同治三年(1864)六月十六日克服金陵后,为了避免功高震主的谗言,立即着手将湘军裁撤二万五千名,又屡次写信给此役居首功的曾国荃,要他"设法将权位二字,推让些许,减去几成,则晚节可以收场"。又告诫他:"吾兄弟高爵显官,为天下第一指目之家,总须在奏疏中加意检点,不求获福,但求免祸。"②在这里,曾氏已将"物禁太盛"、"祸福相依"的道理,体现在实际生活之中。

(四)晚年

平定太平天国之后,处境仍极不顺,先是奉命剿捻无功(1865),屡遭朝廷谴责;在直隶总督任内(1868—1870),发生天津教案,使朝野交相指责,尝自谓"外惭清议,内疚神明"。他的健康一向不佳,在重谤之下,身心俱受重创,离开北方,回任江督,不过一年多就去世了。就在这种处境之中,他仍悉心擘划制炮造船、师法泰西之事,成为我国早期推动近代化的中坚人物。他这一生真可以说是"鞠躬尽瘁,死为后已"。

二 曾国藩集团及湘军精神的形成

由上文可知曾国藩的为学、做人、治事,都确有过人之处,这是在与太平军对决中,除保卫文化认同感之外,又一重要的取胜条件。除此之外,更重要的是,以其为灵魂人物的曾氏集团的形成。国藩以一儒生而成就功业,已是奇迹,湘军一批南征北讨的干将中,竟然也有一些是书生,尤为奇中之奇。以下选介集团中几位核心人物,当有助于我们了解这个集团的一股特殊的精神。

---

① 李瀚章编:《曾文正公书札》卷二十三,长沙,湖南传忠书局光绪二年(1876)版,第38页下、39页上。
② 以上转引自萧一山:《曾国藩传》,第159—160页。

罗泽南　字仲岳,湖南湘乡人,生于嘉庆十二年(1807),卒于咸丰六年(1856),比国藩年长四岁。为生员时,即讲学乡里,咸丰元年,举孝廉方正,宗程、朱之学,学者称罗山先生,著作有《小学韵语》、《西铭讲义》、《周易附说》、《人极衍义》、《姚江学辨》、《方舆要览》等。太平军到达长沙时(1852),他在家乡倡办团练。次年曾国藩奉命督办团练,组训湘勇,泽南是最早的合作者,湘勇早期的干部,有不少是泽南的门人,第一次使国藩感觉到"湘军果可用"的,也是这批师生。

咸丰四年(1854)六月,武昌为太平军攻占,曾氏会诸将于金口,谋商反攻之策,果于短期间即收复武昌,使咸丰帝大喜过望,即由"泽南绘图献方略"所致。以后他的所部,几乎成为一支以寡击众的常胜军,往往能于关键时刻,上书国藩,因而扭转大局。1856年3月,于武昌战役中(1855年2月武昌第三次为太平军攻陷),亲自督战,为飞炮碎片击中左额,伤重而亡。国藩对他的赞语是:"洛、闽之术,近世所捐,姚江事业,或迈前贤。公慎其趋,既辨其诡,乃立丰功,一雪斯耻。大本内植,伟绩外充,兹谓豪杰,百世可宗。"①

胡林翼　字润之,湖南益阳人,嘉庆十七年(1812)生,咸丰十一年(1861)卒,比国藩小一岁。父名胡达源,为嘉庆二十四年(1819)探花,曾任詹事府少詹事,学宗宋儒。林翼因家学,少年时即由父亲授以性理诸书。道光十年(1830),林翼二十四岁中进士,曾任翰林院编修。史载"林翼貌英伟,目岩岩,威棱慑人",为陶澍赏识,并以女为其妻。平生喜读兵书,亦善用兵,著有《读史兵略》等。

林翼本在贵州任知府,因安民有功,颇有政声。咸丰三年(1853)奉旨率黔勇增援湖北,因湖广总督吴文镕殉职,又奉命赴国藩营,从此与国藩合作无间,因战功升湖北布政使、巡抚。罗泽南曾率湘勇援湖北,林翼对他的学问和做人很敬佩,遂执弟子礼。泽南分出一部分干部,进入林翼兵营,授以湘军规制。泽南阵亡,林翼将妹妹嫁给他的儿子,并

---

① 曾国藩:《罗忠节公神道碑铭》,《曾文正公全集》,台北,东方书店1963年版,第368页。

荐其弟子李续宾、李续宜代领其士卒。他和国藩一样,虽生活在极不安定的军中,但治经史有常课,每天讲《通鉴》二十页,《四子书》十页,如太忙,则减半,形成湘军一种特殊的精神和气氛。

胡林翼与太平军对抗七年,战功无数,终因忧劳过甚而逝。去世后,从国藩的奏文中,可以看出他对湘军的贡献:(1)调和诸将领之间的矛盾,使湘军和协如骨肉;(2)湖北大局粗安之后,不为自固之计,邻近地区需要援兵,莫不全力以赴;(3)从不自居其功,每上奏朝廷,则盛称诸将之功。因此,《清史稿》对他的评论是:"使无其人,则曾国藩、左宗棠诸人失所匡扶凭藉,其成功且较难。"光绪三年(1877),彭玉麟奏称:"林翼抚鄂之日,曾国藩、罗泽南等讲学则同方同术,讨贼则同心同力,请合祀省城曾国藩祠。"这就是"三忠祠"的由来①。

左宗棠　字季高,湖南湘阴人,嘉庆十七年(1812)生,光绪十一年(1885)卒,比国藩小一岁。父名观澜,廪生,有学行。宗棠仅一举人,但才气纵横,并世无双。仕途虽不顺利,际遇倒不差,就读城南书院时,因山长为贺长龄之弟贺熙龄,因而得见长龄,读其藏书,勉励有加。陶澍任两江总督时,返乡扫墓,路过醴陵,宗棠恰为当地渌江书院山长,县令假书院为行馆,由宗棠撰联以示欢迎,联语云:"春殿语从容,廿载家山,印心石在;大江流日夜,八州子弟,翘首公归。"陶氏年少时,尝读书于资江滨之水月庵,有方石矗立江心,名为"印心石屋"。显贵后,晋见道光帝,帝询及印心石屋事,并书写四字赠陶氏,遂成佳话。宗棠于联语中提起,自然使陶氏开怀,经过一席谈话,宗棠被赞为"天下奇才"。陶幼子尚在髫龄,知宗棠有女,意欲结为亲家,宗棠不敢应,陶澍说:"君他日功名,必在老夫上。"②

宗棠躬耕柳庄时,湖南巡抚张亮基因慕名请他协助平乱,被他拒绝,后经胡林翼、江忠源、郭嵩焘等人敦促,始入张氏幕府,因守长沙有

---

①　以上参考萧一山:《清代通史》(三),台北,商务印书馆 1963 年版,第 672—673 页。

②　萧一山:《清代通史》(三),台北,商务印书馆 1963 年版,第 736—737 页。

功升任同知。不久张氏调职山东，骆秉章继任，宗棠不愿留，骆氏乃设计捕陶澍之子陶桄，宗棠闻讯，晋省谒骆，骆氏大笑迎接："不如此何能邀诸葛先生大驾也。"于是入骆幕，助治团练，振兴湘军。宗棠因获秉章的充分信任，故名为幕宾，实握大权，也因为如此，当曾国藩于咸丰四年（1854）初度率湘军水陆之师东征时，曾得湖南大力支援。后来随国藩入江南，在打败闽、浙太平天军的战役中，也立了大功。而他一生功业的巅峰，则为远征新疆，获胜后，并为新疆建行省。此役使其威名远播，盖世功名，果不出陶澍所料①。

宗棠虽恃才傲物，盛气凌人，然能识大体，善用兵，颇得胡林翼、曾国藩之敬重。曾、左之间虽有龃龉，但未致因私害公。国藩去世后，宗棠说："谋国之忠，知人之明，自愧不如。"②

郭嵩焘　字伯琛，号筠仙，湖南湘阴人，嘉庆二十三年（1818）生，光绪十七年（1891）卒，比国藩小七岁。道光二十七年（1847）进士。于国藩未中进士前，即已相识，后二人同问学于唐鉴，不仅为莫逆之交，且结为儿女亲家。太平军攻长沙，国藩因嵩焘力劝，始奉诏出治团练，焘亦从旁协助，湘军编练水师，也是他的建议。湘军威名大显之后，因功获授编修，于是调回京师，入直上书房。在京师期间，与肃顺交善，使肃顺对湘军留下深刻印象。后因与僧格林沁意见不合，辞归，国藩请入幕中，参赞军务，成为湘军重要智囊，湘军领导如胡林翼、左宗棠、李鸿章，无不敬重。嵩焘有弟名崑焘，也曾从国藩东征。他学养俱佳，一生行事正直，旧学方面，著有《礼记质疑》、《大学中庸质疑》、《订正家礼》、《周易释例》、《毛诗约义》、《绥边征实》等；新知方面，他是推动自强运动的灵魂人物之一。

彭玉麟　字雪琴，湖南衡阳人，嘉庆二十一年（1816）生，光绪十六年（1890）卒，比国藩小五岁。父名鸣九，做过安徽合肥梁园巡检，去世

---

① 萧一山：《清代通史》（三），台北，商务印书馆1963年版，第809—810页。
② 左宗棠寄子孝威书，见《左文襄公家书》下。

时,玉麟年方十六,田产为族人所夺,遂上石鼓山避入石鼓书院。因贫无以为生,投协标充任书记以养母,衡阳知府见其文、奇其貌,招入署读书,二年后始获隶诸生之籍。以一生员身份,要成就大功业,根本很少可能,因此投入湘军成为他一生最大转折点。盖曾国藩用人,只要有真本领、真才干,不讲究资历。

最初由常仪安推荐给国藩,因值母丧,不就,国藩因闻其有胆略,写信劝他:"乡里藉藉,父子且不相保,能长守邱墓乎?"经一再敦促,才勉强入营,果然在杨载福的合作下,为湘军建立了一支水师,二十余年间,除一度归隐,几以水师为家,常年生活在风涛矢石之中。初见国藩时,即誓言不储私财,不受官职,他做到了,在一次奏文中,他说:"臣素无家室之乐,声色之好,性尤不耽乐逸。治军十余年,未尝营一瓦之覆,一亩之殖,以庇妻子;身受重伤,积劳多疾,未尝请一日之假;⋯⋯虽甚病,未尝一日移居岸上。"因战功,咸丰十一年(1861),诏授安徽巡抚,力辞不就;光绪七年(1881),因重整水师有功,命署两江总督,仍力辞①。这方面他比曾国藩还要看得透,因此也未造成国藩那样艰困的处境,而始终能获得朝廷的信任。刘广京认为,"彭氏英勇、正直又勤恳,最能符合曾国藩对儒将的要求"②。实际上彭氏似早已洞悉《老子》"多藏必厚亡"之理,而达到"知足者富"的境界。史载其人"好画梅,诗书皆超俗,文采风流亦不沫",也正是入世道家的风格。

由湘军而形成的曾国藩集团,当然不止以上六人,我们在这里特别选介其中部分的核心人物,主要的目的是希望透过他们,来凸显湘军精神。其他人物如江忠源,曾首创楚军,为湘军先驱,曾国藩也很赏识他,但他在咸丰三年(1853)便已殉职。又如骆秉章,比国藩年长二十岁,湘军初期获得他大力支援,并重用左宗棠治湘,他的身份只能算是曾氏的亲密战友。李鸿章与国藩乃师生关系,不过为人处世的作风与国藩不

---

① 以上参考萧一山:《清代通史》(三),台北,商务印书馆 1963 年版,第 820—824 页。
② 刘广京:《同治中兴》,见《剑桥中国史》中译本第十册"晚清篇(上)",台北,南天书局 1987 年版,第 501 页。

同,他另外建立了淮军,他之成为历史中心人物,要到自强运动时期。曾国荃为国藩三弟,指挥收复金陵之统帅,为湘军立下最大功绩,但人城后其部属之烧杀劫掠,纪律之坏,亦古今罕见,就在功绩达到巅峰之际,湘军声誉也毁于一旦。

根据前文对曾氏集团的简介,很明显地可以看出,他们每一个人几乎都能做到国而忘家、公而忘私,这是作为一个领导,最重要的条件。其次,他们都认识到,要"回狂澜于既倒,支大厦于将倾",必须要靠更多的杰出人才,因此求才若渴,一旦有可用之才,则必定推心置腹,被拔擢者,也能做到"士为知已者死",彼此之间,不仅同甘共苦,也能同声相应。尤其难得的是,这些人物在万死不辞的冒险生涯中,都表现出坚韧不拔的意志力和开创力。以上这几点合起来,便是这里所说的湘军精神,这种精神才是曾氏集团与太平军对决并决胜的主要动力。

湘军精神的形成,至少有三个来源:

（一）陶澍、贺长龄提倡的经世思想与表现的经世事功

陶为湖南安化人,贺为湖南善化人,与国藩、林翼、宗棠皆同属长沙府。湘军人物中与陶氏有直接关系的,是林翼与宗棠。嘉庆二十四年(1819),陶澍以给事中观察川东道,取道益阳,初识胡林翼时,林翼才八岁,后来成为他的女婿①。陶总督两江时,林翼在其幕中,常恣意声伎,其妻告陶,陶回答:"此子功名盖世,劳苦到头,亦应让其尽兴三两年,过此恐终身无憩息时矣。"②太平军兴,胡于湖北巡抚任内,其勇于任事、礼贤下士的作风,不啻陶澍的化身。左宗棠与陶澍初见的故事,前文已提过,因早结为儿女亲家,所以陶逝世后,宗棠即居陶府,博涉陶氏藏书,同时教其子陶桄读书。宗棠一生景仰陶澍、林则徐,以继陶、林自许,得志后尝为二公合建一祠,亲撰联语:"三吴颂遗爱,鲸浪初平,治水行盐,

---

① 魏秀梅:《陶澍在江南》,台北,中研院近代史研究所1985年版,第273—274页。
② 萧一山:《清代通史》(三),台北,商务印书馆1963年版,第736页。

如公皆不朽;册载接音尘,鸿泥偶踏,湘间邠上,今我复重来。"其以陶自继之心,跃然可见①。

曾国藩与陶氏虽无直接关系,但因陶氏盛名及其在事功方面的成就,早为国藩所钦慕。第一次会试落第,归途中拜谒陶氏,竟为幕客李子木所阻,但国藩与陶氏爱婿胡林翼同学、同寅又同乡,必间接受其影响②。事实上,后来曾氏在两江总督期间,对于财政、吏治、士习、民风的设施,都大体不出陶澍旧政的规模。又如设两江采访忠义局,修建书院,以及重礼教、旌节孝、正风俗等政策,亦皆效法陶澍③。

国藩未能亲炙陶澍,与贺长龄则颇有往来。贺氏聘魏源编《经世文编》,正在陶氏辖下江宁布政使任内。《经世文编》所揭橥的精神与原则,所以能成为一时的风气,陶铸一世人才,主要赖陶澍事功的示范④,所以萧一山说:"中兴(湘军)人材之盛,多萃于湖南者,则全由于陶澍种其因,而印心石屋乃策源地也。"⑤

(二)湖南人独特的性格

张朋园于《中国现代化的区域研究:湖南省,1860—1916》一书中,从三方面探讨湖南人的性格:(1)血缘因素,因湖南处于诸蛮错处之地,由于杂婚,遂形成强悍的性格。(2)地理因素,因湖南三面环山,五分之四为山区,交通困难,对外隔绝,遂形成悍直冒险的性格。(3)经济因素,由于湖南具有优厚的生存条件,因此外来移民日增,长期处于激烈竞争的环境之中,遂形成坚强不屈的性格。⑥ 这些性格很明显地反映在曾氏集团核心人物的身上,成为湘军精神的又一来源。

---

① 魏秀梅:《陶澍在江南》,台北,中研院近代史研究所 1985 年版,第 273 页。
② 萧一山:《清代通史》(三),台北,商务印书馆 1963 年版,第 737 页。
③ 魏秀梅:《陶澍在江南》,台北,中研院近代史研究所 1985 年版,刘广京先生序第 4 页。
④ 魏秀梅:《陶澍在江南》,台北,中研院近代史研究所 1985 年版,刘广京先生序第 3 页。
⑤ 萧一山:《清代通史》(三),台北,商务印书馆 1963 年版,第 737 页。
⑥ 张朋园:《中国现代化的区域研究:湖南省,1860—1916》,台北,中研院近代史研究所 1983 年版,第 340—345 页。

（三）传统文化，尤其是儒家思想

王定安说："湘军创立之始，由二三儒生被服讲道，以忠诚为天下倡，生徒子弟……皆知重廉耻，急王事，以畏难苟活为羞，克敌战死为荣。"[1]这番说词，用于曾氏及上述集团中的核心人物，可以当之无愧。孟子说："分人以财谓之惠，教人以善谓之忠，为天下得人者谓之仁。"湘军人物也大体都能做到。他们那种大公无私的胸怀，急难相救的义气，以及经世济民的使命感，无一非儒家思想的身体力行。正因为他们具备这些条件，当他们打出护卫传统文化、儒家礼教的招牌，才能发挥巨大的效力。

三　为保卫传统文化而战

前文说过，湘军与太平军对决，是保卫文化认同感之战，此在理想层次上，确然如此。但在现实层次上，却是太平军"荼毒生灵数百余万，蹂躏州县五千余里"，极可能导致旧秩序全面崩溃的危机，所以曾国藩于《讨粤匪檄》文告中，除了要"扶持名教"之外，他也以旧秩序的守卫者自居，且后一危机更是有燃眉之急。只要旧秩序不全面崩溃，文化认同感就不致幻灭，大清王朝亦随之能保。在这场对决中，文化的价值体系、社会秩序、大清王朝是三位一体的，在当时的历史条件和客观环境下，要求曾氏集团只保卫前二者，而不保大清，是不可能的。

大清王朝在当时没有覆亡，我们也不要忽略它在重重危机中所表现的政治智慧，因从团练到湘军兴起的过程中，正代表着国家的一些重要权力，逐渐移向民间，转入汉人手中。就专制王权的特性和满汉矛盾的角度来看，大清执政者能听任这个趋势的发展，必定经过深入的反省和痛苦的抉择。深入的反省是指公然承认八旗与绿营已腐败到不堪重

---

① 王定安：《湘军记·湘粤战守》中。

用,痛苦的抉择是指,明知道汉人一旦握有兵权,会给大清政权带来潜在的威胁,仍不得不让汉人发展地方武力。

最早证明地方性防卫武力,足以抵抗太平军的,是崛起于兴宁的江忠源。曾国藩由奉旨协帮团练,到发展出一支湘军,至少有两个重要的因素助成:一是因国藩长期在京中任官,朝廷有不少旧关系,同时他为人正直,较易获得信赖;一是他获得了选官、征税和出售官衔的权力。征税权的获得,最初也是因为朝廷无力负担额外的军费,要地方设法自筹,于是有所谓厘金制度的产生,团练的领袖因能证明这笔钱花得确实有效,朝廷也就睁一只眼闭一只眼不加干预。这些权力转移到民间,不但使湘军能迅速发展,也使他们能有效地维持地方治安。到咸丰十年(1860),据《年谱》记载:"十三日派员专管地方案牍。其时文卷日以繁多,乃仿照平时衙署章程,分别吏、户、礼、兵、刑、工六科,择书吏收贮汇归安庆老营。"[①]这时候曾氏的督府,已俨然一小朝廷。国藩行事,一向谨慎,为了消除朝廷的疑虑,除了在奏章中再三表示过多功少之外,也运用了一些其他的策略,如任用满人塔齐布为指挥官便是一例。总之,清廷能将部分权力转移到地方大吏和军事领袖的手上,是大清在这场浩劫中能免于覆亡的一个重要关键。

这批有守有为的湘军领袖,并世而生,同声相应,同气相求,也非历史的偶然,他们是宋学、今文经学、经世之学等学术所形成的新学风下,铸造而成的一代新人。这批新人,不但是儒生,也是儒将,不仅在道德方面能成为部属的表率,也把一些儒家思想活用到治军之中。

曾国藩着手办团之初,对官军的缺失做过一番检讨之后,在奏折中毫不隐讳地告诉皇帝,官军在与太平军对抗时,"往往见贼逃溃,未闻有与之鏖战一场者;往往从后尾追,未闻有与之拦头一战者;其所用兵器,皆以大炮鸟枪远远轰击,未闻有短兵相接以枪钯与之交锋者"。所以致

① 《曾文正公年谱》,台北,文海版,第135页。

此的原因,国藩认为"皆由所用之兵,未经练习,无胆无艺,故所向退却"①。因此他训练团练,决心改弦更张,并参仿明代戚继光(1528—1587)的成规。

戚继光组织及训练"戚家军"的方法,首先划明指挥系统,指挥系统中的关键职位是营官,每营统率六百五十人,营官之上为统领,统率二至十余营,营官对手下五个哨长须负全责,每个哨长各率领一百人,各个阶属之间靠个人的关系紧密结合:营官择哨长,哨长择什长,什长也由自己募集十个能听命于他的人②。国藩就上述指挥系统,更规定每任命一个新营官,该营所有下级干部以及兵丁,都要经过重新挑选,以保持靠个人关系紧密结合的军队特性,以增加部队的内聚力和战斗力。

比兵制更重要的,是如何选择士兵与军官,这方面国藩也有独特的想法。先说选兵,据他的观察,"山僻之民多犷悍,水乡之民多浮滑;城市多游惰之士,乡村多朴拙之夫"。因此他认为"善用兵者,常好用山乡之卒,而不好用城市近水之人"。于《招募之规》中,他遂主张挑选士兵必须选"年轻力壮,朴实而有农夫气者为上"③。湖南省正是中国"山僻之民"最多的地区之一,湘军领袖又多属湘人,就地取材,湘军成员,至少在初期大都能符合这个要求。至于选将,在其《治兵语录》强调应具"文经武卫之才"④,又曾列举四个条件:(1)才堪治民;(2)不畏死;(3)不急名利;(4)耐辛苦⑤。但实际的情况,如刘广京所指出,自罗泽南、李续宾这些杰出的儒将殉职后,曾、胡二人所依赖的统领并没有儒家性格,营中具有知识的军官已不多见⑥。不过,太平天国的石达开,曾认为"曾

① 曾国藩:《敬陈团练查匪大概规模折》,见《曾文正公全集》第449—450页。

② Philip A. Kuhn:《太平天国之乱》,见《剑桥中国史》中译本第十册"晚清篇(上)",台北,南天书局1987年版,第343—344页。

③ 张朋园:《中国现代化的区域研究:湖南省,1860—1916》,台北,中研院近代史研究所1983年版,第343页。

④ 李曦:《曾国藩》,《中国近代著名哲学家评传》上册,济南,齐鲁书社1982年版,第139页。

⑤ 《曾文正公年谱》,台北,文海版,第38页。

⑥ 刘广京:《同治中兴》,见《剑桥中国史》中译本第十册"晚清篇(上)",台北,南天书局1987年版,第502页。

国藩虽不以善战名,而能识拔贤将"①,可见这方面也收到相当的成效。

国藩治军的一大特色,是注重精神教育。精神教育的基本原理,来自儒家的仁与礼,他说:"待兵之道,用恩莫如用仁,用威莫如用礼。仁者,所谓欲立立人,欲达达人也。待弁兵如待子弟之心,常望其发达,望其成立,则人知恩矣。礼者,所谓无众寡,无大小,无敢慢,泰而不傲也。……守斯二者,虽蛮陌之邦行矣,何兵之不可治哉?"②国藩一生深信道德对人心感化的力量③,要发挥这种力量,当然要靠领导人自身的克己进贤,以身作则。湘军的主脑们,这方面的确表现得很好。由国藩自述"我湘军之所以无敌者,全赖彼此相顾,彼此相救……虽平日积怨深仇,临阵则彼此相救;虽上午口角参商,下午仍彼此救援"④,足证中国文化中独钟的人与人间的义气,已贯彻于湘军之中,也说明国藩注重的精神教育,确已收到相当的效果。

曾氏集团与洪、杨集团的对决,所以异于以往惩治叛乱者的战争,是因曾氏深切地理解到,太平军的目的不只是要推翻大清王朝,同时还要毁弃中国文化和儒家礼教。基于这种理解,遂将这场战争提升为保卫文化认同感之战,这一提升,至少在当时已使曾氏集团在精神上立于不败之地。咸丰四年(1854)一月底,曾国藩发布的《讨粤匪檄》,充分表露了这一点,他用很有力的文字,向全国知识阶级宣告:"自唐虞三代以来,历世圣人,扶持名教,敦叙人伦,君臣父子,上下尊卑,秩然如冠履之不可倒置。粤匪窃外夷之绪,崇天主之教……士不能诵孔子之经,而别有所谓耶稣之说、《新约》之书,举中国数千年礼仪人伦,诗书典则,一旦扫地荡尽,此岂独我大清之变,乃开辟以来名教之奇变。我孔子、孟子

---

① 蒋星德:《曾国藩之生平与事业》,转引自《中国近代著名哲学家评传》,济南,齐鲁书社 1982 年版,第 138 页。
② 曾国藩:《日记·军谋》,转引自《中国近代著名哲学家评传》,济南,齐鲁书社 1982 年版,第 140—141 页。
③ 曾国藩著名的《原才》一文,即阐发此义。
④ 《曾国藩书札》卷十七,《批唐桂生禀》。

之所痛哭于九原,凡读书识字者,又乌可袖手安坐,不思一为之所也?"①
这一宣告,不仅使传统文化、儒家礼教成为他的精神武器,也使洪、杨集
团成为中华民族的公敌与罪人。

要进一步了解这篇檄文所可能产生的效力,宜知洪、杨集团越演变
到后来,其外来宗教信仰或神权色彩越重于民族革命这一事实。这种
演变,除了具有维护文化道统使命感的知识分子必然与他为敌之外,
[为敌者]还有本土宗教信仰中的僧侣道士巫觋之流;此外,因其主张实
行共产制度,自然使全国的地主或财主全力反抗;因其裹胁民众、分男
女行、拆散家庭、禁拜祖先之举,必然难免引起安土重迁之农民的惊恐。
卢瑞钟说得好,曾氏统领的湘军,是靠农民的"体力"与儒生的"智力"相
结合,加上洋人的"火力",终于消灭了太平军,同时也否定了"神力"②。

四　曾国藩的学养

道光三十年(1850)三月,国藩应诏陈言,有谓"臣愚以为欲使有用
之才,溢出范围之中,莫若使之从事于学术。汉臣诸葛亮(181—234)
曰:'才须学,学须识'"③。这段话表达两点:(1)有用之才必须经由学术
的陶炼。(2)从事于学术,必须具备器识。由上文可知"溢出范围之
中",是指如何摆脱京官、外官"但求苟安无过,不求振作有为"的通病而
言。因此,这里所说的"有用之才",是指经世之才,所谓"学术"乃经世
之学,从事这种学术,所需要的也不是一般的识见,而是要识大体、有担
当,且自信能"力挽颓风",此之谓器识。

上面引这段话,主要想说明国藩在点了翰林之后,为何不像一般京
官只是在利禄场中浮沉,反而虚心地去亲师取友,沉潜向学,铸造了他
新的生命。这些话正透露出他当初经由自觉地反省后,所定下的人生

---

① 《曾文正公全集》,台北,东方书店1963年版,第359页。
② 以上见卢瑞钟:《太平天国的神权思想》,台北,时英出版社1985年版,第412—413页。
③ 《曾文正公全集》,台北,东方书店1963年版,第441页。

新意向，他痛恨官场那种退缩、琐屑、敷衍、颟顸的风习，专心一意，为使自己将来能担当国家的艰巨使命，而从事长期的准备。要了解国藩学术探讨的历程，这一意识背景的把握，应有帮助。

道光二十年（1840），理学家唐鉴（1778—1861）由江宁藩司入京任太常寺卿，结合了一批讲友论学问道。次年七月，国藩登门，"求为学之方"，据七月十四日《手书日记》所记，这次谈话，有两个重点：（1）对义理、考据、词章做了一番评价，依唐鉴的看法，词章不过"小技"，"可不必用功"；至于考据之事，他认为"多求粗而遗精"。（2）唐氏推崇义理之学，尤其是朱子，他告诫国藩：《朱子全书》"最宜熟读，即以为课程，身体力行，不宜视为浏览之书"。

唐鉴之学，《清儒学案》说，"于宋宗程、朱，于明宗薛（敬轩）、胡（敬斋），于清宗陆（陇其）、张（履祥），排斥心宗最力，以为害道"①。所谓"心宗""害道"，是指王学末流，这种说法在 17 世纪以降的反王学思潮中很流行，国藩没有经过批判地反省，就轻易接纳了这种历史性的偏见。他在答同乡好友刘孟容（蓉）的信中，对王阳明致良知说，也深表怀疑，同时以王学与朱子的思想相提并论，以为阳明的知行合一，"则是任心之明，别无所谓实行"，"循是说而不辨，几何不胥天下而浮屠之趋哉！"②在这里，我们无意为阳明做任何辩解，只想借机指出国藩是属于苦学苦干、脚踏实地那种类型的人物，对"灵心一觉，立地成佛"既不敢奢望，也未必真信人间会有此境界。对国藩这一型人物，于心学的精微不能体会，并不是什么缺陷，但因此而将阳明排于三十三"圣哲"之外，就不能不令人感到遗憾了③。

---

① 《清儒学案》卷一四〇，台北，世界书局版，第 1 页。
② 《曾文正公全集》，台北，东方书店 1963 年版，第 323—324 页。
③ 曾国藩于 1859 年作《圣哲画像记》，包括他心目中之"圣哲"共三十三人，为：文王、周公、孔子、孟子、左丘明、庄子、司马迁、班固、诸葛亮、陆贽、范仲淹、司马光、周敦颐、二程子（程颐、程颢）、张载、朱熹、韩愈、柳宗元、欧阳修、曾巩、李白、杜甫、苏轼、黄庭坚、许慎、郑玄、杜佑、马端临、顾炎武、秦蕙田、姚鼐、王念孙。见《曾文正公全集》，台北，东方书店 1963 年版，第 348—349 页。

在上述给刘蓉的信里,他详细叙说了见唐鉴后二三年间的学习心得和思想上的趋向,最后对"太常唐先生",既崇敬其"博闻而约守,矜严而乐易"的风格,又对他在考据的"狂澜"中成为理学的"砥柱",更是佩服不已。在此期间,他为自己日常生活所定的课程是:(1)敬,(2)静坐,(3)早起,(4)读书不二,(5)读史,(6)谨言,(7)养气,(8)保身,(9)日知所亡,(10)月无忘所能,(11)作字,(12)夜不出门①。从这些课程,不但使我们知道他作息有规律,也使我们了解到他是一位自律性很强的人。在此之前,类似的生活习惯早已养成,受理学薰陶之后,使他修养的内容更充实、更强化。他的健康一向不佳,心力却强,如果没有身心锻炼的工夫,绝难支持长期的征战生涯。

国藩虽始终敬佩唐鉴,但在学术上他从未想到要把自己培养成一个专家;又因"欲行仁义于天下,使凡物各得其分"②的经世理想,在学术上自不能拘限于理学。常课中"读史"一项,通常并非理学家主课,于前述信中,自谓"而浅鄙之资,兼嗜华藻,笃好司马迁、班固、杜甫、韩愈、王安石之文章,日夜以诵之不厌也"③。这些话透露出,他吸纳理学,主要在作为修身之资,他真正的兴趣,仍在文史。他内发的兴趣虽在文史,然人生理想却在经世济民,因此又必须把自己培养成一个领袖人才。领袖人才需要的是通才与通识,当时的学术主流,仍是考证、小学,尽管深知此学的流弊,到三十六岁仍愿在这方面下功夫。他对传统文化多方面的兴趣与涉猎,也在三十三位"圣哲"的选择中充分反映出来。

《圣哲画像记》作于咸丰九年(1859),在此之前,在经世意识的驱使下,他已逐渐发展出论学不偏于一隅的特色:先是宗宋而不废汉,然后承继了戴震(1724—1777)、姚鼐(1731—1815)义理、考据、辞章三途并行之说,到1856年,在三类之外,又加进经济之学。唐鉴是主张经济之

① 《曾文正公全集》,台北,东方书店1963年版,第486页。
② 《曾文正公全集》,台北,东方书店1963年版,第324页。
③ 《曾文正公全集》,台北,东方书店1963年版,第324页。

学即在义理之内的,国藩显然不同意这个看法。经济、义理、辞章、考据,就是他从历史上选择三十三位"圣哲"的准据。

从《圣哲画像记》,一方面使我们觉得,国藩的人格世界是多元而开放的,因为历史上很少思想家能肯定并推崇如此分歧的人物。另一方面,从选取的人物来看,他并未能跳出传统中的一些偏见。例如前文已提过的王阳明,他是于儒学有创见、事功方面又有表现的人物,照理说,国藩应该最能欣赏他才对,却因误于阳儒阴佛的历史性偏见,把他排出于圣哲之林。

如要从这篇文章找它的宗旨,那么"先王之道,所谓修己治人,经纬万汇者何归乎? 亦曰礼而已矣"[①]这几句可以代表。也就是说,国藩是藉这篇很能引人注目的文章,提倡他的礼学,礼学也就是他心目中"经世之大法"。荀子是中国思想史上第一位建立系统礼学的人物,国藩虽称赞他"兢兢以礼为务,可谓知本好古,不逐乎流俗"[②],但并未收入三十三"圣哲"之列,如不是囿于襃孟贬荀的传统偏见,实很难找到其他的理由来解释。

礼是国藩思想的核心,也是事功的学术基础。关于前者,他说:"古之君子之所以尽其心养其性者,不可得而见,其修身齐家治国平天下,则一秉乎礼。自内焉者言之,舍礼无所谓道德;自外焉者言之,舍礼无所谓政事。"[③]礼兼赅内圣与外王之道,本是荀子思想的基本架构,这一点似乎未获国藩的重视,因当他叙及礼的历史传承时,提到"体国经野"的《周礼》、象征着"周礼尽在鲁"的《春秋》、"猥以礼书与封禅、平准并列"的《史记》、"得先王经世之遗意"的《通典》、"以扶植礼教为己任"的顾亭林、纂《礼书纲目》的江慎修,最后特为"国藩私独宗之"者,则为秦蕙田[④]。他推崇秦氏所著《五礼通考》,乃"举天下古今,幽明万事,而一

---

① 《曾文正公全集》,台北,东方书店 1963 年版,第 349 页。
② 《曾文正公全集》,台北,东方书店 1963 年版,第 469 页。
③ 《曾文正公全集》,台北,东方书店 1963 年版,第 469 页。
④ 曾国藩:《孙芝房侍讲刍论序》,《曾文正公全集》,台北,东方书店 1963 年版,第 309 页。

经之以礼,可谓体大而思精"①。不过秦氏礼书,国藩认为仍有所不足,即食货一门,仍付阙如。因此,礼的内涵到国藩手中,扩充为"十四宗",即:官制、财用、盐政、漕务、钱法、冠礼、婚礼、丧礼、祭礼、兵制、兵法、刑律、地舆、河渠②。这都是"经世之大法",在国藩的思想里,礼就是经世,经世就是礼,二者是一体不分的。

值得注意的是,国藩的好友和湘军人物中,善言礼者,颇不乏人。如刘蓉:"盖凡一代之兴,必有一代之礼,礼之兴替视其德,德厚者,礼从而隆,德薄者,礼从而污,上者神合焉,次者文具焉,其下苟而已。故善法先王之礼,惟其德之肖,而不必其迹之同也。"③又如郭嵩焘:"三代王者之治,无一不依于礼,将使习其器而通其意,用其文以致其情,神而化之,使民宜之。"④又如罗泽南:"馆有读《周礼》者,时与讨论其书,见得周公当年制作,极广大,极精密……达而天下国家,治之无不得其要,此方是真经济、有用学问。"⑤相对于魏源、贺长龄等人倡导的经世之学,曾国藩、刘蓉、郭嵩焘、罗泽南等,已是在经世新学风下崛起的一代新人。他们的人生目标,主要并不在发扬经世之学,而是要像陶澍那样,直接为通经致用示范,因此,儒学传统中最能符合这个需求的礼学,遂成为他们学术上的共识。礼学对他们来说,不仅提供了源远流长的精神资源,也赋予事功以文化理想。

五　曾国藩与自强运动

19 世纪中叶,有两件改变国运的大事,一是洪、杨集团企图推翻满人统治的清朝,一是开展自强运动。曾国藩既是打败太平军的主帅,又

---

① 《曾文正公全集》,台北,东方书店 1963 年版,第 349 页。
② 王启源编:《求阙斋日记类钞》卷上《治道》,传忠书局光绪二年(1876)版,第 50 页。
③ 刘蓉:《复曾相国书》,见《养晦堂文集》卷八,台北,文海出版社影印版,第 11 页。
④ 郭嵩焘:《三礼通释序》,见《养知书屋文集》卷七,台北,文海出版社影印版,第 44 页。
⑤ 罗泽南:《与刘孟容书》,见《罗山遗集·文集》卷六,台北,文海出版社影印版,第 12 页。

是封疆大吏中推展自强运动的主导者。历史提供机会和舞台,他也没有辜负历史要他扮演的角色。

"自强"与"洋务"在意义上有其相关性,而又不同①,这一点王尔敏说得很清楚:"洋务是当时人形容从事事业之实体,自强则是当时人努力奔趋之目标。""自强是一个持续的思想动力,洋务只是所依循的途径。"②除此之外,"洋务"多少是相对着"反洋务"而言的,在当时不算是个好名词。因此,这个运动刚开始的阶段,不论是朝中大臣或地方大吏,多使用"自强",不只是因为"自强"一观念乃中国传统所固有,而是因这一观念足以塞反对者之口,以减少运动的阻力。满清王朝经历鸦片战争、太平天国、英法联军连连重挫之后,自强的要求,已形成朝野务实者的共识,所等待的只是时机。

咸丰十年(1860)秋季,英法联军打进北京城,咸丰皇帝避难于热河承德,留下恭亲王奕䜣、侍郎文祥在京主持大局,终于使时机成熟。二人与各国议和、订约、退兵之后,随即于1861年1月24日奏请设立总理衙门,议定章程六条。奕䜣等在一份奏折中说:"臣等酌议大局章程六条,其要在于审敌防边以弭后患,然治其标而未探其源也。探源之策在于自强,自强之术必先练兵。"③就在这一年,恭亲王与文祥推动开展了以下的工作:(1)聘请外国军官训练新军于天津。(2)设立同文馆于北京,为中国新学之始。(3)托总税务司赫德购买炮舰,聘请英国海军人员来华,创设新水师④。

曾国藩于京官时期,正如郝延平所指出,他和当时大多数的中国知识分子一样,是一个守旧的儒生,对外来侵略者的认识,也和一般士大

---

① 有关"自强"的观念是怎样产生的,以及"自强"一词在晚清的意义,刘广京的讨论可以参考,见《清季自强运动研讨会论文集》下册,台北,中研院近代史研究所1988年版,第1123—1124页。
② 《清季自强运动研讨会论文集》下册,台北,中研院近代史研究所1988年版,第1200页。
③ 《清季自强运动研讨会论文集》下册,台北,中研院近代史研究所1988年版,第1123页。
④ 蒋廷黻:《中国近代史研究》,台北,里仁书局1982年版,第269页。

夫同样懵懂①。后来演变成为地方大吏中自强运动的主导者，至少有下列几个因素：

（一）经世之学的影响

国藩虽曾是一个守旧的儒生，但与一般士大夫不同者，是他一向比较注重经世之学。唐鉴是一位理学家，国藩向他问学之初，就提出"经济宜如何审端致力"的问题，同时将古来政事人物加以分类，随手抄记，"以备政事之考"。根据当翰林时的日记、家书，对魏源编的《经世文编》、《圣武记》，不但一读再读，且以《经世文编》和记载一代典章制度的《会典》二书，作为他研究经济之学的范本②，而魏源正是经济之学的大家，最早提出"师夷之长技以制夷"这一时代课题的思想家。

从传统的经世之学出发，加上长期领兵的历练，国藩对有关洋务之书，一直相当关心。冯桂芬（1809—1874）是自强运动初期思想上代表人物之一，1861年著《校邠庐抗议》，认为中国之不如人者，为船坚炮利，应设特科以奖才能。又主张在通商各口岸设船炮局，以达到"自造、自修、自用"的目的。国藩对他的主张虽觉得"多难见之施行"，但不能不佩服它"是名儒之论"③。此外，他为了想知道一些泰西舆地的知识，同治六年（1867）十月三十日的日记里，曾有读徐继畲《瀛寰志略》经月不倦的记载，并托江苏阳湖人方楷（子可）制《球图凡例》一册，又勉励方楷绘制舆图，应以西学为法④。

---

① 郝延平：《由守旧到革新——自强运动中守旧者的态度之转变》，台北《大陆杂志》第20卷第7期。

② 以上参考王少普：《曾国藩洋务思想的形成、性质和作用》，1983年4月北京《历史研究》，第167页。

③ 以上参考郭廷以：《近代中国史纲》，香港，弘文书局1978年版，第195页。

④ 王聿均：《从日记书札中探讨曾国藩之内心世界和自强思想》，《清季自强运动研讨会论文集》下册，台北，中研院近代史研究所1988年版，第939页。

（二）由长期征战和治军的经验中，逐渐兴起"使彼（西人）之所长，我皆有之"的意念①

国藩练兵之始，即于广东购置洋炮，后来肃清两湖的太平军，以及上海之未被太平军占领，皆得力于洋炮洋枪。因此，当奕訢等发动自强运动，国藩于《复陈购买外洋船炮折》中，竭力加以支持，他说："恭亲王奕訢所奏，请购买外洋船炮，则为今日救时之第一要务。"理由是："轮船之速，洋炮之远，在英法则夸其所独有，在中华则震于所罕见。若能陆续购买，据为己物，在中华则见惯而不惊，在英法亦渐失其所恃。……况今日和议既成，中外贸易有无交通，购买外洋器物尤属名正言顺。"这一奏折撰于1861年8月23日（阴历咸丰十一年七月十八日），咸丰帝已于前一日逝世热河。十二天后，曾国荃收复安庆，国藩在安庆，不因皇帝的去世而影响他的计划，随即将"访募覃思之士、智巧之匠，始而演习，继而试造"的构想，付诸实施，延揽华蘅芳、徐寿、李善兰、张斯桂、张文虎等国内第一流科技人才入幕，1863年遂在安庆设军械所，试造船炮。据容闳（1828—1912）所记，这一时期，"总督幕府中亦有百人左右……凡法律、算学、天文、机器等等专门家，无不毕集"②，已成为推动自强运动的重镇。

（三）外力的压迫，中枢的支持

萧一山说："海防政策，本林则徐用以抵抗英人者，不能再用于鸦片战争以后。盖海岸线长达六省，通商之口岸有五，既无可防，亦不能防，则不得不变而为洋务矣。然不遭英法联军之破坏，不受外力之压迫，则中国仍怀夜郎自大之梦，即洋务论亦无由而兴。"③自1861年恭亲王奕訢和文祥在京内发动自强运动，1863年以后，重要的自强事业，几皆由

---

①　郭廷以：《近代中国史纲》，香港，弘文书局1978年版，第192页。
②　《西学东渐记》，第86页。
③　萧一山：《清代通史》（三），台北，商务印书馆1963年版，第839页。

曾国藩、左宗棠、李鸿章相继推动①。这一发展虽对稳固清政权有利,但必须放手给予主其事者相当大的权力,尤其是支配大部分海关关税和厘金的权力(因为这是自强事业的主要财源),若无京内奕䜣、文祥这些大员的大力支持,是很难做得到的。

由曾国藩主导的自强事业,重要的有两项,一为设立江南制造厂,一为派少年赴美留学,这两项工作皆由容闳建议并执行。在此之前,曾氏在安庆尝约请国内技术人才用土法试造轮船,结果失败。后又与奕䜣接受英人赫德(时任清政府总税务司)提议,由李泰国经手向国外购买船炮。李泰国却私自募集了六百洋兵,组成一支舰队,使国藩购买船炮、"据为己物"的想法落空,耗费了一百四十五万七千两白银,才把舰队解散,"不得不另求造船之方"②。

同治二年(1863),国藩从张斯桂、李善兰等幕僚口中得知美国耶鲁大学毕业生容闳其人,急于想见他,遂由张斯桂去函代邀。是时容氏在九江经营茶业,经旧友李善兰函促,方于九月抵达安庆,经过科技幕僚们一再磋商,国藩接纳了容氏设立机器总厂的建议,并奏授以五品军功,得戴蓝花翎,由容氏携银四十五万,到美国采购机器。这批机器于1865 年春运到上海,即于高昌庙装设,命名为江南制造总局。国藩自制船炮的理想,终于初步达成③。

同治六年(1867),国藩至南京就任两江总督,履新前,到沪视察亲创之江南制造局,目睹"由美购回各物,并试验自行运动之机",其内心之快慰可以想见。容氏乘机劝其于厂旁立一工兵学校,招收中国学生,教以机器工程之理论及实验,以期来日不必再依赖外国机械与工程师。此议深获赞许,不久遂得实行。翌年,复于局中开设翻译馆,专事译述

①　蒋廷黻:《中国近代史研究》,台北,里仁书局1982 年版,第 269 页。
②　以上参考壬少普:《曾国藩洋务思想的形成、性质和作用》,见1983 年 4 月北京《历史研究》,第 175 页。
③　以上设厂经过,详见李志刚《容闳与近代中国》,台北,正中书局1981 年版,第9—10 页。

泰西科技要籍①。

　　派遣学生出洋留学,1867 年容闳已向丁日昌(1823—1882)提议。时丁氏任苏淞太道,兼任江南制造局总办,热心洋务,遂将此提议上书文祥请代奏,适文祥丁艰退职,未果。1870 年国藩在天津办理教案,时任江苏巡抚的丁日昌奉旨北调会办(丁曾入国藩幕府),容闳亦随行。在天津旧事重提,经与国藩多次商榷,由国藩两次附奏朝廷,均未获回应。1871 年 7 月再与李鸿章合奏②,奏文中除说明此事原委外,并强调派学生出洋"学习军政船政步算制天诸书",不仅"与用兵相表里",以及有助于"和好大局",更重要的,将来这些幼童学成归国,可"使西人擅长之技,中国皆能谙习,然后可以渐图自强"。奏文中对朝廷可能产生的疑虑,皆加以剖析,对如何选材,如何筹措经费,甚至连出国后幼童学习、生活的安排,以及政府如何监督等大小事宜,都有详细说明。这一次的努力,终于说服朝廷。次年,由陈兰彬任监督,容闳任副监督,率领第一批少年(十二岁至十六岁)出洋,开启了中国近代教育史和中西文化交流的新页。

　　曾国藩与自强运动的关系,除以上两项主导的自强事业之外,他想到要使这方面的工作顺利推展,必须有一较安定的政局,因此主张"信守和议,弭兵柔远",对朝中轻言战争者,深不以为然。在处理天津教案时,虽因此"大蒙讥诟",仍坚守此一信念,所谓"未敢遽问九世之仇,亦欲稍蓄三年之艾",可见其苦心。此外,1868 年国藩北调任直隶总督,李鸿章盼望他积极练兵筹防,使直隶成为自强运动的中心。国藩的考虑却不同,他深知北方数省,因循已久,既无良将劲卒,足备任用,饷项又难筹措,因此觉得设防诚无把握。他提醒鸿章,"东南(乃)新造之区,事事别开生面,百战将士,尚不乏有用之材,饷项足以济之。制器造船各事,皆已办有端绪"。因而主张"自强之策,应以东南为主",并勉励鸿章

---

① 李志刚:《容闳与近代中国》,台北,正中书局 1981 年版,第 10 页。
② 曾国藩:《拟选子弟出洋学艺折》,见《曾文正公全集》,台北,东方书店 1963 年版,第 457—458 页。

"宜引为己任,不必以越俎为嫌"①。这不是推诿,历史证明他把自强事业的棒子,交到李鸿章的手中,是一正确而具有远见的安排,这不只是因为鸿章个人的才干和两人之间的关系,最适宜做国藩的继任者,更重要的,是鸿章对内政的革新、国际的处境,以及自强对国家的重要性,都有过人的认识②。

六　曾国藩的评价问题

有关曾国藩的历史评价问题,正如沈云龙所指出的,他"在近代史上是位容易引起争论的人物,他的评价随着时代的不同,行情有高低之别"。众所周知,晚清时期,国藩乃中兴名臣,死后谥文正,文正在清朝一共只有八人。到了清末革命时代,在革命人物心目中,国藩成了民族的罪人。到 20 世纪 30 年代,国民党的领袖在南昌行营曾通令各级官兵,规定几种必读之书,其中就包括曾国藩的③。中共统治大陆后,因推崇太平天国运动,乃反抗封建剥削和压迫的农民革命,在中国农民战争史上写下了光辉的一页,因此与之对决的曾国藩,又成为反革命、反动阶级代表,甚至斥之为汉奸④。

这种出于政权利益、政治立场和特定意识形态所做的评价,都是为政治服务的,并不值得我们重视,也未形成真正的争论,一旦时过境迁,自然会被丢弃。对这样一位复杂的人物,要使他获得比较公正的评价,检讨一下前人的相关言论,应不难得到一些持平的看法。

---

① 王聿均:《从日记书札中探讨曾国藩之内心世界和自强思想》,《清季自强运动研讨会论文集》下册,台北,中研院近代史研究所 1988 年版,第 936—938 页。
② 李鸿章这方面的认识,可看同治三年(1864)四月致总理衙门书。蒋廷黻说"这封信是中国十九世纪最大政治家最具有历史价值的一篇文章"(《中国近代史研究》,台北,里仁书局 1982 年版,第 268 页)。此一奏稿见《同治朝筹办夷务始末》卷二五,台北,文海出版社影印版,第 9—10 页。
③ 以上见《清季自强运动研讨会论文集》下册,台北,中研院近代史研究所 1988 年版,第 941 页。
④ 《中国近代著名哲学家评传》,济南,齐鲁书社 1982 年版,第 151 页。

官场中人,因利害冲突而产生一些恩恩怨怨,很难避免。但国藩的弟子、同辈、僚属中,对他的评价虽有好有不好,但无恶评。例如李鸿章于《督臣忠勋事实疏》中(疏文由薛福成代拟),对国藩的"治军治吏"、"知人之鉴"皆称颂不已,这或许是因他们之间关系特殊,以及疏文的性质,不免揄扬过当。容闳《西学东渐记》:"曾文正公为中国历史上最著名人物,同辈莫不奉为泰山北斗,其才大而谦,气宏而凝,可谓完全之真君子,而为清代第一流人物,亦旧教育中之特产人物。"说他是"完全之真君子",当然嫌夸大,活在现实世界中人,无一足以当之,何况国藩身当如此复杂艰巨的环境。说他"同辈莫不奉为泰山北斗",很接近事实。恃才傲物的左宗棠,可能是一例外,因据吴汝纶《左文襄公神道碑》所言,左氏不但爱"题目二公"(另一人指胡林翼),而且"又以事是非不合"。可是当国藩去世,写给儿子孝威的信中,既称许他的"知人之明,谋国之忠",又谓"吾与侯有争者国事兵略,非争权竞势比,同时纤儒,妄生揣疑之词,何直(值)一哂耶"①?

同时代人中,对国藩意见最多的,是尝居国藩幕府的王闿运,他的批评一则曰:"涤丈收人材而不求人材";再则曰:"胡文忠公少多不检,及后才德远胜曾文正";三则曰:"曾国藩以惧教士,以惧行军,用将则胜,自将则败。"②这些批评唯一没有争论的,恐怕只有"用将则胜,自将则败"这一点。在与太平军作战的初期,不免要"自将",后来地位高了,身为统帅,能"用将"就好,所以"自将则败"也不能算是什么大缺点。

革命党人对国藩的评论,可以章太炎(1868—1936)为代表,他在《检论·近思》中,对国藩最大的责难是:"洪氏已弊,不乘方伯四岳之威,以除屠房而流大汉之恺弟,是以没世不免恶名。"但也称赞他的所作所为能伸张民气:"曾、左知失民不可与共危难,又自以拔起田舍,始出

---

① 左宗棠寄子孝威书,见《左文襄公家书》下。转引自何贻焜编著:《曾国藩评传》,1985年,台北,正中书局初版第七次印刷本,第575—576页。
② 转引自何贻焜编著:《曾国藩评传》,1985年,台北,正中书局初版第七次印刷本,第582、583页。

治戎,即数为长吏牵掣。是以所至延进耆秀,与共地治,而杀官司之威,
民之得伸,自曾、左始也。"

　　曾国藩自始至终忠于清,这一点毫无疑问。至于他内心是否有过
矛盾挣扎,如传说他与宗棠不和,是为了掩饰,做给朝廷看的,但也只是
传说,无从证实。假如他有矛盾,我觉得蒋廷黻的解释是合情合理的,
蒋氏提出三点:(1)中国的旧礼教既是国藩的立场,而且士大夫阶级是
他的藉依,他不能不忠君。(2)他想清廷经过大患难之后,必能有相当
的觉悟。事实上,同治年间的清朝,确有中兴的气象。(3)他怕清的灭
亡会引起长期的内乱,尤其在 19 世纪,因有帝国主义环绕着,长期内
乱,就能引起亡国之祸,曾国藩所以要维持清,最大的理由在此①。

　　如果以上的解释是合情理的,那么,大陆一些学者说他"一生是罪
恶的一生",并给他戴上"刽子手"、"卖国贼"的帽子②,就纯是以阶级斗
争史的眼光,来看这段历史和其中人物的结果。这种眼光或观点,根本
昧于时代和环境,已不属于一般史学的范畴,可以不必深论。纵然如
此,大陆学者对曾氏的学术思想,不论是政治思想、军事思想还是哲学
思想,仍觉得有其价值,有认真研究的必要③。

　　在近代史上,有人对国藩的评价,正好与上述大陆学者相反,视之
为人间完人,如郭斌龢不但赞美他"才德俱备,文武兼资",甚至认为"西
洋历史上之人物中……道德、文章、事功三者之成就,可与文正相比者,
实不数数觏"④,即连梁启超,也觉得他"立德、立功、立言三并不朽","盖
有史以来不一二睹之大人"⑤。

　　古今历史上品鉴人物,绝难避免主观色彩,能有平实的看法已很难
得。据我所知,对国藩的评价能出之以平实者,一为熊十力。他以国藩

①　蒋廷黻:《中国近代史研究》,台北,里仁书局 1982 年版,第 264 页。
②　《中国近代著名哲学家评传》,济南,齐鲁书社 1982 年版,第 129 页。
③　《中国近代著名哲学家评传》,济南,齐鲁书社 1982 年版,第 119 页。
④　郭斌龢:《曾文正公与中国文化》,载 1932 年 11 月 7 日《天津大公报》,转引自《清季自强运
　　动研讨会论文集》,台北,中研院近代史研究所 1988 年版,第 949 页。
⑤　见梁氏《曾文正公嘉言钞序》,《饮冰室文集》第 12 册。

与王阳明相提并论,认为"阳明一生精神,理学家的意味过重","都只在修身,而不知身之不离家国天下与一切民物也";而"涤生于经济,盖用功尤勤,其诏诸子,恒以农桑、盐铁、水利或河工、海防、吏治、军事、地理、历史等专门之业。……一旦领军,又留心四方可造之士,置之左右,幕府而兼学校,将帅而兼师道,其全副精神,都在致实用、求实学,故其成就者众,足以康济一时"①。就整个人格价值而言,在熊氏心目中,阳明不如国藩,可谓持平之论。司马迁评儒者,尝谓其"博而寡要,劳而少功",国藩显然也不属于这一类型的儒者。

另一位是蒋廷黻,他简简单单地说"曾国藩是我国旧文化的代表人物,甚至于理想人物"②,是很确实的,恐怕也是表现中国文化结晶的最后一人。

---

① 见《十力语要》,台北,广文书局 1962 年版,第 302—306 页。
② 蒋廷黻说:《中国近代史研究》,台北,里仁书局 1982 年版,第 259 页。

危机时代的探路者

输入西学第一人——严复[①]

　　在 19 世纪后半叶,60 年代的冯桂芬,70 年代的王韬,80 年代的郑观应,在西方文明冲击下的思想反应中,都具有代表性。这三十年正是晚清史上著名的洋务或自强运动时期,值得注意的是,三人在这运动期间,各自的遭遇和处境虽不相同(冯虽在官僚体制之中,却不得志;王长期流浪在边陲的香港;郑则在官办洋务企业中,扮演重要角色),但却先后一致地对这个运动做了反省。更重要的是,就在他们相继的检讨和批判中,逐渐酝酿并发展出包括西方宪政制度的维新思想新动向。这一新的动向,到了 90 年代,在甲午之战失败的刺激下,在严复一鸣惊人的警世之作中,获得进一步的突破。就在这中国面临危亡的世纪末叶,思想史终于超越洋务思想,进入维新思潮的新时代。这一波的思想变动,犹如地震的震央,它的震波贯串百年来的中国,至今仍余波荡漾。

　　维新思想的酝酿与发展,与对西方的认识息息相关。上述四人中,缺乏西方直接经验的冯桂芬,能发出"人无弃材不如夷,地无遗利不如夷,君民不隔不如夷,名实必符不如夷"的警人悟解,算是特例。王韬对英国社会有广泛接触,且观察敏锐,但因不懂英文,对西方学术所知尚浅。郑观应除亲历西方,并长期与洋人打交道的经验之外,还通英文,多少阅读了一些西方典籍,因此他不仅深知西学的重要,且讨论了它的

[①] 编注:本文选自韦政通先生著《中国十九世纪思想史》下册,台北,东大图书公司 1992 年版,第十五章。副标题为编者所加。

内涵,以及国人学习西学的态度与方法。到了严复,他不但在英国接受大学正规教育,在国外和回国后,且长期钻研西方近代学术名著,这是他在维新思想上能进一步突破的主要原因。殷海光说:"近代中国知识分子中……真正是'学贯中西'的以严复为第一人,真正立身严正不流并用理知思考问题的以严复为第一人,真正能将西方近代典型的学术思想介绍到中国来的也以严复为第一人。"①由此可知他在19世纪末思想史上角色的重要。

一　生平与著作②

严复(1854—1921)③,原名体乾,入马江船政学堂时改名宗光,字又陵,又字几道,登仕后改名为复,所译《天演论》风行一时,因自号"天演宗哲学家"。

严复先世本居河南固始,唐末,始祖严怀英(讳仲杰)以朝议大夫随王潮到了福建,定居于侯官(今闽侯县)阳岐乡,在上岐地带盖了一幢房子,称为"大夫第"。曾祖父名秉符,业医,以"精诣仁心"名闻乡里。父名振先,继承父业,人称"严半仙"。他们在福州南台苍霞洲的寓所,当地人习惯地称为"医生馆",严复就是在这里出生。他的童年便是与父亲、母亲陈氏、两位幼妹,一同在馆里度过。

严复的一生,大抵可分五个阶段来了解:

(一)从早年的传统教育到海军教育

七岁前父亲亲自教他识字、背诗,七岁那年进了私塾。九岁奉父命

---

① 殷海光:《中国文化的展望》,台北,文星书店1966年版,第294页;台北,桂冠图书公司1988年版,第322页。

② 严复生平除另注外,皆参考:(1)吴相湘:《民国百人传》中《天演宗哲学家严复》;(2)《中国近代著名哲学家评传》中默明哲撰《严复》;(3)"中国历代思想家"系列中郭正昭的《严复》;(4)华严:《吾祖严复的一生》,文见1990年11月18日《联合报》副刊。

③ 严复生于咸丰三年十二月初十(1854年1月8日),许多作者因未注意其出生的月份,遂据咸丰三年将他的生年定为1853年,自然是错的。

回阳岐进他的胞叔严厚甫的私塾,学读《大学》、《中庸》,厚甫虽是位举人,但因为人严肃,教法呆板,引不起他读书的兴趣。十一岁那年,父亲又将他召回福州,聘宿儒黄少岩为师。黄氏是位学者,治学汉、宋并重,正课经学之外,常常躺在鸦片铺上,一管烟枪在手,讲述东林掌故与宋、明儒学行,少年严复听得津津有味。黄夫子教导很认真,有时候因附近谢神演戏,他便令严复先上床睡觉,等到锣鼓声歇,再叫起来读书。这样的教育约两年,因黄氏病逝而中断。由于这段教育背景,促使人推测,严复后来把对斯宾塞形而上学的热忱与对穆勒归纳逻辑和经验方法的热忱结合起来,在某种程度上正反映了他的老师把汉学与宋学的价值观结合起来的努力①。

严复十四岁(同治五年,1866)时,父亲因治霍乱病人被感染而去世。他父亲生前每天出诊,大都属义诊性质,并无积蓄,因此去世后,少年严复不但无法继续求学,连苍霞洲的寓所也不能再住下去,一家人只好迁回阳岐故乡。就在这生活困窘、学业难以为继的情况下,恰好福州造船厂新设船政学堂招考免费生,应试者多属附近地区家境清寒子弟,入学试题:《大孝终身慕父母论》,严复以第一名录取,从此获得新的学习机会。

同治六年(1867)初春入学,在学的情形,据他自己的回忆,"当是时,马江船局司空草创未就,借城南定光寺为学舍,同学仅百人,学旁行书算,其中晨夜伊毗之声,与梵呗相答……回首前尘,塔影山光,时犹呈现于吾梦寐间也。已而,移居马江之后学堂"②。所谓"后学堂"与学制有关,船政学堂学生分两种:一种是培养造船的"良工",主修法文并研读法国造船术;一种是培养驭船的"良将",主修英文并研读英国的驭船术。法文班称为"前学堂",英文班称为"后学堂",严复进的是"后学堂"。在学五年期间,除策论、《孝经》、《圣谕广训》课目之外,主要是经由英文学习了算术、几何、代数、解析几何、割锥、平面三角、弧三角、代

---

① 许华茨(大陆译为史华慈)著、滕复等译:《严复与西方》,北京,职工教育出版社 1990 年版,第 18 页。
② 见严复为池仲佑《海军大事记》所作弁言。

积微、动静重学、水重学，电磁学、光学、音乐、热学、化学、地质学、天文学、航海术等。船政学堂的学习，与早年的传统教育，为他打下学贯中西的初步基础，这在当时的知识分子中，是比较少见的。

严复十九岁（1871）以最优等毕业于船政学堂，随即被派上军舰实习，先前在建威号、扬武号工作五年，到过新加坡、槟榔屿、直隶湾、辽东湾、黄海、日本、台湾等地。服役期间的工作表现，颇获扬武号英籍船长德勒塞的赞赏，德氏辞职回国时，赠言严复："盖学问一事，并不以卒业为终点，学子虽已入世治事，此后自行求学之日方长，君如不自足自封，则新知无尽。"这番话激起他更上一层楼的愿望，但到1877年3月才有机会以公费起程赴英留学。

（二）留学期间

严复与同学十二人，由学监李凤苞、随员马建忠等人率领到英后，其他同学皆登舰实习，惟严复例外，他先进朴资茅斯大学院，旋又转入格林威治海军大学，在校进修的主要课程有数理、高等算术、气象、化学、物理、驾驶、海军战术、海战公法、锘炼枪炮和营垒等。严复在第一届留英海军学生中被如此特别安排，显示当局针对严之个性、特长而因材施教，使其注重理论，乃有计划地培植使其成为教育后进之领导人才。

严复在伦敦两年，就学习而言，当然不够充分，［但］因正值英国维多利亚盛世，其富强的景象，带给这位好学深思青年的冲击之大，不难想象。他曾到法院旁听审案，据他回忆，"观其听狱，归邸数日，如有所失"。他把这个经验面告郭嵩焘，并发表感想："英国与诸欧之所以富强，公理日伸，其端在此一事。"他的观察相当深刻，郭氏也"深以为然"①。嵩焘其时正在英任公使，非常赏识严复，他们一老一少常在公使馆谈论中西学术政制之异同，结为忘年之交，郭氏在给朋友的信中说："有出使兹邦，惟严

———————————

① 以上见《法意》第六章案语。

君能胜其任。如某者，不识西文，不知世界大势，何足以当此。"①

(三)主持海军教育与甲午后的转变

1879 年 6 月,严复自英返国,即被聘为母校教习。福州船厂与船政
学堂,本为左宗棠、沈葆桢创办,当年入学时,严复即为沈氏看重。光绪
二年(1876),葆桢在两江总督任上,扩展南洋海军,与李鸿章的北洋海
军,成为海军两大势力。出身于船政学堂又从英国留学回来的严复,在
沈氏集团应不难出人头地。无奈就在他归国同一年的冬季,葆桢病逝,
南洋海军势力很快为李鸿章并吞。翌年,严复也被调任天津北洋水师
学堂总教习,实际上负总办之责。因他不属于北洋系统,办学成绩虽被
肯定,但始终"不预机要,奉职而已"。他在给儿子严璩的信中,有这样
的想法:"自惟出身不由科第,所言多不见重,欲搏一第,以与当事周旋,
既已入其彀中,或者其言较易动听。"为此,1888 年至 1893 年共应乡试
四次,均不第。他的想法显然表示他对当时的政局和政情认识不清,严
复所敬重的郭嵩焘便是眼前的例子,郭氏进士出身,人望极高,与曾国
藩等人关系极深,还不是照样不见重用,一生命运多舛。

严复回国的头几年,学堂工作之外,还在研读斯宾塞的《群学肄
言》,从他后来多次应试的行径看来,至少在甲午前仍未有以译述为志
业的打算。直到 1902 年,他仍说过"当年误习旁行书,举世相视如毫
蛮"②,可见到将近半百之年,于仕途与学术之间的矛盾挣扎,迄未完全
解除。

甲午(1894)爆发的中日之战,翌年中国之惨败,他在给长子的家书
中有痛切的反省:"大家不知当年打长毛、捻匪诸公,系以贼法子平贼,
无论不足以当西洋节制之师,即东洋得其绪余,业已欺我有余。中国今
日之事,正坐平日学问之非,与士大夫心术之坏。由今之道,无变今之

---

① 王蘧常:《严几道先生复年谱》,台北,商务印书馆 1981 年版,第 7 页。
② 《愈懋堂诗集》卷上,台北,文海出版社影印版,第 1 页。

俗,虽管葛(管仲、诸葛亮)复生,亦无能为力也。"这种觉悟终导致他人生的转变,1895年所发表一系列主张维新变法的文章,成为戊戌前新思潮中的警世不朽之作。

(四)以译述为志业

当年魏源在鸦片战争刺激下,发愤著《海国图志》,严复也是在甲午之战时开始译述赫胥黎的《天演论》,与所译斯宾塞《劝学篇》,均曾于《国闻报》上陆续发表。该报由严复与夏曾佑、王修植等于1897年夏所创办,次年正月并发表《上皇帝万言书言变法亟务》。1898年9月14日,光绪帝召见严复,对话间严提到上书,光绪说:"他们没有呈上来,汝可录一通进来,朕急欲观之。"严答:"臣当时是望皇上变法自强,故书中多此种语。今皇上圣明,业已见之行事,臣之言论已同赘疏。"光绪:"不妨,汝可缮写上来,但书中大意是要变什么法?"严:"大意请皇上于变法之先,可先到外洋一行,以联各国之欢;并到中国各处,纵人民观看,以结百姓之心。"光绪不禁慨叹:"中国就是守旧人多,怎好?!"[①]严退出后,很快就将上书缮进。不料,召见后七日,即发生戊戌政变,谭嗣同等六君子被斩,严复幸得大学士王文韶秘密通知,即日返回天津,事后曾有诗表达其忧愤:"求治翻为罪,明时误爱才。伏尸名士贱,称疾诏书哀。燕市天如晦,宣南雨又来。临河鸣犊叹,莫遣寸心灰。"[②]

《天演论》虽始译于甲午期间,一直到1898年才正式出版。他译此书的目的,是借进化论所谓"物竞天择,适者生存"的原理,向国人敲起国家危亡的警钟。它所以能风行一时,最主要的原因,当时中国正是瓜分危机最严重的时候,严复除了分析中国危亡的原因之外,更呼吁国人:只要发愤,变法自强,中国仍然可以得救,存亡死生,其权仍操之

---

① 光绪二十四年八月初四(1898年9月19日)《国闻报》。
② 王蘧常:《严几道先生复年谱》,台北,商务印书馆1981年版,第48页。

在我①。

1900 年的义和团乱,学堂解散,使严复结束了二十年的海军教育生涯。1897 年至 1908 年间,他最主要的工作,是翻译西方近代名著②,《天演论》外,依时序他翻译了:

(1)亚当·斯密《原富》。其"译事例言"谓此书"所指斥当轴之迷谬,多吾国言财政者之所同然,所谓从其后而鞭之"。又说:"夫计学者(指《原富》),切而言之,则关于中国之贫富,远而论之,则系乎黄种之盛衰。"许华茨(林毓生译为史华慈)也认为,"严复的读者从这部著作中获得的主要教益,与其说是经济个人主义的特别启示,倒不如说是一般经济发展的福音"③。

(2)斯宾塞《群学肄言》。据郭正昭的了解,严复译此书的目的有二:其一乃是以哲学思想作为科学训练的基础;其二则以此为"治平"的准则④。在《原强》一文中他就说过:"斯宾塞者,宗天演之术以阐人伦治化之事,又用近今格致之理术,以致修齐治平之境。"⑤译序中有段话仍值得一读:"窃念近者吾国,以世变之殷,凡吾民前者所造因,皆将于此食其报,而浅谫剽疾之士,不悟其所从来如是之大且久也,辄攘臂疾走,谓以旦暮之更张,将可以起衰,而以与胜我抗也。不能得,又搪撞号呼,欲率一世之人,与盲进以为破坏之事。顾破坏宜矣,而所建设者,又未必其果有合也,则何如其稍审重,而先咨于学之为愈乎。"这虽是针对 19 世纪末叶之国人而言,移视 20 世纪中国的变化,又何尝不是如此! 特别是"先咨于学"的警语,至今仍是真知灼见。可以想见,他之所以以译述为志业,一部分原因便是基于这种认识。

---

① 以上译《天演论》的目的与风行的原因,见郭正昭:《严复》("中国历代思想家"丛书第 8 册),台北,商务印书馆 1985 年版,第 33、38、39 页。
② 严复译书及出版时间,可看陈越光、陈小雅编著:《摇篮与墓地——严复的思想与道路》台湾版,台北,谷风出版社 1987 年,第 44—45 页。
③ 滕复等译许华茨《严复与西方》,北京,职工教育出版社 1990 年版,第 109 页。
④ 郭正昭:《严复》,台北,商务印书馆 1985 年版,第 59 页。
⑤ 《近代中国对西方及列强认识资料汇编》第四辑第一分册,台北,中研院近代史研究所 1988 年版,第 493 页。

（3）穆勒《群己权界论》。序文中说明译此书的动机是："十稔之间，吾国考西政者日益众，于是自繇（由）之说常闻于士大夫。顾竺旧者既惊怖其言，目为洪水猛兽之邪说；喜新者又恣肆泛滥，荡然不得其谊之所归。以二者之皆讥，则取旧译英人穆勒氏书，颜曰《群己权界论》……学者必明乎己与群之权界，而后自繇之说乃可用耳。"此书原名《论自由》(*On Liberty*)，于《译凡例》对言论自由有相当精辟的诠释："须知言论自繇，只是平实地说实话求真理，一不为古人所欺，二不为权势所屈而已。使真理事实，虽出之仇敌，不可废也；使理谬事诬，虽以君父，不可从也。此之谓自繇。"许华茨虽承认严复"把穆勒这本书所构筑的庞大综合体系中的一个重要方面阐述清楚了"，但仍觉得"我们在这里发现很多通过翻译来解释自己观点的例子"①。严复的翻译，基本上仍是"运动型"的文字，不是学术上的范例。

（4）孟德斯鸠《法意》。严复于《孟德斯鸠传》有谓："孟氏居伦敦者且二稔，于英之法度尤加意，慨然曰：惟英之民，可谓自繇矣。"这话完全适用于严复自己。有健全的法治，人民才能享有自由，这是任何一个向往自由民主的社会，首先应该了解的，也是严复把《法意》介绍给国人的主要用意。透过孟德斯鸠，使他认识到西方法律的非人格性和普通性，这一步认识，又使他对儒学传统中的"贤人之治"及其价值观做了批判。人类经过多次进化才发展出民主，民主是人类政治发展中的最高目标，这一了解使他触及中国如何由"人治"转向"法治"的重大课题。

（5）甄克思《社会通诠》。甄氏此书把人类历史发展简化为"图腾崇拜"→"宗法制"→"国家"或"政治社会"的几个阶段，很合乎信奉斯宾塞进化观者严复的口味。西方之所以强盛，因它已进化到"国家"或"政治社会"阶段；中国之所以落后，是进化到宗法之后，便停滞不前。假"使一旦幡然，悟旧法陈义之不足殉，而知成见积习之实为吾害，尽去腐秽，

---

① 滕复等译许华茨《严复与西方》，北京，职工教育出版社 1990 年版，第 111、113 页。

惟强之求"①,中国仍有强盛的希望。严复一生始终相信,社会的进化是
渐进的,因此他对反改革的清廷,与革命运动,均同样反对,他所希望的
是体制内的改革。

(6)《穆勒名学》。在义和团运动时,严复便在上海筹设"名学研究
会"倡导名学,同时也开始翻译《穆勒名学》。到 1905 年出版时仍只是
前半部八篇,部分原因是在译语上有了困难;另一原因是他发觉耶芳斯
的《逻辑学入门》(严译《名学浅说》),更能符合他传播这门学问的要求,
所以 1909 年又把它翻译出版。自冯桂芬以降的维新人物,无不重视西
方科学,到严复才知道西方科学成就的背后,还有一门"科学中的科学"
的学问——名学。《穆勒名学》注重归纳,他用这种方法批判传统思想,
特别是其中的良知学说。不仅如此,中国追求富强必须学习西方的科
学,归纳逻辑既是"科学的科学",因此也就成为促使中国富强重要的
法门。

(五)晚年

1912 年民国建立,严复认同的满清王朝结束了,如果他是一位智
者,应知他的时代过去了,想免于受辱,只有闭门读书之一途。他虽然
对西方近代思想有过长期探索,但传统士大夫的习性,仍然根深蒂固,
好像不沾点权势,就很难安心立命。民国成立后,他便接受袁世凯任
命,做了半年的北京大学校长,辞职后又任袁政府顾问。1913 年 12 月
袁解散国民议会召开约法会议,他做了约法会议议员。旋成立御用参
政院,他被任命为参政,1915 年他做了宪法起草委员会委员。严复与
袁政府的关系既如此密切,当支持袁当皇帝的筹安会成立时,不拖他
下水,那才是怪事。为此事严虽曾自责,总难免留下污点,为后世
诟病。

严复晚年,一直为哮喘病所苦,1920 年 8 月,终于回到福州定居,直

---

① 《社会通诠》,台北,文海出版社影印版,第 146 页。

至翌年 9 月 27 日去世。临终前手书遗嘱：

> ……
>
> 须知中国不灭，旧法可损益，必不可叛。
>
> 须知人要乐生，以身体健康为第一要义。
>
> 须勤于所业，知光阴时日机会之不复更来。
>
> 须勤思而加条理。
>
> 须学问增益知能，知做人分量，不易圆满。
>
> 事遇群己对待之时，须念己轻群重，更切毋造孽。
>
> ……

严复的著作，翻译方面 1930 年商务印书馆有《严译名著丛刊》，纳入"新中学文库"出版，并附有"中西名表"，书中所引之人名地名，均分别注明。台湾商务把《天演论》、《群学肄言》、《法意》、《原富》收入"人人文库"。其他著作有《严几道诗文钞》（台湾文海有影印）。此外《英文汉诂》、《政治讲义》、《愈懋堂诗集》，最初皆由商务出版，现在很难找到。早年刊于《学衡》的《严几道与熊纯如书札节抄》，对了解严复，是很重要的资料。

二 认识危机

在甲午战争期间（1894—1895），严复翻译《天演论》的工作与《论世变之亟》一系列论文，几乎同时在进行。以他当时仍是水师学堂总办的身份，说不定原先只打算以译述《天演论》来发表对国事的见解，可是在一连串败仗的刺激下，不免使他觉得情势已十分紧急，要等到译作完成出版，实在缓不济急，还不如以单篇论文的形式先行发表，可以乘机唤醒国人。

正因翻译工作与论文同时进行，因此二者之间的关系相当密切。

如果"严复可以说完全是在危机意识的精神基础上翻译《天演论》的"①，那么毫无疑问，这一系列警世之作，也是在同一意识的驱使下写成。广泛地说，中国 19 世纪的思想家，在不同程度上都有危机感，到甲午战败，使危机意识升到最高点。严复在达尔文"物竞天择"、"适者生存"理论的影响下，使他对列强侵略下中国面临的危机，做了较前人更深入而全面的反思。所谓警世之作，正是中国危亡的宣告。

这些论文里的基本观点，以及其中的重要主张，所受达尔文、斯宾塞、赫胥黎等人思想的影响，斑斑可见，后来所译各名著当时所能掌握的，已经消化在各篇论文之中。《原强》一开始便介绍说："达尔文者，英之讲动植之学者也……而著一书曰《物种探原》。自其书出，欧美二洲几于家有其书，而泰西之学术政教一时斐变。论者谓达氏之学，其一新耳目，更革心思，甚于奈端（牛顿）氏之格致天算，殆非虚言。"②又说："斯宾塞尔者，亦英产也，与达氏同时，其书……则宗天演之术，以大阐人伦治化之事，号其学曰群学……而于一国盛衰之故，民德醇漓兴衰之由，则尤三致意焉。"③这些话既是促使他翻译《天演论》、《群学肄言》等书的原因，同时也是他必须写这些论文的理由。以后所译各书，一方面是为自己维新变法的主张，提供理论基础；一方面也可借介绍西学的形式，扩大这套主张的效果。二者的目的是一致的，即挽救中国的危亡。

严复对甲午后中国危机的认识及分析，可分两部分来了解：

（一）危机现象的反思

（1）自鸦片战争以后，特别是 60 年代以后，到 20 世纪初年，对变局

---

① 郭正昭：《从演化论探析严复型危机感的意理结构》，台北，中研院《近代史研究所集刊》第 7 期，第 535 页。
② 《近代中国对西方及列强认识资料汇编》第四辑第一分册，台北，中研院近代史研究所 1988 年版，第 492 页。
③ 《近代中国对西方及列强认识资料汇编》第四辑第一分册，台北，中研院近代史研究所 1988 年版，第 493 页。

认识的言论,据统计不下六十六人①,这些言论都多少反映了危机意识。严复《论世变之亟》第一句"于乎! 观今日之世变,盖自秦以来,未有若斯之亟也"②,其溢于言表的紧急、迫促之感,是以往类似言论中所少有的。主要是因在甲午惨痛教训之后,他仍看不到朝野有何振兴之举,因此痛切地感到有即将亡国之虑,所谓"岁月悠悠,四邻眈眈,恐未及有为,已先作印度、波兰之续"③。今天这种恶劣的局面,是由于我们这一代不努力种下的恶因,没有什么可抱怨的,可是因此还得祸延后代子孙呀:"于乎! 吾辈一身无足惜,如吾子孙与四百兆之人种何?"④甲午时,严复就有一种预感:"噫! 今日倭祸,特肇端耳,俄、法、英、德,旁午调集,此何为者,此其事尚待深言也哉?"⑤从 1895—1898 的仅三年间,列强对中国的疯狂侵略,及其在中国掠夺的海港、土地和种种权益,使他的预感一一成为事实⑥。

　　(2)甲午之战,使首善之地的北京震动,可是其他地区,却是"四海晏然,视邦国之颠危,犹秦越之肥瘠,合肥(李鸿章)谓以北洋一隅之力,

---

① 王尔敏:《中国近代思想史论》,台北,华世出版社 1977 年版,第 384—401 页。
② 《近代中国对西方及列强认识资料汇编》第四辑第一分册,台北,中研院近代史研究所 1988 年版,第 489 页。
③ 《近代中国对西方及列强认识资料汇编》第四辑第一分册,台北,中研院近代史研究所 1988 年版,第 496 页。
④ 《近代中国对西方及列强认识资料汇编》第四辑第一分册,台北,中研院近代史研究所 1988 年版,第 496 页。
⑤ 《近代中国对西方及列强认识资料汇编》第四辑第一分册,台北,中研院近代史研究所 1988 年版,第 492 页。
⑥ 如胶州湾、旅顺、大连、广州湾、威海卫、九龙半岛,都是在这个时候丧失的。同时因投资关系,列强在中国所取得铁道的建筑与管理权,已多至六千四百二十英里(英二千八百里,俄一千五百三十里,德七百二十里,名义是比利时实际为俄法六百五十里、法四百二十里、英三百里)。尤其依据光绪二十二年四月二十二日(1896 年 6 月 3 日)李鸿章在莫斯科所签的中俄密约,俄国在我东北乃掠夺了一条中东铁路,加上护路警察及沿路的若干土地与矿产,开设了一个有名华俄道胜银行。等到它占了旅顺、大连以后,乃更加上一条南满路和更多土地。至于依据《马关条约》,使列强援用最惠国待遇,得在中国各通商口岸购用土地设厂从事工业制造,因而他们对中国的经济侵略,也就构成一种突飞猛进的形式。此外,使得中国人感到真有亡国危险的,还有由列强分别指定的所谓"势力范围"! 以上见左舜生:《中国近代史四讲》,香港,友联出版社 1962 年版,第 79—80 页。

御倭人全国之师,非过语也。此君臣势散,而相爱相保之情薄也"[1]。国人对日本的侵略战争表现如此冷漠,使他难以释怀,不禁使他兴起"南北虽属一君,彼是居然两戒"[2]的慨叹。

(3)甲午战后,清廷内部有所谓"后党"与""帝党"之间的明争暗斗,朝廷大臣虽分属两党,但大都皆"宁视其国之危亡,不以易其一身一瞬之富贵"之辈。这批误国的臣子,在严复看来,"其端起于士大夫之怙私,而其祸可至以亡国灭种四分五裂而不可收拾"[3]的地步。如把这些为人臣者细加区分,那么"谋谟庙堂,佐上出令者,往往翘巧伪污浊之行,以为四方则效";"顾问献替之臣,则不独于时事大势,懵未有知,乃至本朝本国,其职分所应知者,亦未尝少纾其神虑"。守旧者如此,那些自以为是新派的,也不过是"趋时者流,自许豪杰,则徒剽窃外洋之疑似,以荧惑主上之聪明"。等而下之的,"其尤不肖者,且窃幸事之纠纷,得以因缘为利"而已。一个国家的精英阶层,颓堕到如此地步,哪里还配"自诩冠带之民、灵秀之种"[4]?

(4)在各种危机之中,严复甚至已感受到,由于西方人和西方文明的入侵,中国文化已面临瓦解的命运,他说:"盖自高颡深目之伦,杂处此结祍编发之中,则我四千年文物声明已涣然有不终日之虑,逮今日而始知其危,何异齐桓公以见痛之日为受病之始也哉?"[5]事实上,甲午以后,维新思想日趋激烈,并公开宣扬西方民治思想,直接间接地攻击君主制度,否定传统政治秩序,显示纲常名教的思想已受到严重的挑战,

---

[1]　《近代中国对西方及列强认识资料汇编》第四辑第一分册,台北,中研院近代史研究所 1988 年版,第 495 页。

[2]　《近代中国对西方及列强认识资料汇编》第四辑第一分册,台北,中研院近代史研究所 1988 年版,第 495 页。

[3]　《近代中国对西方及列强认识资料汇编》第四辑第一分册,台北,中研院近代史研究所 1988 年版,第 492 页。

[4]　数引均见《近代中国对西方及列强认识资料汇编》第四辑第一分册,台北,中研院近代史研究所 1988 年版,第 495 页。

[5]　《近代中国对西方及列强认识资料汇编》第四辑第一分册,台北,中研院近代史研究所 1988 年版,第 490 页。

儒家的社会伦理在基础上已经动摇。张之洞发表《劝学篇》(1898),正是他已察觉到这种危机,才揭起卫道的大旗①。在这一点上,严复敏锐的感受,实表现出他的洞见。

(二)危机原因的探讨

(1)于《论世变之亟》中,严复提出这样的问题:"即如今日中倭之构难,究其来由,夫岂一朝一夕之故也哉?"也就是说,今天遭逢甲午空前的危机,有其历史传统的原因,他共列举了五点:(a)从价值观方面来看,西方之所以"优胜"(日本之优胜,亦因其能善学西方所致),是因"西之人力今以胜古",故能不断进化;中国之所以"劣败",是因"中之人好古而忽今",因而使进化停滞。(b)从历史观方面,"中之人以一治一乱、一盛一衰为天行人事之自然",不免流于宿命。(c)在知识方面,总以为"人心之灵,苟日开瀹也。其机巧智能,可以驯致于不测也",因此"不以为务",有关"民生之道,期于相安相养而已",此不免流于反智。(d)在人生教养方面,总以为"夫天地之物产有限,而生民之嗜欲无穷,孳乳寝多,镌锼日广,此终不足之势也","故宁以止足为教,使各安于朴鄙顽蒙,耕凿焉以事其长上",这自然使人安于现状,不求进化。(e)在人才制度方面,"宋以来之制科,其防争尤为深且远",目的不过"是举天下之圣智豪杰,至凡有思虑之伦,吾顿八纮之纲以收之",这真是"圣人牢笼天下,平争泯乱之至术",这种制度自然无法培养出真正的人才。总而言之,以上这些原因,所导致的结果是"民力因之以日痡,民智因之以日衰",一旦遭遇到强盛的西方,或是学西方而有成的日本,"至不能与外国争一旦之命"②,以应付其危机。

(2)19世纪60年代,内有太平天国之乱(1850—1864),外有英法联

---

① 张灏:《晚清思想发展试论——几个基本论点的提出与检讨》,台北,中研院《近代史研究所集刊》第7期,第482页。

② 以上均见《近代中国对西方及列强认识资料汇编》第四辑第一分册,台北,中研院近代史研究所1988年版,第490页。

军之入侵(1857—1860)，在内外交困下，于是有洋务运动。这个运动就传统的种种缺失而言，是要增益其所不能。可是号称洋务，对西洋的了解，却非常浅薄。中国方面总以为"凡吾王灵所弗届者，举为犬羊夷狄"，而不知"今之夷狄，非犹之古之夷狄也"。其次，洋务中所重视的"汽机兵械之伦，皆其形下之粗迹；所谓天算格致之最精，亦其能事之见端，而非命脉之所在。其命脉云何？苟挹要而谈，不外于学术则黜伪而崇真，于刑政则屈私以为公而已"①。因对西洋所知所学皆浅，虽运动三十多年，在甲午之战中，终于真相大白，丑态毕露："将不素学，士不素练，器不素储，一旦有急，则蚁附蜂屯，授之以扞格不操之利器，曳兵而走，转以奉敌。其一时告奋将弁，半皆无赖小人，觊觎所支饷项而已。至于临事，且不知有哨探之用，遮蔽之方，甚且不识方员古陈……即当日之怪谬，苟纪载其事传之，将皆为千载笑端，而吾民靦然固未尝以之为愧也。"②洋务运动之所以不济，在严复看来，是因"盗西法之虚声，而治中土之实弊，此行百里者所以半九十里也"③，自然无力应付如此严重的危机。

(3)自西力东来，有识之士如郭嵩焘，已知此乃"天地之机，一发不可复遏"，除了迎头追赶，别无良策；不幸满朝文武百官，大都甘为驼鸟，以拒变是尚，"'士大夫自怙其私，求抑遏天地已发之机，未有能胜者也'。自蒙观之，夫岂不能胜之而已，盖未有不反受其祸者也。惟其遏之愈深，故其祸之发也愈烈。……三十年来，祸患频仍，何莫非此欲遏

---

① 《近代中国对西方及列强认识资料汇编》第四辑第一分册，台北，中研院近代史研究所1988年版，第490页。

② 《近代中国对西方及列强认识资料汇编》第四辑第一分册，台北，中研院近代史研究所1988年版，第495页。

③ 《近代中国对西方及列强认识资料汇编》第四辑第一分册，台北，中研院近代史研究所1988年版，第511页。

其机者阶之厉也"①。严复对这种拒变的士大夫,斥之为"狂易失心之人"②。

(4)除了以上各点之外,严复又借"物竞"、"天择"、"优胜"、"劣败"的演化原理,来解释危机所以形成的原因。在过去,历代也有夷狄入侵,因夷狄的文化不如中国,"故虽经累胜而常自存"。自西方文化入侵之后,在遭遇的过程中,中国文化就显得"颓靡朽蠹",交手之下,很明显"则彼法日胜,而吾法日消矣","此天演家所谓物竞天择之道固如是也"③。

三 中与西:优胜劣败的论证

一个稍能思考问题的中国人,如果他对西方社会有亲身的经历,或者他能透过西方文字去了解西方,不可避免地,他会用中西对比的方式,去重组他以往的经验。特别是在 19 世纪中叶以后,在落后的中国与进步的西方强烈的印象之下,更容易激起中西对比的意念。在这时期,郭嵩焘是用这种方式表达自己见解较早的一位。他不懂英文,由于他对洋务一向关怀,以及他对洋务问题的深入思考,使他有机会做了中国第一位派驻西方(英国)的使节,他就是根据亲身的观察、体验做中西比较。在前文讨论郭嵩焘的专章中,曾将这一部分的言论,称之为"西化主义的先驱"。王韬对英国社会的了解比嵩焘更广泛,郑观应对西学的认识已超越前人,但他们三人热心介绍西方的种种,基本上只是要向思想封闭、观念保守的国人,传达一些新的信息,希望国人早日认清向西看齐、向西学习的重要性。

---

① 《近代中国对西方及列强认识资料汇编》第四辑第一分册,台北,中研院近代史研究所 1988 年版,第 491 页。
② 《近代中国对西方及列强认识资料汇编》第四辑第一分册,台北,中研院近代史研究所 1988 年版,第 492 页。
③ 《近代中国对西方及列强认识资料汇编》第四辑第一分册,台北,中研院近代史研究所 1988 年版,第 498 页。

严复对西方的了解，比他们又都要更深一层，他除了有亲身的经验，还用心研读了一些近代名著，这些在西方流行的学说，成为他发展自己思想的重要工具。达尔文简明的演化公式，加深了他对中国的危机意识，也驱使他善用中西比较的方式来讨论各种问题。虽然比较的方式要较单向性宣扬西方更能引起读者的兴趣和注意，但严复真正的意图，并不在"比较"本身，而是要为中国的遭遇和处境，提供"优胜"、"劣败"的论证。

《论世变之亟》一文，大半是用中西比较的方式进行讨论，前文已提过"中之人好古而忽今，西之人力今以胜古"，以及"于学术则黜伪而崇真，于刑政则屈私以为公"。有关后者，严复认为不论是中国或西方，在道理上彼此都公认，"顾彼行之而常通，吾行而常病者，则自由不自由异耳"①。由于这方面的差异，"于是群异丛然而生"，例如（1）"中国最重三纲，而西方首明平等"，是说中国以强调上下尊卑的三纲为行为规范，而西方是以平等的法制为行为规范。（2）"中国亲亲，而西人尚贤"，此就用人而言。在理论上，尚贤也为中国一向所重视，实际上却相当注重血缘和裙带关系，不过这是相对的，其差异只在程度有所不同。（3）"中国以孝治天下，而西人以公治天下"②。所谓孝治，依熊十力言，即以尊君忠君为天经地义③，故中西治道的差异，一为专制，一为民主。（4）"中国尊主，而西人隆民"。此乃专制与民主之属性。（5）"中国贵一道而同风，而西人喜党居而州处"。"一道同风"指思想上要求统一，要求独尊，而西方人不论是言论和生活皆喜自主，而表现为多元开放。（6）"中国多忌讳，而西人众议评"④。此盖就言论自由而言。

①　《近代中国对西方及列强认识资料汇编》第四辑第一分册，台北，中研院近代史研究所 1988 年版，第 490—491 页。
②　《近代中国对西方及列强认识资料汇编》第四辑第一分册，台北，中研院近代史研究所 1988 年版，第 491 页。
③　《原儒》，台北，明伦出版社 1971 年版，第 68 页。
④　《近代中国对西方及列强认识资料汇编》第四辑第一分册，台北，中研院近代史研究所 1988 年版，第 491 页。

　　在财用方面的差异是:(1)"中国重节流,而西人重开源"。重"节流"是"匮乏经济"的特色,重"开源"是"丰裕经济"的特色。(2)"中国追淳朴,而西人求欢虞"①。乃上述两种不同经济形态反映在人民生活中的特色。

　　在人际关系(接物)上的差异是:(1)"中国美谦屈,而西人务发舒"。"谦屈"指礼让和自我克制,"发舒"指自我表现,二者在中国与西方,也是相对的。(2)"中国尚节文,而西人乐简易"②。"节文"盖言其重礼节与文饰,而不免流于繁文缛节,"简易"者简截明了,则无此弊。

　　在为学上的差异是"中国夸多识,而西人尊新知"③。"夸多识"盖就"一事不知,儒者之耻"之传闻而言。汉学家中容或有此现象,正宗儒者,在德性优位的前提下,从无人以"多识"而值得夸耀的。在这里,严复的本意大概是认为中国学者不重视科学。

　　在面临灾祸反应上的差异是"中国委天数,而西人恃人力"④,此言宿命与反宿命之别。

　　以上中西比较中之所谓"西人",全是指近代的西方,"中国"则涵盖秦、汉以来两千多年。如此比较,在方法上即有可议之处。在这段印象式的比较之后,严复的结语是:"若此之伦,举有以中国之理相抗以并存于两间,而吾实未敢遽分其优绌也。"⑤若以近代的标准来看,其中除"谦屈与发舒"、"节文与简易",也许真是不易"遽分其优绌"。其余各项的差异,其优劣是很明显的。假如以上中西比较中所列"中国之理",真足

① 《近代中国对西方及列强认识资料汇编》第四辑第一分册,台北,中研院近代史研究所1988年版,第491页。
② 《近代中国对西方及列强认识资料汇编》第四辑第一分册,台北,中研院近代史研究所1988年版,第491页。
③ 《近代中国对西方及列强认识资料汇编》第四辑第一分册,台北,中研院近代史研究所1988年版,第491页。
④ 《近代中国对西方及列强认识资料汇编》第四辑第一分册,台北,中研院近代史研究所1988年版,第491页。
⑤ 《近代中国对西方及列强认识资料汇编》第四辑第一分册,台北,中研院近代史研究所1988年版,第491页。

以与西方"相抗","以并存于两间",那么维新变法的主张,岂不成为无的放矢。我们无意揣测他为何有此"言不由衷"的"曲笔",但在1895年发表的其他诸文中,对中西文化做进一步讨论时,有充分证据可以判定,他的真正意图是为"优胜"、"劣败"提供论证。

(一)中国以士为独尊,西方则四民并重

严复认为,语言文字"系生人必具之能",像西国,一般民众,包括妇女走卒,"原无不识字知书之人,类且四民并重,从未尝以士为独尊。独我华人,始翘然以知书自异耳"。在西洋的理财家心目中,不论是农、是工、是商,"皆能开天地自然之利,自养之外,有以养人",对社会各有其贡献。在中国,那些在社会上被独尊的士子,却不事生产,沦为"开口待哺"之辈,成为"民之蠹"。"唯其蠹民,故其选士也,必务精而最忌广,广则无所事事,而为游手之民。其弊也,为乱、为贫、为弱"①。必须说明,这里所说的"士",乃戕害人才的八股制下的产物,故视之为"民蠹",并不过分。

(二)西方"无法"、"有法"皆优胜于中国

严复说:"至于今之西洋,则与是(指历史上的夷狄)不可同日而语矣。何则?彼西洋者,无法与法并用,而皆有以胜我者也。自其自由平等以观之,则捐忌讳、去烦苛、决壅蔽,人人得其意、申其言,上下之势不相悬隔,君不甚尊,民不甚贱,而联若一体者,是无法之胜也。自其官、工、兵、商法制之明备而观之,则人知其职,不督而办;事至纤悉,莫不备举;进退作息,皆有常节;无间远迩,朝令夕改,而人不以为烦,则是以有法胜也。"②所谓"无法",似指自由、平等的精神已深入民心,已形成政治

---

① 《近代中国对西方及列强认识资料汇编》第四辑第一分册,台北,中研院近代史研究所1988年版,第506—507页。
② 《近代中国对西方及列强认识资料汇编》第四辑第一分册,台北,中研院近代史研究所1988年版,第497—498页。

文化上的共识与默契,因而使整个社会成为一动态和谐的社会。所谓"有法",是指西方法治社会而言,在这样的社会,各行各业皆有法制可循;至于个人,人人皆知其可享的权利,以及应尽的义务和责任。政府施政,因以民意为依归,所以纵然"朝令夕改,而人不以为烦"。

(三)从人民与国家之关系论中西之优劣

在《论世变之亟》中,虽已提出"中国尊主,而西人隆民"之说,但语焉不详,在《原强》中才有进一步的阐述,使专制统治下的中国,与民主之治下的西方(英国),凸显出强烈的对比。他除对中国的臣民完全受宰制的情况加以描述之外,更深刻地指出中国的人民何以对人主及国家疏离的原因:"盖自秦以降,为治虽有宽苛之异,而大抵皆以奴虏待吾民;虽有原省,原省此奴虏而已矣;虽有燠咻,燠咻此奴虏而已矣。夫上既以奴虏待民,则民亦以奴虏自待。夫奴虏之于主人,特形劫势禁,无可如何已耳,非心悦诚服,有爱于其国与主,而共保持之也。"①西方人因实行民主法治,因此人民与国家的关系与中国大不相同:"且彼西洋所以能使其民,皆有深私至爱于其国若主,而赴公战如私仇者,则亦有道矣。法令始于下院,是民各奉其所自主之约,而非率上之制也。宰相以下,皆由一国所推择。是官者,民之所设以厘百工,而非从以尊奉仰戴者也,抚我虐我,皆非所论者矣。出赋以庀工,无异自营其田宅;趋死以杀敌,无异自卫其室家。吾每闻英之人言英,法之人言法,以至各国之人之言其所生之国土,闻其名字,若我曹闻其父母之名,皆肫挚固结,若有无穷之爱也者。此其故何哉?无他,私之以为己有而已矣。"②其所以不同的原因,是在"西之教平等,故以公治众而贵自由……东之教立

---

① 《近代中国对西方及列强认识资料汇编》第四辑第一分册,台北,中研院近代史研究所 1988 年版,第 504 页。

② 《近代中国对西方及列强认识资料汇编》第四辑第一分册,台北,中研院近代史研究所 1988 年版,第 504 页。

纲，故以教治天下，而首尊亲"①。因"贵自由"，所以人民视其国若"私之以为己有"，这正是"合天下之私以为公"。因"首尊亲"，则必因私而害公。中国两千多年前，就有"天下为公"的理念，如《吕氏春秋·贵公》："昔先圣王之治天下也，必先公，公则天下平矣，平得于公。……天下，非一人之天下也，天下（人）之天下也。"但中国把这种理想期待于圣王，遂成永远无法实现的乌托邦。这种理想只有经由民主法制才可能落实。值得注意的是，严复所说"民各奉其所自主之约"与"率上之制"之不同，正是中西"法治"根本差异之所在。"法令始于下院"，使立法有民意为基础，这种法基本上是保障人民权利，使它不被政府侵夺。"率上之制"下的法，不过是人君统治人民的工具而已。

（四）从民力、民智、民德论中西之优劣

"是以西洋观化言治之家，莫不以民力、民智、民德三者断民种。种之高下，未有三者备而民生不优，亦未有三者备而国威不奋者也"。因此西方国家"发政施令之间，要其所归，皆以其民之力、智、德三者为准的。凡可以进是三者，皆所力行；凡可以退是三者，皆所宜废"②。这是导致西方富强、优胜的基本原因。而在中国，依严复看来，简直是反其道而行，结果是"民力已苶，民智已卑，民德已薄"③，这样的国家，与强盛的西方相遇，怎么能不惨败？

（五）从学术论中西之优劣

严复提出两个标准以衡断优劣，其实这两个标准皆以科学为标的，已有科学主义的倾向。

---

① 《近代中国对西方及列强认识资料汇编》第四辑第一分册，台北，中研院近代史研究所 1988 年版，第 504 页。
② 《近代中国对西方及列强认识资料汇编》第四辑第一分册，台北，中研院近代史研究所 1988 年版，第 494 页。
③ 《近代中国对西方及列强认识资料汇编》第四辑第一分册，台北，中研院近代史研究所 1988 年版，第 496 页。

其一是研究自然与研究书本的差异："夫西洋之于学,自明以前,与中土亦相埒耳。至于晚近,言学则先物理而后文词,重达用而薄藻饰。且其教子弟也,尤必使自竭其耳目,自致其心思,贵自得而贱因人,喜善疑而慎信古。其名数诸学,则藉以教致思穷理之术;其力质诸学,则假以导观物察变之方;而其本事,则筌蹄之于鱼兔而已矣。故赫胥黎曰:'读书得智,是第二手事,唯能以宇宙为我简编,民物为我文字者,斯真学耳'。此西洋教民要术也。而回观中国则何如?夫朱子以即物穷理释格物致知,是也。至以读书穷理言之,风斯在下矣。且中土之学,必求古训。古人之非,既不能明,即古人之是,亦不知其所以是。记诵词章既已误,训诂注疏又甚拘,江河日下,以致于今日之经义八股,则适足以破坏人材,复何民智之开之与有耶?"[①]

其二是有用无用、有实无实的差异。严复认为,中国传统的词章、考据,"一言以蔽之曰:无用。非真无用也,凡此皆富强而后,物阜民康,以为怡情遣日之用,而非今日救弱救贫之切用也"。至于义理,"一言以蔽之曰:无实。非果无实也,救死不赡,宏愿长赊,所托愈高,去实滋远,徒多伪道,何裨民生也哉?"总而言之,中国学术,"均之无救亡危而已矣"[②]。"然而西学格致,则其道与是适相反,一理之明,一法之立,必验之物物事事而皆然,而后定之为不易。其所验也贵多,故博大;其收效也必恒,故悠久;其究极也必道通为一,左右逢源,故高明"[③]。总而言之,只有西方晚近的科学,才是富强之本,才能挽救中国的危亡。这种科学救国论,到后来"五四"时代更是风行。就学术言,因宣扬科学救国而反传统,大有可议之处,但这种言论出之于救亡的迫切感,自具有时

---

① 《近代中国对西方及列强认识资料汇编》第四辑第一分册,台北,中研院近代史研究所1988年版,第503页。
② 《近代中国对西方及列强认识资料汇编》第四辑第一分册,台北,中研院近代史研究所1988年版,第508页。
③ 《近代中国对西方及列强认识资料汇编》第四辑第一分册,台北,中研院近代史研究所1988年版,第509页。

代的意义①。

四 严复与传统

由以上两节,可明显地看出,严复对传统的各方面,都表现相当强烈的不满,有些言论比之"五四"新文化运动时期的反传统者,并不逊色,但他绝非反传统主义者。严复一生与中国传统之间的问题,恐怕不是用"激进"、"保守"这种观念所能概括,其中交织着相当复杂的因素。除了危机意识所引发的迫切感之外,他早年的传统教育,以及他在传统学术上的深厚学养,使他与传统之间,始终有着难以割舍的感情。此外,西方理论的训练,虽使他了解中国问题的症结,而加强了他的迫切感;另一方面,正因有这方面的素养,使他在重大问题上,他的思考是相当理智的,这一点可从他对科学、对民主态度的差异上看出来。科学与民主相比,中国吸收科学要比民主来得容易,阻力也较少,因此他对科学的宣扬,以及他对当时所了解的科学理论的译介,可谓不遗余力。但对民主,他当然希望有一天能在中国实现,然始终反对革命,也不认为中国现状具备实行民主的条件,这种见解前后是相当一贯的。

以下从八股、专制、学术三方面来探讨他与传统之间的问题。其中对八股是全盘否定的,对专制、对学术,他表现的就不是一条鞭地激情,这方面的言论,他是有所斟酌的。

(一)八股

八股是科举制度的产物。宋代朱熹(1130—1200)就已说过,在科举制下,"上之人分明以盗贼遇士,士亦分明以盗贼自处"。到了明末,顾亭林(1618—1682)《生员论》,斥责科举制下的生员,"士不成士,官不

① 以上五点之外,严复于《上皇帝万言书》中,曾就西方于罗马之后,"欧洲散为十余国",而中国"其治终归于一统"的情况,探讨中西优劣之故。参看王蘧常:《民国严几道先生复年谱》,台北,商务印书馆 1981 年版,第 43—45 页。

成官,兵不成兵,将不成将",因而主张"废天下之生员而官府之政清,废天下之生员而百姓之困苏,废天下之生员而门户之习除,废天下之生员而用世之材出"。科举制本来就是专制帝王牢笼全国士子之术,它最大的问题,如严复所言,"害在使天下无人才"。附带的弊病,多到不可胜数。到了19世纪中期以后,在维新思想人物中,废除八股已成共识。不过像王韬,虽主张废除时文八股,但并未反对科举制度,只是希望以比较有用的科目代替时文八股。而严复在废八股的论述中,其意图明显是连带产生八股的制度也一并否定了,成为十年后(1905)清廷正式宣告废科举的先声。

据严复的了解,八股有三大害:

(1)锢智慧:他把科举制下士子的一生,从垂髫童子,到入学练八股,到考场应试,到获取功名,到出任官吏,其无知与荒谬,描述得维妙维肖。这种人并无实学,却自视甚高,自以为"做秀才时无不能做之题,做宰相时自无不能做之事",寓悲哀于讽喻之中。这种人经历如此之学程与仕途,一旦爬上高位,处理国事,所作所为"谬妄糊涂,其曷足怪"①。

(2)坏心术:八股考试以四书为范围,四书之传、注、疏皆当无所不知。"夫无所不知,非人之所能也",应之之术,"剿说是已"。于是使士子"当其做秀才之日,务必使之习为剿窃诡随之事,致令羞恶是非之心旦暮梏亡,所存濯濯,又何怪委贽通籍之后,以巧宦为宗风,以趋时为秘诀,否塞晦盲,真若一丘之貉,苟利一身而已矣,遑恤民生国计也哉"?每逢考期,闱内闱外,所张贴的文告,无不根据国宪王章,堂而皇之,实际在试场之内,"关节顶替"者有之,"倩枪联号"者有之,"寡廉鲜耻",无所不用其极。"是故今日科举之事,其害不止于锢智慧、坏心术,其势且

---

① 以上均见《近代中国对西方及列强认识资料汇编》第四辑第一分册,台北,中研院近代史研究所1988年版,第505—506页。

使国宪王章渐同粪土,而知其害者果谁也哉?!"①

(3)滋游手:通过科举考试,获得秀才、举人等功名的士子,多半不能更上一层楼,或在仕途,求取发展。其中固不乏洁身自好、以教书为生者,但更多的是不事劳动,游手好闲,甚至在地方上滋生事端,严复称这类士子为"民之蠹"。除此之外,"况乎益之以保举,加之以捐班,决疣溃痈,靡知所届。中国一大豕,群虱总总,处其奎蹄曲隈,必有一日焉屠人操刀,具汤沐以相待"②。

"悲夫! 夫数八比(同八股)之三害,有一于此,则其国鲜不弱而亡,况夫兼之者耶!"③严复痛陈八股之害的结论是:"总之,八股取士,使天下消磨岁月于无用之地,堕坏志节于冥昧之中,长人虚骄,昏人神志,上不足以辅国家,下不足以资事畜,破坏人才,国随贫弱。此之不除,徒补苴罅漏,张皇幽眇,无益也。"然则于痛除八股之后,要用什么来取代?他主张今后应"大讲西学"④。

(二)专制

反暴君、反专制的言论,在中国思想史上源远流长,史不绝书⑤。严复《辟韩》一文中的反专制思想,完全是承继这个传统,所不同者,他已吸收了一些西方的民主理论,他知道要改革专制,只有通过变法,走西方民主之路才有希望。但在这篇文章里,并未深入探讨这个大课题,他只是借《辟韩》痛斥专制之害,对人民"自由"、"自治"的民主有所向往

---

① 以上均见《近代中国对西方及列强认识资料汇编》第四辑第一分册,台北,中研院近代史研究所 1988 年版,第 506 页。

② 《近代中国对西方及列强认识资料汇编》第四辑第一分册,台北,中研院近代史研究所 1988 年版,第 506 页。

③ 《近代中国对西方及列强认识资料汇编》第四辑第一分册,台北,中研院近代史研究所 1988 年版,第 507 页。

④ 《近代中国对西方及列强认识资料汇编》第四辑第一分册,台北,中研院近代史研究所 1988 年版,第 507 页。

⑤ 这方面的演变,可看韦政通主编:《中国哲学辞典大全》,台北,水牛出版公司 1983 年版,第 197—204 页"反专制"条。

而已。

其实韩愈(768—824)《原道》一文的重点不在专制,而是发扬道统以排佛,文中所言之"君",是指理想中之圣君,所谓"帝之与王,其号各殊,其所以为圣,一也"。至于"是故君者,出令者也;臣者,行君之令而致之民者也"云云,这在儒统知识分子意识中,根本就是天经地义的。历史上攻击专制最著名的黄梨洲(1610—1695),也没有攻击到这一点。所以《辟韩》一文,只能说是借题发挥,取材上并不恰当。

《辟韩》反专制言论最重要的有二,其一:"老(应是庄子)之言曰:窃钩者诛,窃国者侯。夫自秦以来为中国之君者,皆其尤强梗者也,最能欺夺者也。"①其二:"秦以来之为君,正所谓大盗窃国耳。……既已窃之矣,又惴惴然恐其主之或觉而复之也。于是其法与令猬毛而起,质而论之,其什八九皆所以坏民之才、散民之力、漓民之德者也。"②在严复心目中,专制之危害国家最大的,就在坏民才、散民力、漓民德。因此,如何"求所以进吾民之才、德、力者,去其所以困吾民之才、德、力者"③,就成为国家当务之急。要朝这个目标去努力,首要之务,就是让人民"悉听其自由"。人的心智必须解除其束缚,才可能发挥其潜力,何况"民之自由,天之所畀也,吾又乌得而靳之?"④人民享有自由,才可能做到自治,人民能自治,自能掌管政权。到那时候,人民成为"天下之真主",王侯将相成为"通国之公仆"⑤。

值得注意的是,严复虽向往西方的自由、民主,但他考虑到中国的现况:"然则及今而弃吾君臣可乎? 曰:是大不可。何则? 其时未至,其俗未成,其民不足以自治也。……民之弗能自治者,才未逮、力未长、德未和也。"⑥也就是说,中国在那年代,既不具备实行民主的条件,同时时

① 麦仲华编:《清朝经世文新编》卷十八上,台北,文海出版社影印本第 1440 页。
② 《清朝经世文新编》卷十八上,台北,文海出版社影印本第 1442 页。
③ 《清朝经世文新编》卷十八上,台北,文海出版社影印本第 1441 页。
④ 《清朝经世文新编》卷十八上,台北,文海出版社影印本第 1441 页。
⑤ 《清朝经世文新编》卷十八上,台北,文海出版社影印本第 1442 页。
⑥ 《清朝经世文新编》卷十八上,台北,文海出版社影印本第 1441 页。

机也未成熟。这种理解，决定了他在"百日维新"时期的态度，也是许华茨说他"这篇文章既包含了严复的最激进的'民主主义'的主张，同时也包含了他的'保守主义'的前提"①的原因。

《辟韩》1895年原发表于《直报》，次年梁启超于《时务报》转载，引起湖广总督张之洞(1837—1909)的注意，以为洪水猛兽，命屠仁守撰文反驳，谓"辟韩者溺于异学"。当时严复仍任水师学堂总办，文字风波使他身陷险境，经郑孝胥等从中疏通，始告缓和②。

（三）学　术

严复对传统学术的批判，是以西学为参考架构，为追求中国的富强，遂采用实用与实效的观点，对当时学风所下的针砭。他是有条件的反对传统，与西化主义、反传统主义皆无关。

他从不具"救弱救贫之切用"，反对考据、词章；从无益民生，反对义理——特别是陆、王之学。他甚至主张："不独破坏人才之八股宜除，与凡宋学、汉学、词章小道，皆宜且束高阁也。"③二十八年后(1923)，吴稚晖(1865—1953)仍有相同但更激烈的主张：将线装书"非再把他丢在茅厕里三十年，现今鼓吹成一个干燥无味的物质文明"④。在新文化运动以后，尚有此言论，不难想象在戊戌前中国一般学风是如何的保守、封闭、僵化。激烈的言论是为了打开僵局、转移学风，但激烈的情绪使他们无法平心静气就学术讨论学术。

严复并没有全盘否定传统学术的价值，他虽判定考据、词章无用，但认为"非真无用也，凡此皆富强而后，物阜民康，以为怡情遣日之用"；又说："若夫词章一道，本与经济(经世济民)殊科，不妨放达。故虽极恹

---

① 滕复等译许华茨《严复与西方》，北京，职工教育出版社1990年版，第56页。
② 吴相湘：《民国百人传》第一册中《天演宗哲学家严复》，台北，传记文学出版社1971年版，第340页。
③ 《近代中国对西方及列强认识资料汇编》第四辑第一分册，台北，中研院近代史研究所1988年版，第508页。
④ 《箴洋八股化之理学》，见《吴敬恒选集》(哲学)，台北，文星书店1967年版，第134页。

楼海市,惝恍迷离,皆足移情遣意。"①他虽判定义理"无实"(非实学),但认为"即吾圣人之精意微言,亦必既通西学之后,以归求反观,而后有以窥其精微,而服其为不可易也"②。由此可见,严复不仅没有全盘否定传统学术,甚且对其中"圣人之精意微言",还寄以厚望。只是目前中国已面临危亡,靠传统学术实无济于事。从"非果无实也……其高过于西学而无实"③之言看来,严复完全了解中国传统的义理与西学格致,是属于不同层次的学术。因此,在理论上中国的义理之学与西学格致并不冲突,可是在守旧的学风中,守旧学者总以为"夫格致何必西学,固吾道《大学》之始基也"④,于是有了冲突。严复在1895年系列论文中,不时以"客谓"、"难者曰",引的就是这批守旧学者的说法,这才是他真正要反驳的对象。他们虽"谬妄糊涂",在当时却代表主流,他们又喜诉诸传统的权威,严复遂不得不一并加以驳斥。

守旧学者喜诉诸权威,严复也以子之矛,攻子之盾,抬出清圣祖康熙和他们对抗,"嗟嗟!处今日而言救亡,非圣祖复生,莫能克矣"。圣祖当年,"乃勤苦有用之学,究察外国之事,亘古莫如",还聘请洋教士做顾问,终于"奠隆基,致太平"。"不独制艺八股之无用,圣祖早已知之;即如从祀文庙一端,汉人所视为绝大政本者,圣祖且以为无关治体,故不许满人从祀孔子庙廷,其用意可谓远矣"。这些话对付守旧学者与官僚是有用的。在这里,严复的结语是:"处今日世变方殷,不追祖宗之活精神,而守祖宗之死法制,不知不法祖宗,正所以深法祖宗。"⑤这种话,

---

① 《近代中国对西方及列强认识资料汇编》第四辑第一分册,台北,中研院近代史研究所1988年版,第509页。
② 《近代中国对西方及列强认识资料汇编》第四辑第一分册,台北,中研院近代史研究所1988年版,第511页。
③ 《近代中国对西方及列强认识资料汇编》第四辑第一分册,台北,中研院近代史研究所1988年版,第508页。
④ 《近代中国对西方及列强认识资料汇编》第四辑第一分册,台北,中研院近代史研究所1988年版,第507页。
⑤ 《近代中国对西方及列强认识资料汇编》第四辑第一分册,台北,中研院近代史研究所1988年版,第512页。

在将近百年后的今天，仍不失其为有意义的忠告、有启发的言论。

五　变法思想

　　1895 年的系列论文，代表严复对变法维新的系统思考。就四篇论文而言，《论世变之亟》是序论，《原强》提出变法维新的方案，《救亡决论》与《辟韩》对《原强》做了重要的补充。此外，《上皇帝万言书》的主要论点，仍是根据这些论文，因是上书性质，所以针对特定对象做了具体建议。为了彰显以上诸文的理论内涵，我们把这些文字加以重组，前文三节"认识危机"、"中与西：优胜劣败的论证"、"严复与传统"，是为变法维新的系统思考，做了必要的预备工作，要点在唤起国人的危亡意识，消除变法维新的障碍，使国人对变法维新能早日建立起共识。

　　下文要探讨严复对这一攸关中国变革的重大课题，他的积极主张是什么。兹分三点加以陈述：

（一）变法的必要

　　严复向国人大声疾呼："天下理之最明而势所必至者，如今日中国不变法则必亡是已！"①所谓"理之最明"者是什么呢？中国必须变法的理由有三：

　　（1）世界大势所趋："万国蒸蒸，大势相逼，变亦变也，不变亦变也。变而变者，变之权操诸己；不变而变者，变之权让诸人。"②在西洋与东洋的相继侵略下，中国要做大幅的变革，已绝不能免。变有两种方式，主动的变与被动的变。严复主张，与其被动的变，不如采取主动，方为上策。

---

① 《近代中国对西方及列强认识资料汇编》第四辑第一分册，台北，中研院近代史研究所 1988 年版，第 505 页。
② 《近代中国对西方及列强认识资料汇编》第四辑第一分册，台北，中研院近代史研究所 1988 年版，第 505 页。

（2）时机不可错失："早一日变计，早一日转机，若尚因循，行将无及。"像日本，他们并非不深恶西洋，可是"于西学则痛心疾首、卧薪尝胆求之"者，是因"知非此不独无以制人，且将无以存国"①。日本能不错失时机，为何中国不能呢？

（3）变才能强："继自今中法之必变，变之而必强，昭昭更无疑义，此可知者也。"严复对变法可致富强这一点，深信不疑。但接下去说，"至变于谁氏之手，强为何种之邦，或成五裂四分，抑或业归一姓，此不可知者也"②，是否已表示对清廷的改革缺乏信心呢？实不敢妄加揣测，但他显然认为变法的后果难以预测。

严复言变法，已在甲午之后，人们会问：甲午之前朝野不是都早已讲求变法，为何并未收效？严复在《上皇帝万言书》中回答了这个问题，同时也由此可看出他对洋务运动的检讨："迩岁以来，朝野之间，其言变法以图自强者，亦不少矣。或曰固圉为急矣，则请练陆营而更立海军；或曰理财为最优矣，则请造铁路、开各矿，而设官银号；又以事事雇用洋人之不便也，则议广开学馆，以培植人才。大抵皆务增其新，而未尝一言变旧。"③究实而言，"增新"的同时，不可能完全不"变旧"。严复的意思，是指表面的变、流于形式的变，等于未变，"然使由今之道，无变今之俗，十年以往，吾恐其效将不止贫与弱而止也"④。可知"变旧"是指风俗教化，这方面变了，国家才能有根本的改变，"有其本则皆立，无其本则终废"，"不然，是琐琐者，虽百举措无益也"⑤。"鼓民力"、"开民智"、"新民德"，是严复变法维新思想的基本方案，也就是这个"本"的展现。

---

① 以上均《近代中国对西方及列强认识资料汇编》第四辑第一分册，台北，中研院近代史研究所 1988 年版，第 512 页。
② 《近代中国对西方及列强认识资料汇编》第四辑第一分册，台北，中研院近代史研究所 1988 年版，第 512 页。
③ 王蘧常：《严几道先生复年谱》，台北，商务印书馆 1981 年版，第 46 页。
④ 《近代中国对西方及列强认识资料汇编》第四辑第一分册，台北，中研院近代史研究所 1988 年版，第 500 页。
⑤ 《近代中国对西方及列强认识资料汇编》第四辑第一分册，台北，中研院近代史研究所 1988 年版，第 505 页。

（二）变法的方针

先看下面几则言论：(1)有关西学："总之，驱夷之论，既为天之所废而不可行，则不容不通知外国事。欲通知外国事，自不容不以西学为要图。此理不明，丧心而已。此吾所以决言救亡之道在此，自强之谋亦在此。"①(2)有关西政："方今之计，为求富强而已矣，彼西洋诚富诚强者也，是以今日之政，非西洋莫与师。"②(3)有关格致："盖欲救中国之亡，则虽尧、舜、周、孔生今，舍班孟坚（名固，公元32—92）所谓通知外国事者，其道莫由。而欲通知外国事，则舍西学洋文不可，舍格致亦不可。"③又："西学格致非迂途也，一言救亡，则将舍是而不可。"④由以上的言论，加上对系列论文的综合印象，可知严复的变法方针，是以西学为标的，以西学中的西政（民主）与格致（科学）为重点，而以使国家富强为目标。

有关西政的见解，主要见之于 1905 年于上海青年会所讲的《政治讲义》，与 1906 年出版的孟德斯鸠《法意》。有关格致，1905 年出版的穆勒《名学》，是当作一种科学训练来介绍的；甲午时便开始翻译的《天演论》，并非达尔文的《物种原始》，而是赫胥黎绍述达尔文思想的《演化与伦理》，科学方面严复并无专著和论文。

1895 年的系列论文，《原强》的"新民德"事项中论及西政，"开民智"事项中论及格致。这一时期严复的变法思想，有一基本的观念做引导，这基本观念也是我们把握他系列论文精髓之钥。这基本观念是：不论是西政、西学、格致，或是西方富强，莫不"以自由为体，以民主为用"。

---

① 《近代中国对西方及列强认识资料汇编》第四辑第一分册，台北：中研院近代史研究所 1988 年版，第 512 页。
② 《近代中国对西方及列强认识资料汇编》第四辑第一分册，台北，中研院近代史研究所 1988 年版，第 500 页。
③ 《近代中国对西方及列强认识资料汇编》第四辑第一分册，台北，中研院近代史研究所 1988 年版，第 510 页。
④ 《近代中国对西方及列强认识资料汇编》第四辑第一分册，台北，中研院近代史研究所 1988 年版，第 509 页。

"以自由为体",从下面的引文中,似乎包括以自由为基本精神、基本原理,以及以自由作为判准的观念等涵义。例如他列举西方在各方面——包括体形、德慧术知、农业、纺织、畜牧、刑政、战备、邮政、交通,无一不较中国为优胜时,它的根本原因,即在"自由不自由之间异耳"[①]。也就是说,西方之所以"优胜",是因他们人民有自由;中国之所以"劣败",是因中国人没有自由。在这里,自由显然是判定中西优劣的准据。

又如他评论洋务运动中所吸收的西法,"皆其形下之粗迹","而非命脉之所在"。西方文化的命脉,扼要地说:"不外于学术则黜伪而崇真,于刑政则屈私以为公而已。斯二者与中国理道初无异也,顾彼行之而常通,吾行之而常病者,则自由不自由异耳。"[②]西学中的求真精神,西政中以公意为基础的刑政,皆因其有自由作为基本精神或基本原理。接下去又就中西情况,对"自由不自由异耳"一义加以申论:"夫自由一言,真中国历古圣贤之所深畏,而从未尝立以为教者也。彼西人之言曰:惟天生民,各具赋畀,得自由者乃为全受。故人人各得自由,国国各得自由,第务令无相侵损而已。侵人自由者,斯为逆天理、贼人道,其杀人伤人及盗蚀人财物,皆侵人自由之极致也。故侵人自由,虽国君不能,而其刑禁章条,要皆为此设耳。"[③]这里所说的自由,有权利、人权的涵义;"国国各得自由",是指国家的主权,都是"以自由为体"的"体"中分化出来的观念。

又如国家的富强,也得以自由为始基:"夫所谓富强者,质而言之,不外利民云尔。然政欲利民,必自民各能自利始;民各能自利,又必自皆得自由始。"[④]一个国家如能依据自由精神或自由原理立国,那么国家

---

① 《近代中国对西方及列强认识资料汇编》第四辑第一分册,台北,中研院近代史研究所 1988 年版,第 498 页。
② 《近代中国对西方及列强认识资料汇编》第四辑第一分册,台北,中研院近代史研究所 1988 年版,第 490—491 页。
③ 《近代中国对西方及列强认识资料汇编》第四辑第一分册,台北,中研院近代史研究所 1988 年版,第 491 页。
④ 《近代中国对西方及列强认识资料汇编》第四辑第一分册,台北,中研院近代史研究所 1988 年版,第 501 页。

的制度必然以保障人民的权利为优先，同时因人民享有自由，也必能凭自身的能力去创造财富。人民权利有保障，又有机会去创造财富，此之谓"民各能自利"。所以一个真正能利民的国家，不依赖政府的恩赐，端赖其是否能给予自由。人民自由，才能使国家富强。

关于"民主为用"，在"新民德"事项中仍有涉及，但不是这一时期思想的重点。严复深知中国当时绝不具备政体变革的条件，最重要的工作应落实在培养这种条件。所以这一时期，有关自由、民主，他做的是属于思想启蒙的工作。

（三）变法的方案

变法的目标，是希望中国富强，要使中国富强，必须学习西政与格致。而西方国家所以科学昌明，实行民主，"皆其力、其智、其德诚优者也。是以今日要政统于三端：一曰鼓民力，二曰开民智，三曰新民德"[1]。"此三者，自强之本也"[2]。"夫人才者，民力、民智、民德三者之征验也"[3]。"是故国之贫富强弱治乱者，其民力、民智、民德三者之征验也"[4]。以上这些言论，严复于《原强》长文中，复之再三。如果说《原强》是 1895 年系列论文中最重要的一篇，那么由这三点所形成的方案，就是他这一时期思想上最大的贡献。

（1）鼓民力。"盖一国之事，同于人身。今夫人身逸则弱，劳则强者，固常理也。然使病夫焉日从事于超距赢越之间，以是求强，则有速

---

① 《近代中国对西方及列强认识资料汇编》第四辑第一分册，台北，中研院近代史研究所 1988 年版，第 501 页。

② 《近代中国对西方及列强认识资料汇编》第四辑第一分册，台北，中研院近代史研究所 1988 年版，第 505 页。

③ 《近代中国对西方及列强认识资料汇编》第四辑第一分册，台北，中研院近代史研究所 1988 年版，第 495 页。

④ 《近代中国对西方及列强认识资料汇编》第四辑第一分册，台北，中研院近代史研究所 1988 年版，第 499 页。

其死而已矣"①。所以强国必先强种,"鼓民力"所讨论的,就是中国的强种问题。因"今日论一国富强之效,而以其民之手足体力为之基"②,如果连这个基础都没有,"虽有富强之政,莫之能行"③。这个道理古人很清楚,可由"庠序校塾不忘武事"④看出来。很不幸,汉以来的"中国礼俗,其贻害民力,而坐令其种日偷者,由法制学问之大,以至于饮食居处之微,几于指不胜指"⑤。而在今天,其"沿习至深,害效最著者",一是吸食鸦片问题,一是女子缠足问题。这两大戕害民力的恶习,正是使中国"种以之弱,国以之贫,兵以之窳"的根本原因,这两大恶习如不加以革除,"则言变法者皆空言而已矣"⑥。

要如何才能革除呢? 关于鸦片,他建议由上位下手,"假令天子亲察二品以上之近臣大吏,必其不染者而后用之",然后层层向下监督,"务使所察者人数至简,以期必周,如是定相坐之法,而实力行之,则官兵士子之染祛"。假如能做到"旧染渐去,新染不增",那么,"三十年之间,可使鸦片之害尽绝于天下"。至于缠足,他主张不妨由"天子下明诏,为民言缠足之害",并宣告限期,朝廷官吏之家,凡在限期之外所生女子仍缠足者,"吾其毋封"。官宦之家如能率先奉行,民间"夫何难变之与有"⑦?

(2)开民智。这方面严复的基本主张是讲西学、废科举。西学所以能开民智,而中学不能,有两个原因:一是研究方法不同,"且中土之学必

① 《近代中国对西方及列强认识资料汇编》第四辑第一分册,台北,中研院近代史研究所 1988年版,第 500 页。
② 《近代中国对西方及列强认识资料汇编》第四辑第一分册,台北,中研院近代史研究所 1988年版,第 501 页。
③ 《近代中国对西方及列强认识资料汇编》第四辑第一分册,台北,中研院近代史研究所 1988年版,第 500 页。
④ 《近代中国对西方及列强认识资料汇编》第四辑第一分册,台北,中研院近代史研究所 1988年版,第 501 页。
⑤ 《近代中国对西方及列强认识资料汇编》第四辑第一分册,台北,中研院近代史研究所 1988年版,第 502 页。
⑥ 《近代中国对西方及列强认识资料汇编》第四辑第一分册,台北,中研院近代史研究所 1988年版,第 502 页。
⑦ 《近代中国对西方及列强认识资料汇编》第四辑第一分册,台北,中研院近代史研究所 1988年版,第 502 页。

求古训,古人之非既不能明,即古人之是亦不知其所以是。记诵词章既已误,训诂注疏又甚拘,江河日下,以至于今日之经义八股,则适足以破坏人才,复何民智之开之与有耶"? 而近代西人言学,则"先物理而后文词","且其教弟子也,尤必使自竭其耳目,自致其心思,贵自得而贱因人,善喜疑而慎信古",因此,他们是"以宇宙为我简编,名物为我文字"①。另一原因是,中西之间不仅学问的内容不同,事功的性质不同,学问与事功的关系尤其不同。在中国,"尚学问者,则后事功;而急功名者,则轻学问,二者交失实"。在西洋,"学问之士倡其新法,事功之士窃之为术而大有功焉"。例如"制器之备,可求其本于奈端(牛顿);舟车之神,可推其原于瓦德(瓦特);用电之利,则法拉第之功也;民生之寿,则哈尔斐之业也。而二百年学运昌明,则又不得不以柏庚(培根)之摧陷廓清之功为称首"②。从这些例子,不仅说明西学足以开民智,也证明西学乃西方富强之源。

洋务运动中,早就设学校、讲西学,洋务官僚总以为这样办下去,"十年以往,中国必收其益"。严复认为未必,为什么?"旧制尚存,而荣途未开也"。"旧制"指科举,科举一日不废,虽讲西学,来学者多半是穷家子弟,而且人数极少,既不能吸引真正人才,也不为朝廷和社会尊重,如此以小儿科心态,以小媳妇方式办西学,何足以开民智? 所以中国欲开民智,固然非讲西学不可,而欲使西学昌明,首要之务,必须废除科举,"另立选举之法,别开用人之途"③不可。

(3)新民德。"至于新民德之事,尤为三者之最难"④,因为它牵涉到政教的变革。至今我们仍陷入这种变革的阵痛之中,这方面的改造是

① 《近代中国对西方及列强认识资料汇编》第四辑第一分册,台北,中研院近代史研究所 1988 年版,第 503 页。
② 《近代中国对西方及列强认识资料汇编》第四辑第一分册,台北,中研院近代史研究所 1988 年版,第 502 页。
③ 《近代中国对西方及列强认识资料汇编》第四辑第一分册,台北,中研院近代史研究所 1988 年版,第 503 页。
④ 《近代中国对西方及列强认识资料汇编》第四辑第一分册,台北,中研院近代史研究所 1988 年版,第 503 页。

否能完成、能成功,仍是未定之数。

严复在此检讨了中国人民失教与败德的现象。关于失教:"至于吾民,则姑亦无论学校之废久矣,即使尚存如初,亦不过择凡民之俊秀者而教之。至于穷檐之子、编户之氓,则自襁褓以至成人,未尝闻有孰教之者也。'孟子曰:饱食暖衣,逸居而无教,则近于禽兽'。夫饱食暖衣之民,无教尚如此,则彼饥寒逼躯、救死不赡者,当何如乎? 后义先利,诈伪奸欺,固其所耳。"①由于失教,所以失德,这在常情常理上还容易理解,但中国人的败德,有出乎常情常理之外者:"曩甲午之办海防也,水底碰雷与开花弹子,有以铁滓泥代火药者。洋报议论,谓吾民以数金锱铢之利,虽使其国破军杀将辱地伤师不顾,则中国今日之败衂,他日之危亡,不可谓为不幸矣。此其事足使闻者发指,顾何待言。"②在军中为少数人的小利,而置国族之大利于不顾的情事,早在鸦片战争期间就发生,包世臣当年即曾予以谴责。类似的情况,在西方帝国主义的侵略下,不胜枚举,问题是中国的民德为何如此败坏? 照严复的看法,是因自秦以来二千多年中,统治阶级"大抵皆以奴虏待吾民","夫上既以奴虏待民,则民亦以奴虏自待"。因此,"使形势可恃,国法尚行","一旦形势既去,法所不行,则独知有利而已矣"③。这是说,在专制的统治下,是培养不出真正爱国心的。

西方民德之所以优胜于中国,一是由于他们实行以民意为基础的议会政治;一是由于他们奉行"在上帝之前人人平等"的宗教,所谓"西之教平等,故以公治众而贵自由"。这是中国近代思想史上,首次跳出传统伦理的框架,从全新的观点来讨论民德问题,开启了伦理革新的先声。

---

① 《近代中国对西方及列强认识资料汇编》第四辑第一分册,台北,中研院近代史研究所 1988 年版,第 503—504 页。

② 《近代中国对西方及列强认识资料汇编》第四辑第一分册,台北,中研院近代史研究所 1988 年版,第 504 页。

③ 《近代中国对西方及列强认识资料汇编》第四辑第一分册,台北,中研院近代史研究所 1988 年版,第 504 页。

在西方，"人无论王侯君公，降而至于穷民无告，自教而观之，则皆为天之赤子，而平等之义以明。平等义明，故其民知自重，而有所劝于为善"。在严复看来，西方宗教的效果，在"不愧于屋漏"的"束身自好"方面，一般信教诚笃的人民，与中国大人君子所能做到的，并没有两样①。

此外，西方人的爱国情操，是由于他们实行法治、民主："且彼西洋所以能使其民，皆若有深私至爱于其国若主，而赴公战如私仇者，则亦有道矣。法令始于下院，是民各奉其所自主之约，而非率上之制也。宰相以下，皆由一国所推择。是官者，民之所设以厘百工，而非从以尊奉仰戴者也，抚我虐我，皆非所论者矣。出赋以庀工，无异自营其田宅；趋死以杀敌，无异自卫其室家。吾每闻英之人言英，法之人言法，以至各国之人之言其所生之国土，闻其名字，若我曹闻其父母之名，皆肫挚固结，若有无穷之爱也者。此其故何哉？无他，私之以为己有而已矣。"②因为在法治、民主的社会，每个公民都自觉到自己是国家的主人，所以对国家自然产生"深私至爱"，视国家若"私之以为己有"，这种发自每一个体内心深处的爱国私情，正所以成就"合天下之私以为公"。

到此我们可以了解，严复主张的"新民德"，除"束身自好"的个体道德之外，更重要的是攸关国家社会的公德。令人不能不敬佩的是，他已深刻地认识到，法治、民主乃国家建立或发展公德的必经之路，这个道理到今天我们的知识分子有几人真正能理解？

根据西方人提升民德的经验，再回到中国的现况，严复认为"居今之日，欲进吾民之德，于以同力合志，联一气而御外仇，则非有道焉，使各私中国不可。……然则使各私中国奈何？曰：设议院于京师，而令天

---

① 《近代中国对西方及列强认识资料汇编》第四辑第一分册，台北，中研院近代史研究所1988年版，第503页。

② 《近代中国对西方及列强认识资料汇编》第四辑第一分册，台北，中研院近代史研究所1988年版，第504页。

下郡县,各公举其守宰"①。也就是要走民主之路,使人民能做国家的主人。"是道也,欲民之忠爱必由此,欲教化之兴必由此,欲地利之尽必由此,欲道路之辟、商务之兴必由此,欲民各束身自好而争濯磨于善必由此"②。这些话虽不免推演过甚,他真正想说的,恐怕是只有在一个法治、民主的国家里,人民才能发挥他们各方面的潜能而已。

前文说过,严复并不认为中国在当时有实行民主的条件,因为"其时未至,其俗未成,其民不足以自治也","民之弗能自治者,才未逮、力未长、德未和也"③。所以变法方案可以说是为了培养这些条件。可是在方案的"新民德"事项中,要培养人民的公德,又必须推行法治、民主才能达到,这大概是他意识到"至于新民德之事,尤为三者之最难"的一个原因吧。在这里也可以了解,实行民主与培养民主的条件,并非截然不同的两回事,只要真正是有利于民主成长的因素,在培养的同时,便已迈向民主之路。

六 《天演论》及其影响

严复译述《天演论》,与 1895 年发表的系列论文,都是因甲午之战失败,悲愤心情下的产物。二者之间的关系,除前文提到的,同是在危机意识驱使下写成之外,大家都知道,《天演论》是系列论文的理论依据。但从另一个角度来看,代表他这一时期维新思想的作品,毕竟是系列论文,而不是《天演论》,《天演论》不妨视为系列论文的注脚。

严氏所以要把达尔文的进化论介绍给中国读者,除了甲午危亡等外因,从《原强》绍述达尔文的引言看,显然还有学术上的原因。他是用

---

① 《近代中国对西方及列强认识资料汇编》第四辑第一分册,台北,中研院近代史研究所 1988 年版,第 504 页。
② 《近代中国对西方及列强认识资料汇编》第四辑第一分册,台北,中研院近代史研究所 1988 年版,第 504—505 页。
③ 麦仲华编:《清朝经世文新编》卷十八上,台北,文海出版社影印本第 1441 页。

这样的句子开头的："今之扼腕奋胗,讲西学谭洋务者,亦知近五十年来,西人所孜孜勤求,近之可以保身治生,远之可以经国利民之一大事乎?"①接着简介达尔文在欧美的风行、影响及基本学说之后,又说:"至于证阐明确,犁然有当于人心,则非亲见其书者莫能信也。"②绝大多数的中国读者,当然无法"亲见其书",这话无异是他译述《天演论》的一项承诺,原因是希望中国读者,能知道一些真正高水准而又具革命性功能的西学。值得我们注意的是,达尔文的《物种原始论》(严译《物种由来》或《物种探原》),属于生物科学。据说他因为担心如过分强调人的进化,很可能导致社会拒绝接受他的全部理论,因此故意将人的起源部分略而不说。可是严复的主要兴趣,并不在其生物科学,而是在"近之可以保身治生,远之可以经国利民③,他在《天演论》最后一篇甚至说:"天演之学,将为言治者不祧之宗,达尔文真伟人哉!"④西方的一位生物科学家,在严复的笔下,竟转化成一位能经世济民的政治哲学家,这种话如让达尔文知道(达氏已于 1882 去逝),必定始而惊讶,继而大笑。所以在中国 19 世纪末叶出现的达尔文,我们只能说是"严复的达尔文"。恐怕反而是因为这种差异,才在中国近代史上产生巨大影响。

　　我们了解了严复的主要兴趣,可断言即使他有能力翻译达尔文的《物种原始论》,他大概也不会去做,因为那样科学性的著作,在中国没有几个人能卒读的。在《天演论》中,严复多次以斯宾塞的理论反驳赫胥黎,斯氏把天演学说扩展到对人类社会做广泛的解释,《原强》把这种学说,概括称之为"群学",不论在品味和需要上,他都是更能欣赏斯宾塞的。至于他为何不译斯氏的《综合哲学》,反选择了赫胥黎的《演化与

---

① 《近代中国对西方及列强认识资料汇编》第四辑第一分册,台北,中研院近代史研究所 1988 年版,第 492 页。
② 《近代中国对西方及列强认识资料汇编》第四辑第一分册,台北,中研院近代史研究所 1988 年版,第 493 页。
③ 《近代中国对西方及列强认识资料汇编》第四辑第一分册,台北,中研院近代史研究所 1988 年版,第 492 页。
④ 《天演论》,商务印书馆 1947 年第四版,卷下第 50 页论十七《进化》。

伦理》作为译介进化论的蓝本,他自坦承是因斯著"为论数十万言","其文繁衍奥博,不可猝译"①,而选译赫书的原文不过七十多页(原著前二篇),内容又简明通俗。更重要的理由,是此书"所论与吾古人有甚合者",比较容易附会己意、借题发挥。《演化与伦理》被严复译为《天演论》,这本小书(连长篇大论的案语,共九十九页)当然不是一般的译作,其中无论是达尔文,或赫胥黎、斯宾塞的学说,经由中国的术语、中国的文采,和中国人喜比喻的表达方式,加上强烈的危机意识,都相当程度的维新化了。

《天演论》全书最末一段,很可以帮助我们了解严复译述此书的苦心孤诣:"吾辈生当今日,固不当如鄂谟所歌侠少之轻剽,亦不学瞿昙黄面,哀生悼世,脱屣人寰,徒用示弱,而无益来叶也。固将沉毅用壮,见大丈夫之锋颖,强立不反,可争可取而不可降。所遇善,固将宝而维之;所遇不善,亦无慑焉。早夜孜孜,合同志之力,谋所以转祸为福,因害为利而已矣。"②在此,严复向国人郑重宣告,当国家面临危亡的时刻,灰心、丧志、示弱无济于事,我们必须志气昂扬地振作起来,同心协力,共同奋斗,而《天演论》正是为我国的"转祸为福、因害为利",提供了方法和途径。

在严复心目中,没有一种学说更比"天演论"能将中国当时所遭遇的"祸"、"害",做生动而又深刻表达的。为了加强国人对此学说的印象,并普及其宣传的效果,严复在介绍时,运用了多种的方式和技巧。

(一)历史的

《天演论》第一篇,严复加了近六百字的案语,很扼要地简介了天演学说在近代西方的演变。以往的生物学者,讨论物种由来,"皆主异物分造之说"。近百年来,这方面的专家,人才辈出,如法国兰麻克、爵弗

---

① 《天演论》,商务印书馆 1947 年第四版,卷上第 6 页导言二《广义》。
② 《天演论》,商务印书馆 1947 年第四版,卷下,第 51 页。

来,德国方拔、万俾尔,英国威里士、格兰特、斯宾塞、倭恩、赫胥黎等,开始怀疑古说,经过他们的"穷探审论",达到的共识是:"知有生之物,始于同,终于异。造物立其一本,以大力运之,而万类之所以底于如是者,咸其自己而已,无所谓创造者也。"可是这种新说,并未风行。到1859 年(咸丰九年),达尔文《物种由来》出版后,"众论翕然。自兹厥后,欧美二洲治生学者,大抵宗达氏"。后来出现的新证据,也证明"达氏之言乃愈有征",使达尔文在生物学的地位,相当于哥白尼在天文学的地位。

达尔文之外,严复格外推崇斯宾塞,说他"亦本天演,著天人会通论,举天地人形气心性动植之事而一贯之,其说尤为宏富"。特别是斯氏《综合哲学》中,"乃考道德之本源,明政教之条贯,而以保种进化之公例要术终焉"的第五书,使他衷心拜服,其中一部分曾予以译述。在严复看来,《综合哲学》第五书,乃"欧洲自有生民以来,无此作也"[①]。

(二)哲学的

《原强》以简明扼要的文字,介绍了达尔文的基本观念:"其一篇曰物竞,又其一曰天择。物竞者,物争自存也;天择者,存其宜种也。意谓民物于世,樊然并生,同食天地自然之利矣。然与接为搆,民民物物,各争有以自存。其始也,种与种争,群与群争,弱者常为强肉,愚者常为智役。及其有以自存而遗种也,则必强忍魁桀,趫捷巧慧,而与其一时之天时、地利、人事最其相宜者也。此其为争也,不必爪牙用而杀伐行也。习于安者,使之为劳;狃于山者,使之居泽,以是以与其习于劳、狃于泽者争,将不数传而其种尽矣。物竞之事,如是而已。"[②]在这里,严复传达给国人的,是"物竞天择"、"适者生存"、"自然淘汰"等哲理性的观念,不是生物进化的事实,为"严复的达尔文"又一佐证。

---

① 以上历史的介绍,均见《天演论》,商务印书馆 1947 年第四版,卷上第 3—4 页,导言一《察变》。

② 《近代中国对西方及列强认识资料汇编》第四辑第一分册,台北,中研院近代史研究所 1988 年版,第 492—493 页。

(三)文学的

《天演论》导言七《善政》:"天演之说,若更以垦荒之事喻之,其理将愈明而易见。今设英伦有数十百民,以本国人满,谋生之艰,发愿前往新地开垦。满载一舟,到澳洲南岛达斯马尼亚所。弃船登陆,耳目所触,水土动植,种种族类,寒燠燥湿,皆与英国大异,莫有同者。此数十百民者,筚路蓝缕,辟草莱,烈山泽,驱其猛兽虫蛇,不使与人争土,百里之周,居然城邑矣。更为之播英之禾,艺英之果,致英之犬羊牛马,使之游且字于其中。于是百里之内与百里之外,不独民种迥殊,动植之伦,亦以大异。凡此皆人之所为,而非天之所设也。……而其土之天行自若也,物竞又自若也。"严复透过此一近似小说的故事,进一步申论他所理解的天演学说:"以一朝之人事,阒然出于数千万年天行之中,以与之相抗",他假设相抗的结果有三种情况:一是"小胜而仅存",即仅能保种而无进化;二是"大胜而日辟",不仅能保种,且能进化;三是"负焉以泯而无遗",即连种也保不住,终遭自然淘汰。相同的一群人,在相同的自然环境里,为何会有三种不同的结果?答案是:第一种情况是因他们到了新环境,模仿土著生活,只求"与旧者俱化"。第二种情况是因这群人能"通力合作,而常以公利为期。养生送死之事备,而有以安其身;推选赏罚之约明,而有以平其气。则不数十百年,可以蔚然成国"。第三种情况是因"数十百民惰窳卤莽,愚暗不仁,相友相助之不能,转而縻精力于相伐,则客主之势既殊,彼旧种者得因以为利,灭亡之祸,且暮间耳"[1]。导言十五《最旨》,为上卷十四篇分别说明其旨意,《善败》的旨意是"更以垦土建国之事,明人治之正术"[2],讲的虽是天演学说,严复真正关心的还是人治。

通过以上各种方式和技巧,严复所要传达给国人的讯息是十分明显的:一方面警告国人,中国确已面临灭亡的危机;一方面他要国人重

---

[1] 以上均见《天演论》,商务印书馆1947年第四版,卷上,第19页。

[2] 《天演论》,商务印书馆1947年第四版,卷上,第35页。

建"人定足以胜天"的信念，只要能奋发图强，及时变法维新，就可以"转祸为福，因害为利"。

在《天演论》一书中，这种危机意识随处可见，并成为推动其思考的力量。如导言四《人为》的案语："本篇有云，'物不假人力而自生，便为其地最宜之种'。赫胥黎氏于此所指为最宜者，仅就本土所前有诸种中，标其最宜耳。如是而言，其说自不可易。"可是在严复看来，其说"然不知分别观之则误人"。所谓"不知分别观之"者，是言赫氏未将"本土所前有诸种"与外来加入的新种，分别加以讨论；所谓"误人"，是因"仅就本土所前有诸种中，标其最宜耳"，只能符合中国过去的情况，却不能说明中国当前的处境。"然使是种与未经前有之新种角，则其胜负之数，其尚能为最宜与否，举不可知矣"，这才是中国当前的处境。"外种阑入，新竞更起，往往年月以后，旧种渐湮，新种迭盛"[1]，这是他为中国当前处境最深的忧虑。

严复的忧虑是有事实做根据的。你看"中国廿余口之租界，英人处其中者，多不逾千，少不及百，而制度厘然，隐若敌国矣"；而另一方面，"吾闽粤民走南洋、美洲者，所在以亿计，然终不免为人臧获被驱斥也"[2]。这种盛衰强弱的情势，不正好印证了天演学说中"优胜劣败"的规律吗？同时也是"此洞识知微之士，所为惊心动魄，于保群进化之图，而知徒高睨大谈于夷夏轩轾之间者，为深无益于事实也"[3]。

《原强》："今虽有圣神用事，非数十百年薄海知亡，君臣同德，痛锄治而鼓舞之，将不足以自立。而岁月悠悠，四邻眈眈，恐未及有为，已先作印度、波兰之续，将斯宾塞尔之术未施，而达尔文之理先信。"[4]后面两句很清楚地告诉我们，严复是藉达尔文天演之理警醒国人，并策励自己

---

[1]　《天演论》，商务印书馆 1947 年第四版，卷上，第 13 页。

[2]　《天演论》，商务印书馆 1947 年第四版，卷上，第 20 页。

[3]　《天演论》，商务印书馆 1947 年第四版，卷上，第 11 页。

[4]　《近代中国对西方及列强认识资料汇编》第四辑第一分册，台北，中研院近代史研究所 1988 年版，第 496 页。

和"洞识知微之士";至于"保群进化之图",则有赖于"斯宾塞尔之术"。

《天演论》于导言十八篇中,有多处藉"人事"、"人治"、"人择"等观念阐说或发挥斯宾塞的群学或群道,但比较能集中而又扼要地介绍其学说的,仍推《原强》。该文"号其学曰群学,犹荀卿言人之贵于禽兽者,以其能群也,故曰群学。夫民相生相养,易事通功,推以至于刑政礼乐之大,皆自能群之性以生"。方法上,"又用近今格致之理术,以发挥修齐治平之事,精深微眇,繁富奥殚。其论一事,持一说,必根据理极,引其端于至真之原,究其极于不遁之效。于五洲殊种,由狉榛蛮夷,以至著号开明之国,挥斥旁推,什九罄尽"。其学要旨,"则宗天演之术,以大阐人伦治化之事","而于一国盛衰强弱之故,民德醇漓合散之由,则尤三致意焉"①。总之,"学问之事,以群学为要归,唯群学明而后知治乱盛衰之故,而能有修齐治平之功。呜呼,此真大人之学矣"②!大人之学在儒家传统是指内圣外王之学,此以斯宾塞之"群学"为"大人之学",足征19世纪90年代观念上所起的重大变化,为维新变法提供了新的空间。

以上是就斯宾塞的《综合哲学》而言,"斯宾塞尔全书而外,杂著无虑数十篇,而《明民论》、《劝学篇》二者为最著。《明民论》者,言教人之术也。《劝学篇》者,勉人治群学之书也。其教人也,以瀹智慧、练体力、厉德行三者为之纲"③,此即严复变法思想之三大纲目"鼓民力、开民智、新民德"之所本,也是他所受斯宾塞影响中最大的启发。《天演论》导言八《乌托邦》云:"故欲郅治之隆,必于民力、民智、民德三者之中求其本也。"④此义畅发于《原强》,已见前文,这才是所谓"斯宾塞尔之术"的核心,也是严复献给国人的维新法宝。

---

① 《近代中国对西方及列强认识资料汇编》第四辑第一分册,台北,中研院近代史研究所1988年版,第493页。
② 《近代中国对西方及列强认识资料汇编》第四辑第一分册,台北,中研院近代史研究所1988年版,第494页。
③ 《近代中国对西方及列强认识资料汇编》第四辑第一分册,台北,中研院近代史研究所1988年版,第493页。
④ 《天演论》,商务印书馆1947年第四版,卷上,第21页。

　　由同时代对严复的赞誉①，以及民初新文化运动时代一位具代表性的知识分子的回忆②，《天演论》对19世纪末到20世纪初年的知识界，无疑曾产生相当大的影响。郭正昭说："这种生物演化的科学原理，经'社会达尔文主义'学派的始祖斯宾塞推衍为一种极富笼罩力的社会决定论。这一思潮不仅震撼着当时欧洲的学术界，且更进而支配了二十世纪初年中国社会文化运动达三十年之久。"③不过，至迟到新文化运动时代(1915—1924)，中国思想界已是五光十色、百花齐放，达尔文主义之外，有社会主义、无政府主义、共产主义、国家社会主义、自由主义、实验主义、传统主义，因此，达尔文主义是否仍具有"支配"性的地位，值得怀疑。

　　天演论为何一经严复介绍宣扬，即获得当时中国一般知识分子的普遍接受和狂热崇信呢？郭正昭曾提出三点解释：(1)就广大的、悠久的中国传统文化的背景而言，"理性主义"(rationalism)与"存疑论"(agnosticism)的存在，实提供了达尔文主义本土化的"同质"的基础。(2)晚清时代承染朴学遗风，讲求实证，而且公羊说有复兴的趋势，深具变迁的观念。(3)甲午丧师辱国，一战而败于"岛夷"日本，一种受挫的群体情绪与种族危亡的危机感乃猝然爆发④。这三点解释，其中还是以(3)可能是最重要的原因。至于(1)则仍可商榷。"存疑论"(一般译为"不可知论")在中国传统思想中是有，如荀子，但未成为思想的主流。

---

① 康有为："《天演论》为中国西学第一者也。"(《康有为与张之洞书》)梁启超亦称赞严复"于中学西学皆为我国第一流人物"。转引《中国近代著名哲学家评传》上册，济南，齐鲁书社1982年版，第506页。

② 胡适："《天演论》出版之后，不上几年，便风行到全国，竟做了中学生的读物了。读这书的人，很少能了解赫胥黎在科学史和思想史上的贡献，他们能了解的只是那'优胜劣败'的公式在国际政治上的意义。在中国屡次战败之后，在庚子、辛丑大耻辱之后，这个'优胜劣败，适者生存'的公式确是一种当头棒喝，给了无数人一种绝大的刺激。几年之中，这种思想像野火一样，延烧着许多少年的心和血，'天演'、'物竞'、'天择'等等术语都渐渐成了报纸文章的熟语，渐渐成了一般爱国志士的口头禅。"见《四十自述》，台北，远东图书公司1962年版，第49—50页。

③ 《中国历代思想家》中的《严复》，第40页。

④ 《中国历代思想家》中的《严复》，第110页。

"理性主义"如果是西方哲学中的意义,那么这种一味强调理智的思想,在中国一向少见。前文已提过,假如严复译述的是达尔文的《物种原始论》,大概不可能在中国风行。在中国风行的是"严复的达尔文",他运用儒家的外王观念,经由斯宾塞,把达尔文主义转化成具有治平功能的大人之学。这种改造社会的强烈愿望,才是狂热接受达尔文主义的传统文化背景。

民国史上地位突出的三位大学校长^①

民国史上称得上教育家的大学校长,除蔡元培、胡适之、傅斯年三位先生之外,据我所知,至少还有南开大学的张伯苓,和主持北大近二十年的蒋梦麟。我所以挑选这三位,是因他们除了教育家这个角色之外,在他们生活的时代里,对学术思想都曾有过开拓性的贡献,因此使他们在这方面的地位显得格外突出。

一 蔡元培:使北大成为新文化运动的摇篮

蔡元培在民国教育史上能获得无以伦比的崇高地位,主要不在他曾任中华民国第一任教育总长及首任中央研究院院长,而是由于他民国六年(1917)接任北京大学校长后,在北洋政府动荡不安的政局下,竟然能把充满科举思想的旧北大,改造成为新文化运动的摇篮。从此新北大,不仅为我国大学教育史揭开新页,也成为中国现代史上自由民主教育的象征。

蔡元培能为北大开新风气,我想下面三点是最重要的:

第一,不标榜道德,能以身作则。1940 年蔡先生逝世香港,不论是当年的同事或弟子,在悼念文字中,对这一点几乎是异口同赞。例如由

① 编注:本文原载 1984 年 6 月 25 日《中国论坛》,选自韦政通先生《思想的贫困》,台北,东大图书公司 1985 年版。

蔡先生请到北大做文科学长(文学院长)的陈独秀,就提到蔡氏不信宗教,也反对祀孔,"他从来不拿道德向人说教,可是他的品行要好过许多高唱道德的人"。从"受师训"到"备僚属",与蔡先生有二十五年密切关系的傅斯年,称赞其师是一位谦谦君子,从不以言语压迫人,也不以自己的意见强加于人,但他极有自信。他的自信建基于他的知识,和许多受西方启蒙运动影响的人物一样,也相信理性足以支配一切。傅斯年认为蔡先生的人格"是火候到纯正的度数中炼就的",即使"拿世界上任何文明时代、任何文明国家的道德条件来量他,都没有一点差错,他老先生却是向不标榜道德的"。与傅斯年同门的罗家伦,指出蔡先生修养深厚的另一根源,是因他自幼即服膺明朝刘宗周(明亡时绝食殉难)的学说,所以他律己严而待人宽,能实行身教,"不但许多学生,而且有许多教授,对他衷心悦而诚服"。

第二,做人有原则,对事有担当。在通常的情况下,一个人能做到这两点,已是难能可贵。而当年蔡元培任北大校长时,北京城中诚如傅斯年所说,"只是些北洋军匪、安福贼徒、袁氏遗孽",在如此恶劣的环境里,要做到有原则、有担当,自是困难百倍,蔡先生还是做到了。

由于北大师生提倡新思想,又主张文学革命,不仅引起旧官僚和顽固保守分子的痛恨,也使北洋政府深感不安,于是对蔡先生大施压力与恫吓,并派特务跟踪。在这危急的情况下,蔡氏的亲信劝他解聘陈独秀、约制胡适之,以解学校之危。蔡先生答道:"这些事我都不怕。我忍辱至此,皆为学校,但忍辱是有止境的。北京大学一切的事,都在我蔡元培一人身上,与这些人毫不相干。"这是他对事有担当的表现。

1923年,蔡先生因教育总长彭允彝干涉司法、蹂躏人权,非法逮捕罗文干(财政总长),愤而辞职。这件事使他忍无可忍,不能再与这样的上司为伍。当时报纸称蔡氏此举为"不合作主义",胡适也赞扬他这是"有所不为","是尊重自己的人格"。这是蔡先生做人有原则的表现。

第三,不问政治立场,尊重学术自由。蔡先生任北大校长时,对于守旧的陈汉章、黄侃,甚至主张清帝复辟的辜鸿铭,参与洪宪运动的刘师培,都因为他们的学问可为人师,而与新派的胡适之、陈独秀、钱玄同同聚一校。陈独秀说:"这样容纳异己的雅量,尊重学术思想自由的卓见,在习于专制、好同恶异的东方人中实所罕见。"另一方面,受到尊重的教授们也颇能自重,如刘师培教的是三礼、《尚书》和训诂,绝口未提帝制;辜鸿铭教英诗,虽很奇怪地把英诗分为"外国大雅"、"外国小雅"、"外国国风"、"洋离骚"等类,但也从未宣扬他的复辟主张。

当时马克思的思想已开始流行,基于尊重学术研究的自由,蔡先生认为在大学里是可以研究的。因为有好奇心而无辨别力,是青年被诱惑的根源,大学如能研究,正可以为学生解惑去蛊。

作为一个声誉卓著的大学校长,他对办理大学的具体构想和做法又如何?蔡先生在就职演说中就强调,大学是研究高深学问的地方,所以必须重视学术,尤其是文哲与自然科学,因为历史上许多学术思想的大运动、大贡献,莫不源于这方面的研究成果。他针对当时仍怀抱科举思想的大学生说:"若徒志在做官发财,宗旨既乖,趋向自异,平时则放荡冶游,考试则熟读讲义,不问学问之有无,惟争分数之多寡。试验既终,书籍束之高阁,毫不顾问。敷衍三四年,潦草塞责,文凭到手,即可藉此活动于社会。"这种求知的心态,实是我国几千年来,而至今仍未改正的大病。蔡先生因在德、法等国游学多年,所以对这方面的弊病看得十分真切。

此外,蔡先生对学术界的互助与合作也很重视,他觉得学术研究不但要集体合作,校际间也应当互助。他声称,学说上可以有宗师,但不能有派系与门户。蔡先生为北大请教员的开放作风是很有名的。他要求于教员的,不但要有学问,更重要的是还要有继续研究的兴趣,并能引起学生的研究兴趣。在健全组织方面,他在北大曾组织评议会、各科教授会,即所谓教授治校,这样将使无论何人来任校长,都不能任意而为。对学生的课外活动,北大成立了体育会、音乐会、书画研究会,希望藉这些活动涵养学生的心灵。他理想中的大学生,须养成博爱人类的心性及服务社会的习惯。

在蔡先生的教育理念中,最珍贵、最重要的一点,是于1922年就有"教育独立"的提议,他说:"教育是帮助被教育的人,给他能发展自己的能力,完成他自己的人格,于人类文化上能尽一分子的责任;不是把被教育的人,造成一种特别器具给抱有他种目的的人去应用的。所以教育事业,当完全交与教育家,保有独立的资格,毫不受各派政党或各派教会的影响。"其实,这一点如做不到,我国的大学教育很难走上正规。

二 胡适之:能做独立研究才是真正的大学

吴稚晖尝谓傅斯年是"真正校长,主持大学,(蔡)孑民外一人",不提胡适。仅就大学校长这个角色而言,胡的确不及蔡、傅。胡先生于1946年9月任北大校长,1948年12月于炮火中飞离北平。接任前一年由傅斯年代理,整顿复员后的北大,傅是功臣。胡先生在任两年多,内战方殷,在学生罢课、教师罢教的事件常发生的情况下,对学校虽谈不上有多大建树,但由于他在学界的崇高声誉,在他领导下的北大,依然是北方乱局中一股安定的力量。

在这两年里,他经过慎思熟虑,终于提出《争取学术独立的十年计画》,这可以代表他对我国大学教育,最具体、最完整、也最有远见的一套构想。他希望在十年之内,集中国家的最大力量,培植五到十个成绩最好的大学,使他们尽力发展研究工作,使他们成为第一流的学术中心,使他们成为国家学术独立的根据地。这"十年计画"应包括整个大学教育制度的革新,也应包括"大学"观念的根本改变,即大学必须朝研究院的方向去发展,必须能训练研究人才。他主张,有教授与研究生做独立的科学研究的,才是真正的大学。

早在1934年,胡先生在《教育破产的救济方法还是教育》一文中,就提到教育破产的原因之一,是因"教育的政治化",结果使一些"学校所认为最不满意的人,可以不读书,不做学问,而仅仅靠着活动的能力取得禄位与权力"。现在在这份计画书中,又再度提到应彻底加以修正的大学制度，须包括"多多减除行政衙门的干涉，多多增加学术机关的自由与责任"。这一点与蔡元培主张的"教育独立"，在精神上是完全一致的。这个计画在当时曾引起讨论，可惜"议论未定，金兵已渡河"，根本无法实现。

1958年，胡先生从美国来到台湾，有一次在台中东海大学向学生谈话，谈到中国的高等教育虽然发达得很早，但是不能延续，没有一个历史悠久的学校，比起欧美来，就显得落伍。"为什么历史不及我们的国家，会有那么长远历史的大学，而我国反而没有呢"？胡先生这个问题提得好。在谈话中他只答覆欧美大学所以能长远，是因他们的大学有独立的财团、独立的学风，以及教授可以独立自由继续地研究等等，对中国的学校为什么难以延续，并未做进一步说明。这实在不是一个容易解答的问题，如只想到欧美有的条件而我们没有是不够的，因创造这些条件，仍要靠文化的基础，无论如何，这一历史现象是很值得我们思索的。

当时东大创办未久，胡先生以为私立学校比较自由，所以希望东海能有一个好榜样，把握自由独立的传统，"因为只有在自由独立的原则下，才能有高价值的创造"。

大学生只知做官发财，不把学问当回事，这是1917年蔡元培所看到的现象。四十多年后，胡适在台湾大学演讲《大学的生活》，指出很多学生选择科系时，都不免带有短见而倾向于功利。天资好的都跑到医工科去，念医又只走入实用方面，因此他"感到今日的青年不免短视，带着近视眼镜去看自己的前途与将来"。胡先生的演讲距今已二十六个年头，情况又如何？他在那次演讲结束前，要求台大青年："社会上需要什么，不要管它；家里的爸爸、妈妈、哥哥、朋友等，要你做律师、做医生，你也不要管他们，不要听他们的话，只要跟着自己的兴趣走。"教育当然是要满足社会需要的，但社会的需要很复杂，也有不同的层次，一般所说的需要是偏向实用的。胡先生的大学理想是要能做高深学术的研究，他的话也是站在这个层次上说的。民国以来我们似乎一直没有能真切了解到,一个国家学术思想的水准如不能普遍提高,政治社会方面的建设,是很难进步的。

三 傅斯年:大学是平淡无奇的教育

傅斯年说他自己的学问比不上胡适;但办事却比胡适高明。蒋梦麟对他的评语是:"孟真为学、办事、议论三件事,大之如江河滔滔,小之则不遗涓滴,真天下之奇才。"由于他的危言高论,因此常惹祸,不免使人联想到他很像东汉李膺、范滂那一型的人物。为学方面,他是我国"科学的史学"学风的倡导者。此外,他有强烈的民族思想,也热衷于中国的现代化。说他能"办事",并不只是如通常所说的精明能干,无论是主持学术机构或办理大学,他不但有理想、有计画,更重要的是,他有实现理想、执行计画的能力。

从1928年起,傅先生主持中央研究院历史语言研究所,一直到1949年就任台大校长为止,"他的确为中国的现代学术奠定了一个新的基础"(李济语)。在这期间,曾和他共过事的李方桂,认为他对学术有正确的看法,而且能坚守原则;其次是他能知人善用。做事能坚守原则,另一方面他又"能让你做你所想要做的事",因此李先生觉得他的确是一个不可多得的领导人才。

傅斯年的领导才能,在台大校长任内有更大的发挥。当时正值国民党政府大陆失守、台湾社会动荡,他在短短不足两年的时间里,对台大的课程与师资都做了必要的改革。为了激励学生的求知欲,他一开始就决心改进共同科目及各学系的基础课程,务使学生一进校门,就能得到第一流的教授教他们,需要实习的有充分的实习机会,阅览室有参考书可用。师资方面,他手订新的聘任及升等标准,重视教学成绩,尤其强调学术上的成就。其中有一条规定:增加薪俸,可依年资;如要升等,必须要有学术上的贡献。为了提高台大师资水准,许多从大陆来的年轻教师,多半要低一等聘请。他并不重视所谓"名教授",他说:"名而有实,自然很好。如果名只是报纸上多见,各种职员录上多见,还是不名的好。"在主持史语所时,他不许研究人员在外兼课。在台大他要求专业精神,有时候他会由院长、系主任陪同去教授的教室听课,有些教授的位子就是被他"听"掉了的。两年之内,共有七十多位教授未被续聘。另外也有一些有实学的教师,是因毛遂自荐而被聘用,这方面他有和蔡元培一样的开放作风。

1949 年 10 月,傅先生为了检讨台大的讲座制度并策划未来学术研究的方向,发表《台湾大学与学术研究》长文,声言大学办得好不好,最重要的一点是能否集中人才,能否聘到好教授。有好的教授才能从事学术研究,"不能研究的教授很难是好教授,不能'苟日新,又日新,日日新'的教书匠,都很难启发学生的"。为了学术研究,他希望行政方面少加干涉,"假如教授受行政人员的干预太多了,流弊极大,可以弄到学术研究根本难得进行"。又强调"教与学的自由",认为这是学术进步的必要条件。关于如何振作研究风气,他要求必须做到下列几件事:(1)当代的文献相当齐全;(2)讨论的环境相当良好;(3)从事研究者要有朋友通信。这还是自身以外的。至于教员本身,必须有做研究凭藉的训练。

傅斯年接任台大校长时,社会上对共产党的问题①闹得很凶。有人藉题在报上攻击他,说他对共区来的学者专家未能尽量罗致,又有人说他包庇共党学生,为此他曾一再发表声明加以驳斥,并趁此机会撰文说明他办理台大的三点理想:

第一,平淡无奇的教育。他一开始就告诉大家,"我不会创造奇迹","我的贡献只是在那里诚心诚意地办事而已"。傅先生使台大"健康起来"的做法是:(1)协助解决学生的生活问题,包括食、住、衣、书、病。(2)加强课业,使学生不能游手好闲。(3)提倡对学生身心有益的各种课外娱乐和运动。

---

① 编注:此处提到的"共产党问题",是一种戴红帽子的做法。在当时的台湾,"反共"是一个最具有笼罩性的意识形态话语,也是打击异己的最有效的"法宝"。受攻击者,常常需要用真假反共的说法来自卫。请读者根据当时特殊的言论氛围来加以鉴别。

第二,性品教育的初步。所谓性品教育,就是对人对物要能立其诚。把这个道理用在教育上必须要考察事实、辨别是非,要做到不欺人、不自欺。傅先生说:"我以为学校的道德陶冶,是不能够'谆谆然命之',必须用环境、用智识、用兴趣陶冶他们。"蔡元培不标榜道德,但能以身作则,傅斯年也有同样的风范。他在台大对学生的性品教育,只说过一句"讲道"的话,就是"不扯谎"。他常对学生说:"假如你们发现我有扯谎,或者开空头支票,或者有意无意骗你们一下,你们应立刻向我说;假如是误会的话,我要解释明白;假如真是说话靠不住,你们可以用我责备你们的话责备我。"

第三,公平。做一个领导者,公平是必要又是很难做到的一点。傅斯年所以提到这一点,是因校外有人向他抛红帽子,诬蔑他包庇学生,这罪名很严重,但他的表现颇有担当:"我不能承认台湾大学的无罪学生为有罪,有辜的学生为无辜,此之为公平。不能承认任何人有特权,此之谓公平。……假如这几个人非要弄出得若夫事件①不可,宁可我受诬枉。我既为校长,不能坐视我的学生受诬枉。"吴稚晖说他是"真正校长",可知所言非虚。

----

① Dreyfus 事件发生于 1894 年,法国一名犹太军官被诬间谍罪判无期徒刑,经左拉等著名知识分子营救,奋斗了十二年,才使冤狱获得平反。

陈独秀、胡适与《新青年》①

一

在历史层次上，1915 年由陈独秀创办的《新青年》杂志，它的意义及其深远的影响，于中国现代史，大概没有任何其他的刊物，可与相比的。

（一）它代表新文化运动

"五四运动"过后的七个月，孙中山写给海外同志的信中说：此种新文化运动，在我国今日诚思想界空前之大变动。推原其始，不过由于出版界之一二觉悟者从事提倡，遂致舆论放大异彩，学潮弥漫全国，人皆激发天良，誓死为爱国之运动。

文中所谓"出版界之一二觉悟者"，指的是陈独秀、胡适等人，而引起"思想界空前之大变动"的，当然就是指《新青年》的言论了。孙中山虽不是最早对"五四运动"做评价的人，但把《新青年》的言论和"五四运动"，视之为"新文化运动"的，盖始于孙氏。从此以后，"五四运动"（广义的）与"新文化运动"，在一般知识分子的心目中，几为同义。尽管"五四运动"或新文化运动的内涵相当复杂，推动这个运动的，也不是《新青

---

① 编注：本文乃 1997 年 12 月河南文艺出版社出版《回眸新青年》的序文，原题为"《新青年》的再读与再思"。

年》一家,但"推原其始",仍以《新青年》最具代表性。作为历史见证者,孙中山的看法是很可信的。

(二)它发动文学革命

文学革命乃新文化运动一个重要的组成部分,开始时虽遭到旧派文人与学衡派的反对,但那毕竟是一个群众运动勃起的时代。白话文正因时代的需要,经由学生运动和群众运动,很快便传遍全国各大都市,仅仅在1919这一年中,就出现了四百种以上的白话报。在20世纪的历史上,由"五四运动"中出现的几个意识形态之间,始终争议不断。唯有文学革命中所提倡的白话文运动的成功,是少有异议的。这个运动酝酿于胡适留学美国期间,第一篇文章《文学改良刍议》,发表在1917年1月的《新青年》上,态度很和缓,他只希望把问题提出来,供大家一起来讨论。可是这篇文章一到陈独秀手上,立即触动了文学革命的灵感,于是"甘冒全国学究之敌,高张'文学革命军'大旗",随即发表了火力强大的《文学革命论》。胡适在美国看到此文,写信给陈:"吾辈已张革命之旗,虽不容退缩,然亦不敢以吾辈所主张为必是而不容他人之匡正也。"独秀的回答却是:"必以吾辈所主张者为绝对之是,而不容他人之匡正也。"从这种地方可看出两人性格上的差异:胡适比较理性,陈独秀则充盈着浪漫的激情。五四时代的思潮,毕竟是既浪漫又革命的。

(三)它促使知识青年觉醒

1915年9月15日,陈独秀在上海创办《青年杂志》(出六期后暂停,因陈氏应蔡元培之邀,赴北大任文科学长,翌年9月1日在北京复刊,易名《新青年》),发刊词说明办杂志的宗旨是:"国势陵夷,道衰学弊,后来责任,端在青年。"在前六期中,除第四期外,共发表有关青年的文章十二篇,有高一涵的《共和国家与青年之自觉》,有高语罕的《青年与国家之前途》,还介绍了德国、英国、美国的青少年团。初期的《新青年》,似如鲁迅所说"不特没有人来赞同,并且也还没有人来反对"。迁到北京后,因北大在高等学府中地位崇高,不少教师加入笔阵,从 1917 年开始,文学革命、激烈的抨孔言论、女权问题、宣扬个人独立自主的易卜生主义,以及鲁迅的《狂人日记》等极具争论性的问题,陆续登场,使《新青年》原先仅约千份的销售量,暴增到一万六千,直接受其影响的,当然是北大的学生。

1918 年 11 月,以胡适为顾问,李大钊提供场地,包括傅斯年、罗家伦、徐彦之在内的北大学生(发起人共二十一位),成立了"新潮社",并于次年元月创刊《新潮》杂志。根据傅斯年的回忆:"我们杂志纯是由觉悟而结合的。"他们觉悟了什么?可从创办《新潮》的旨趣看出来:(1)批评的精神;(2)科学的主义;(3)革新的文词。且打出"伦理革命"的口号,可见《新潮》完全是在《新青年》的鼓舞下诞生的。

于《新潮》同时或稍前创刊于北京的杂志,还有王统照、徐彦之、郑振铎等的新文艺刊物《曙光》,瞿秋白、耿济之、许地山等的《新社会》,他们也都是受《新青年》启发的一群年轻人。远在湖南的毛泽东,1918 年初刚由省立第一师范毕业,4 月便和他的朋友蔡和森等,于长沙成立"新民学会"。青年毛泽东爱读《新青年》,也钦佩陈独秀和胡适。

(四)它激发新儒家的兴起

在广义上,当代新儒家是从梁漱溟开始的。梁氏于 1917 年 12 月到北大任教,正值《新青年》抨孔言论风行之时,他就在这不协调的环境和气氛中,开设"孔子研究"的课程,宣扬孔子之道。如果说《新青年》是在造孔子的反,那末梁漱溟是在默默地造反孔之反。他不像学衡派,与抨孔者正面交锋。在呕心沥血的困思中,他超越了"新"、"旧"、"中"、"西"的对垒,把孔子所代表的中国文化,提升到世界三大文明——中、西、印的高层次上加以比较,在比较中,赋予孔学在世界文化中的意义和地位。

梁漱溟在北大时,新派教师(也是《新青年》的主将)陈独秀、胡适之外,有李大钊、顾孟余、陶孟和、鲁迅、周作人、钱玄同、高一涵等;旧派教师有辜鸿铭、刘师培、黄季刚、陈汉章、马叙伦等,皆一时之选,因蔡元培的聚拢包容,群集于北大,真可谓风云际会。梁以仅读过中学的年轻教师的身份,处于高人很多的环境之中,心理上所受压力之沉重,可想而知。但梁漱溟毕竟是一位极富潜力的人物,他当时已充分自觉到,北大确是培养自己的好环境,在此气氛中正可从此收拾精神,向人生的新目标奋进。这一时期,他既非新派,亦非旧派,他的不凡是能把"新""旧"、"中""西"之争所有的刺激,在中国文化出路的思考中,一一转化为生命能量的增进;把原先心理上的沉重压力,在艰苦不懈的努力中,转变为思想的动力,终于写出一举成名的《东西文化及其哲学》,成为儒家在当代复兴的先声。

(五)它是马克思思想极具影响的传播者

在 19 世纪末的中国,马克思的思想,便有一些零星的介绍。20 世纪初出版了几部社会主义的著作,皆由日文翻译。国人较有系统介绍马克思的思想,始于孙中山的信徒朱执信所撰《德意志社会革命家小传》一长文,发表于日本东京创刊的《民报》第二号,那是 1906 年。一直到民国初年,这方面的思想在国内的流传仍非常有限。马克思的思想在中国知识界,尤其是对知识青年产生巨大影响,是从《新青年》开始的。

《新青年》从四卷一号(1918 年 1 月)起,由陈独秀、钱玄同、高一涵、李大钊、胡适、沈尹默等轮流主编(有的书上说鲁迅也是主编之一,不确)。1919 年 5 月那一期,轮到李大钊,他推出《马克思主义研究专号》,内容有:李大钊的《我的马克思主义观》(分上下,下篇载于次期),顾兆熊(孟余)的《马克思学说》,凌霜(黄文山)的《马克思学说批评》,陈启修的《马克思的唯物史观与贞操问题》,渊泉的《马克思的唯物史观》和《马克思的奋斗生涯》,刘秉麟的《马克思传略》。由于《新青年》本是一个自由论坛,因此专号的文章并未一面倒地颂扬马克思,顾兆熊的文章便对唯物史观提出很有见地的批判。

　　1920 年 9 月出版的《新青年》，新辟"俄罗斯研究"专栏，反映了"十月革命"的影响，稍后便出现李达转介《俄国农民阶级斗争史》的文章。从此以后，宣扬马列主义的文章渐多，到 1921 年，终于成为中国共产党的机关刊物。李大钊策划专号，除"十月革命"影响之外，因 1918 年适值马克思百年冥诞，加上出刊时已爆发"五四"学生运动，形成马克思主义传播的极佳时机。

二

　　以上五点，对《新青年》的历史意义及其影响的了解，虽非全面，但已足够说明它在中国现代史上，确已使文化思想的发展进入一新的阶段，也是各种意识形态纷争和大对决的开始。至今虽已经历八十年的风云变幻，但这些意识形态仍在演变之中，纷争仍未停息，因此在思想评价上，往往不免各取所需，各是其是，各非其非，很难做出公平的处理。

　　跳出各自不同立场的偏见，就总体观察，曾有人把《新青年》的文化思想运动，比拟为欧洲的文艺复兴，也有人将它与西方 18 世纪的启蒙运动相提并论。周策纵在《五四运动史》一书中，已指出二者之间的截然不同。十四年前，我在《启蒙运动与当代中国思想发展》一文中说过："中国启蒙运动开始的时期，正是以西方浪漫主义为时代背景，当时中国要求十七、十八世纪启蒙运动的一些元素，事实上却受到十九世纪反启蒙运动的浪漫主义的影响。"西方启蒙运动，不只是反偶像和怀疑精神，它在绘画、音乐、建筑等艺术方面的创造，科学、哲学方面的发现与成就，不是我们"五四"时代的文化思想运动所能比拟的。不过，它呈现的多样性和多层面，也的确有些类似。

　　我在二十六年前所写《现代中国儒家的挫折与复兴》的长文中，曾就"儒家传统与民主科学"、"家族主义与个人"、"礼教与法治"、"定于一尊与多元主义"等四方面，对《新青年》的反儒家言论加以检讨，并提出一些批评。我说："《新青年》的作者群,在思想上所表现的缺点,最严重的是,他们提倡民主、科学,可是在他们的思想和性格上,却具有反民主、反科学的明显倾向。"并指出他们对中西文化讨论,态度之独断,主要在表现强而有力的情绪,以增进战斗精神,这是历史上道统论者对付异端常有的态度,不但引起无谓争端,甚至产生灾害。

　　当年的批评,至今虽仍觉得在道理上是站得住的,但当我对"五四"前后的历史场景,和当时的国内外情势,有了较多的认识之后,不能不说我对他们所承受的压力与苦心,"同其情"的程度是不够的。在书斋中工作,讲求理性已不容易,何况在国势陵夷,整个民族遭受巨大屈辱之时?在风云变幻的历史中,理性所能起的作用是很少的,否则人类的历史为何总是充满着灾难!撰写《改变历史的书》的美国唐斯博士,发现除开自然科学的书之外,那些书大部分都有其共同的特性,即那些作者大多出于不妥协的独立分子、激进派、革命者、宣传家,以及具有狂想的人,他们为了直接向千万人倾诉,书中所表达的思想和意见,往往含有高度的煽情成分。唐斯的发现,对我们了解《新青年》作者群的言论风格和行为方式,是很有帮助的。

三

　　今日重编重印《新青年》,有人会问——特别是对这段历史已陌生的知识青年会问:它对今日中国和未来中国,还有什么意义?或者说还有何启示?

　　第一,《新青年》时代"新""旧"、"中""西"之争,到今天大抵已过去,很少人仍会把"传统"与"现代化"视为不能相容。中西文化的比较与融合的工作,虽然还有长远路要走,但一直在进步之中。更重要的是,在西方优势文化之前,中国学人对自己的文化传统,已建立起自信,可以在平等的地位上与各大传统展开实质性的对话。这样努力的方向与成果,也正是《新青年》作者群所乐见。过去我们谈论"五四"时代的言论,不免过分关注其中的全盘西化与反传统，其实《新青年》到中期，他们对自己的言论已进行反省，最具代表性的，是第七卷一开始（1919 年 12 月），便发表代表全体社员共同意见的《本志宣言》，主张"综合前代贤哲、当代贤哲和我们自己所想的"，和"对于世界上各种民族，都应该表示友爱互助的情谊"，不再是"全盘性的反传统"，而只是"不得不抛弃因袭的文学、道德中不适用的部分"；不再是全然的独断，而是"宁欢迎有意识、有信仰的反对"。虽然我们不敢说后来的努力，与《新青年》当年的这个宣言有何直接的关联，但不能不相信，合理的精神总是相通的。当然《新青年》时代所发动的新文化运动，尚未完成，今日我们面临的新挑战与新情势，是如何在经济发展的同时，继续推动新文化。文化的重建，比发展经济要困难得多。如何使"批判的继承，创造的发展"以及"创造的转化"不流于口号，如何在人类文明的竞赛中做出创造性的贡献，有赖于我们和下一代、再下一代持续不懈的耕耘。

第二，《新青年》宣言，还有一重要的涵义，即它代表一种有国际气息的理想社会主义和自由主义的混合思想，这一点周策纵早已看出。萧公权于 1947 年 8 月，有《二十世纪的历史任务》一文，发表在《世纪评论》上，就曾指出自由主义为西方 18 世纪的特殊贡献，社会主义为西方 19 世纪的特殊贡献。因此他揣想，20 世纪的可能贡献不是创造一个崭新的主义或政治运动，而是兼采自由主义和社会主义之长，调和二者的特殊贡献，使之成为一个集成合美为人类造福的生活体系。大家都知道，《新青年》前后最强烈凸显的两种意识型态，就是自由主义和社会主义。可惜在"五四"时代以后，这两种意识形态，不但对立，简直是水火不能相容，这当然与这两大思潮，在 20 世纪把人类分为两大阵营的世界情势是分不开的。不过在两大阵营的对垒时代，西方有些国家，已在吸取社会主义之长，在从事改革；最近若干年，那些标榜社会主义的国家，也已形成采取自由主义某些措施的趋势。这种趋势到 21 世纪，势必更加明显。《新青年》在现代中国，的确制造了许多思想上的纷争，但在这方面他们还是有远见的。

第三,《新青年》的作者们,不论他们的态度如何独断,不论他们的主张是什么,也不论他们在后世的评价如何,我觉得他们多半是敢爱、敢恨、有勇气、有热情的理想主义者。尽管从历史上看,任何时代、任何环境,都可能产生理想主义者,而危机时代产生的几率较大。不过危机并不是唯一重要的因素,理想主义的兴起,往往有大众注目的问题,有值得牺牲奉献的目标。世上能凭个人力量创造时势的绝无仅有,杰出的理想主义者,多半是能掌握时代的脉动,乘势而起。

中国已回到市场经济的路子上来,社会富裕,物质生活大幅改善,已不再是可望不可及的梦想。但在追求经济成长的过程中,我们也失去很多。不要说一般大众,即使知识分子(特别是知识青年),也已快被经济大潮所淹没。就当前迫切要求的社会改革、文化更新这两大目标而言,知识分子已丧失理想,实是严重的危机。理由很简单,不论是了解问题或是解决问题,都需要具有智慧和创新能力的人才,这种人才必定富有理想主义的精神。自古至今,有无数的例子可以证明,要求社会进步和文化创新,理想主义的精神,以及由它激发出来的奉献热忱,永远是最大的资源与动力。回看"五四"时代的理想主义者,对我们能没有一点感应和启示吗?

梁漱溟:一个为行动而思考的儒者①

读梁漱溟的书,或是了解他的思想,先认清下面几点,将会有些帮助:

(1)他不是一个学者型的人物,也缺乏严格思考的习惯,因此观念混淆、表达不够清晰的弊病,随处可见。

(2)他从事学问的态度,不是为学问而学问的,他是因感受到中国问题的刺激,为了要解决这些问题,才追溯到传统的历史与文化。

(3)他对传统文化文献方面的知识极为有限,但他能活学活用,思想不为文献知识所拘限。他对传统的了解,大多是基于个人的生活经验,不纯是思想史或文化史的方式。

(4)他是一个行动的人物,他也是为行动而思考。在行重于知这一点上,他是当代新儒家中最能相应原始儒家精神的人。

(5)他的思想虽不够谨严,但他具有丰沛的思想活力。由于这个条件,使他发掘出许多传统文化的问题。他对这些问题的陈述和指证,对我们了解传统文化,有不少帮助。

一 对传统文化思想的认识

梁先生对传统文化的认知,着重在寻求其特征;然后在众多分列的

① 编注:本文作于 1977 年 5 月,选自韦政通先生著《儒家与现代中国》,台北,东大图书公司 1984 年版。

特征中,再找寻它的总特征;然后再根据这个了解,去解答当代中国文化所遭遇的种种问题——如中国何以没有民主和科学之类。

(一)中国文化的特征

对中国文化特征的讨论,梁先生是把别人的了解再加上他自己的,综合起来共有十四点[①]:

(1)广土众民。

(2)偌大民族之同化融合。

(3)历史长久,并世中莫与之比。

(4)一方面觉得它有无比之伟大力量,一方面又指不出其力量究在哪里。

(5)历久不变的社会、停滞不进的文化。

(6)几乎没有宗教的人生。

(7)家族本位。

(8)缺乏科学。

(9)没有民主、自由、平等一类的要求。

(10)道德气氛特重。

(11)不属普通国家类型。

(12)无兵的文化。

(13)重视孝道。

(14)隐士。

第一特征"广土众民"一大单位的形成,梁先生指出是基于文化的统一,而不是依靠武力。文化的统一,表示这个文化有强大的同化力,故与第二特征互相关联。第一和第二特征又是造成第三特征"历史长久"的主要原因。一言以蔽之,这三个特征的形成,是由于中国文化的

---

① 梁漱溟:《中国文化要义》,台北,正中书局1963年版,第一章。

优越①。

中国文化的优越究竟在哪里，这个问题的回答，也就是对第四个特征的说明。梁先生提出两点：(1)由于宽宏仁让，与人相处易得融合。(2)由于开明通达，没有什么迷信固执②。严格说，我们现在仍无法判断，这两点所说是否正确。梁先生这样说，或只是根据个人的部分观察，或只是依据部分的文化理想。关于前四个特征的讨论，梁先生把重心放在中国文化的同化力这一点上。关于这一点，我们可以根据史实说，中国文化在同化其他民族的过程中，曾大量吸收外来的文化，如印度的佛教和胡人的艺术，是其中显著的例子。另一方面，在蒙古人统治时期，也曾有被同化的危机，这危机引起方孝孺"宋亡，元主中国者八十余年，中国之民，言语、服食、器用、礼文，不化而夷者鲜矣"的慨叹③！这些史实说明中国文化同化是在相对地进行，不足以证明中国文化绝对的优越。所以中国文化能维持悠久和广土众民的大单位，必另有其故，譬如地理环境的特殊，可能就是其中一个重要的原因。

第五个特征是"历久不变的社会、停滞不进的文化"。这个特征和第八特征"缺乏科学"其形成的原因，梁先生认为关键都在中国以道德代宗教而起太早。这里所涉及的几个论点，我看都有问题。所谓"历久不变的社会"，"社会"究竟何所指？如果是指社会的结构，那末我们至多说在汉以后这方面大抵变化较少，不可能完全不变。如果指的是社会的伦理性格，这大抵是可以说它"历久不变"的。也许是指家族团体，那就与第七特征"家族本位"相重复了。至于在汉以后中国文化停滞不进之说，自黑格尔以来，似乎在东西方已成为一种流行的看法。冯友兰的《中国哲学史》，把秦以后的哲学思想概划为"经学时代"，颇助长了这种说法。梁先生在陈述这一特征时，即引冯说作为其论据之一。这种

① 《中国文化要义》，台北，正中书局 1963 年版，第 309—310 页。
② 《中国文化要义》，台北，正中书局 1963 年版，第 315 页。
③ 方孝孺：《后正统论》"正俗"。此外，赵翼《二十二史劄记》"元汉人多作蒙古名"条，亦可参考。

看法是不能成立的。即就哲学而言，因受佛教的刺激而带来的理学新发展，以及佛教因受中国传统哲学影响所创建的禅宗，无疑的，他们都代表哲学的新转进。哲学以外的文学、艺术、科技，在汉以后，都有超迈前代的发展，这是常识，不用细叙。关于以道德代宗教，这只是儒家人本主义的理想，在日常生活里，中国依然有它自己的宗教活动。后来的佛教、道教不必说，即以儒家内部而言，祭天、拜祖、祀孔的宗教活动，和儒家的伦理活动是分不开的。了解这一点，梁先生所说的第六特征"几乎没有宗教的人生"，根本也不能成立。

中国文化的第七个特征"家族本位"，和第十个特征"道德气氛重"，以及第十三个特征"重孝"，这三点密切相关，在和其他文化的对比之下，这的确是中国文化最为突出的地方，这一点目前可以说已得到公认。

第八特征"缺乏科学"，第九特征"无民主、自由、平等一类的要求"，这与中国文化特征无关，因说文化特征，必须是指已显现出来的部分。其余第十一特征"不属普通国家类型"，这大抵是可以说的。第十二特征"无兵的文化"，雷海宗教授首先提出这一点，其实那只是兵制的问题，与文化特征何干？第十四特征"隐士"，中国文化推崇隐士，甚至视不表现者比表现者价值为高，这虽是事实，但它是否具有代表性，或代表到何种程度，仍很难说。列入正史隐逸传的人物，和其他历史人物相较，毕竟只占极少数。

(二)中国文化早熟说

"中国文化早熟"或"理性早见"，代表梁先生对中国文化最根本的见解之一。他认为这个观念，不仅"是我民族历史特征"，且为探究中国文化一切问题中的总问题；不仅可表示中国文化的总特征，且使"此文化不可解之谜"因而"洞见其利病得失之所在"。尚不止此，梁先生对中西文化的比较，实亦以此为基准。

被梁先生认为如此重要的观念，在理论上是否能成立呢？下面我们先考察他自己的陈述，然后再逐一加以检讨。

（1）梁先生说："西洋文化是从身体出发，慢慢发展到心的；中国却有些径直从心发出来，而影响了全局。前者是循序而进，后者是早熟。'文化早熟'的意义在此。"①所谓从"身体出发"，即重视人对物问题，而后发展到心（理性的），是西方文化发端的情形。在中国这方面，照梁先生说，它的发端不重视人对物，而是直接从心（理性的）发。"直接从心发"，也就成为"中国文化早熟"说的第一个论证。

（2）梁先生说："中国文化为人类文化早熟之论，已发之于二十七年前②，当时见解是这样的：古希腊人、古中国人、古印度人，在人生态度上之不同，实为其文化不同之根本。而此三种人生态度实应于人生三种问题而来，即是第一态度适应于第一问题，第二态度适应于第二问题，第三态度适应于第三问题。由于问题浅深之不等，其出现于人类文化上实应有先后之序，从而人类文化表现，依之应有三期次第不同。本来人类第一期文化至今还未得完成，而古中国人在文化上遂从第二问题第二态度以创造去……所以就说它是早熟。"③本此，中国文化早熟的第二个论证是：人类文化的表现，应有三期次第不同，中国文化并未经过第一期，就径跃入第二期，所以是早熟。这是 1921 年时的见解，二十七年后，"见解大致如前未变，说法稍有不同"。所以梁先生接着说："第一问题即人对物的问题，第一态度即向外用力的态度，现在总说作从身体出发。第二问题即人对人的问题，第二态度即转而向内用力的态度，现在总说作从心（理性）出发。"梁先生在同一章中，又举了个例子，他说："譬如我只要把一女子的身体得到手，那是第一问题，不难用巧计或强暴之力得之，这些都是向外用力。如我真想得此女子之爱，那便是第二问题。"第一问题（即第一期）和第二问题（即第二期）分析的结论是："第一期假如可称为身的文化，第二期正可称为心的文化。第一期文化不

①　梁漱溟：《中国文化要义》，台北，正中书局 1963 年版，第 367 页。
②　指旧著《东西文化及其哲学》。
③　梁漱溟：《东西文化及其哲学》，香港，自由学人出版社 1960 年版，第 269 页。

过给人打下生活基础；第二期才真是人的生活。"这个结论，可以补充上述第二个论证。这个论证缺乏充分的理由是显然的，只要指出一点就够了：一个尚未经过第一期给人打下起码的生活基础的文化，怎能算"真是人的生活"的第二期文化？同理，一个尚未给人打下生活基础的文化，又如何能说它"早熟"？值得提醒的是，梁先生心目中的西方文化，是以近代为准的。

（3）梁先生说："何谓从身体出发？又何谓径直从心发出来？……身体为个体生命活动之具，是人类与其他动物所同有的；心在其他动物虽不是没有，但其心思作用大多掩没于其官体作用中，而不易见。独至于人类，官体反应减低，而心思作用扩大，才可说有心。心思作用原有理智、理性两面，这里又单指理性为心，所谓从心发出者，正谓从理性发出。因此，'理性早启'、'文化早熟'，可算同义语。"[①]"理性早启"和"文化早熟"是否是同义语？这与"中国文化早熟说"能否成立，直接相关。我的答复是否定的，理由如下：

一、首先从语意上看，"理性"不等于文化；"早启"的"启"指开端，"早熟"的"熟"，则指完成。因此从语义上看，不能是同义语。

二、就中国历史说，"理性早启"是一事实，"文化早熟"则否。"理性早启"是说中国的先哲们，至迟在春秋时代，就已在人类的原始生命中，体悟出实践理性的一面，并试着企图以自觉的理性去调整人类自身行为中一些不合理的倾向。但这只是少数哲人的智慧，就两千多年的历史来说，亦只有少数知识分子曾有此自觉，并未能贯彻到现实的社会、现实的政治及经济问题中，去解决现实的问题，这就说明早启的理性，并未能落实在文化中普遍实现。从理性的自觉而引发出来的人生理想，对多数中国人而言，始终只是一抽象的理想而已，这意思在梁先生的《中国文化要义》中，也曾不止一次地提到：

（1）"早熟的，常常蕲向虽明，而事实多有不逮；常常只见于少数人

---

① 梁漱溟：《中国文化要义》，台北，正中书局 1963 年版，第 268 页。

之间,而不能普遍于社会;尤其缺乏客观保证,不免于反复"①。

(2)"再深切地来说,'化阶级为职业','修己以安人','心思转向里用'……这一切都有理想成份在内,并不全是事实"②。

(3)"西洋文化从身体出发,很合于现实。中国文化有些从心发出来,便不免理想多过事实,有不落实之病"③。

一种文化理想,既"只见于少数人之间",且"不全是事实",又"有不落实之病",如何能说它"早熟"? 因此,在中国文化中说"理性早启"可,说"文化早熟"则不可。本此,前文第一个论证"径直从心发",只能视作"理性早启"的论证,而不能视作"文化早熟"的论证。

三、梁先生以为"理性早启"和"文化早熟"是同义语,实有不细察之过,在《中国文化要义》中,就有一些句子,很明显地表示这两个词义不能互用。

例一:"理性早见,是我民族历史特征,直从古代贯彻于后世。"④在这一句子里,如将"理性早见"易为"文化早熟"就不通。

例二:"所谓一贯精神非他,即是依乎自力,而非如西洋之必依乎他力。我所云理性早启者,正指此点。"⑤"依乎自力",正"理性早启"之证,而非"文化早熟"之证。

例三:"但我们亦初不否认英、美、苏联在某些地方为先进。即由此先进后进之参差互见,吾人是有中国文化为人类文化早熟之论断。所谓'不露圭角而具有最大之适应性及潜力',则又其所熟在内不在外,在生命本身,不在生活工具之证明。"⑥中西文化既有"先进后进之参差互见",又如何能独说中国文化早熟? 早熟如只是"在内不在外","在生命本身不在生活工具",不正是指的"理性早启"? 早熟之文化,必是内外

---

① 梁漱溟:《中国文化要义》,台北,正中书局 1963 年版,第 293 页。
② 梁漱溟:《中国文化要义》,台北,正中书局 1963 年版,第 248 页。
③ 梁漱溟:《中国文化要义》,台北,正中书局 1963 年版,第 300 页。
④ 梁漱溟:《中国文化要义》,台北,正中书局 1963 年版,第 181 页。
⑤ 梁漱溟:《中国文化要义》,台北,正中书局 1963 年版,第 306 页。
⑥ 梁漱溟:《中国文化要义》,台北,正中书局 1963 年版,第 328 页。

相济、生命本身和生活工具兼成的。

四、梁先生说:"中国人不是同西方人走一条路,因为走的慢,比人家慢了几十里路。若是同一条路而少走些路,那么慢慢地走,终究有一天赶得上;若是各走到别路上去、别方向上去,那么,无论走好久,也不会走到那西方人所达到的地点上去的。"这段是写在《东西文化及其哲学》中的,经过将近三十年的时间,中国人"另走一路"的想法,并未改变:"然而周孔以来,宗教缺乏,理性早启,人生态度遂以大异于他方。在人生第一问题尚未解决之下,萌露了第二问题即第二态度,由此而精神移用到人事上,于物则忽略,即遇到物,亦失其所以对物者,科学之不得成就出来在此。既不是中国人拙笨,亦不是文化进步迟慢,而是文化发展另走一路了。"①梁先生似乎始终未觉察到,中西文化"各自走到别路上去"的想法,与"文化早熟说"是不能相容的。盖说文化早熟,意思实即说,"中国文化比西方文化早熟"。但说谁比谁早熟,必须假定中西文化走在同一条路上;至少,虽发端不同,而终必殊途同归,然后能说。如依梁先生,中国文化是"另走一路",这不等于说中西文化所走的路像是永不相交的平行线?又如依梁先生说,中国文化"无论是走好久,也不会走到那西方人所达到的地点上去的",那么"中国文化比西方文化早熟"一评断,岂不是全无意义?

这一"另走一路"论点的保持,不仅"文化早熟"不能说,同时也与前文第二论证引文中"人类文化的表现,应有三期次第不同"的话相矛盾。这一矛盾,使支持"文化早熟"的第二论证自我否定了。尚不止此,这一论点的保持,势必如胡适在《读梁漱溟先生的〈东西文化及其哲学〉》一文中所说:"若照这样说法,我们只好绝望了。"其实这种悲观的论调,梁先生在《中国文化要义》中,不止一次提到,兹举两个例子:

(1)"盖从心思上中西分途,其文化之后果便全然两样。中国虽于其途尚未大分之时,有科学之萌芽,而当其途既分之后,科学卒以夭折,

---

① 梁漱溟:《中国文化要义》,台北,正中书局 1963 年版,第 283 页。

不能再有"①。

（2）"它（指中国文化）似乎积极于理，而不积极于利与力。然理固不能舍，利与力而有什么表现。卒之，理亦同一无从而积极，只有敷衍现状，一切远大理想均不能不放弃，中国文化多见有消极气味者以此。同时，他亦再没有什么前途"②。

不仅科学"不能再有"，且整个中国文化"亦再没有什么前途"！这一悲观的结论，实是从"另走一路"的前题所推至。试问，一种不能再有科学、且一切远大理想均不能不放弃的文化，又如何能说它早熟？"早熟"是提前完成的意思，它应包括梁先生所说的第一期到第三期的全程。照理说，这个全程，应是人类文化崇高的理想，在现实的历史中，是永远走不完的。在人类文化发展的过程中，各个不同的文化，从不同的起点，向同一目标竞走，因人文的和地理的种种因缘不同，遂有"先进后进之参差互见"，如此早熟又从何说起？

（三）中国文化的根本精神与形上学

梁先生对中国文化另一个重要见解，是关于它根本精神的了解。当他早年从事东西文化比较时，至少曾提出三种不同的观念模式（详见下节），以资比较，根本精神即其一。在与印度和西方的对较之下，梁先生认为："中国文化是以意欲自为调和持中为根本精神的。"③

梁先生对中国文化根本精神的了解，是得之于对形上学的研究，他很敏锐地指出，中国的形上学与西方、印度的全然不同：

（1）问题不同。中国哲学家不讨论一元、多元的问题，也没有唯心、唯物的争辩。古代传下来的形上学，只讲些变化上抽象的道理，不过问具体的问题。照梁先生的了解，中国哲学里的金、木、水、火、土五行，和印度的地、水、火、风也不同，前者是抽象的，后者是具体的、物质的。

---

① 梁漱溟:《中国文化要义》，台北，正中书局 1963 年版，第 293 页。
② 梁漱溟:《中国文化要义》，台北，正中书局 1963 年版，第 301 页。
③ 梁漱溟:《东西文化及其哲学》，香港，自由学人出版社 1960 年版，第 55 页。

（2）方法不同。中国形上学所讲的问题既在变化，则其所用的方法，也必然与西方、印度不同。依梁先生，西方哲学讲具体的问题所用的都是一些静的、呆板的观念，可是在讲变化时就不能适用；中国所用的名词只是抽象的、虚的意味，不但阴阳乾坤是抽象的，就是像"潜龙"、'牝马'本属具体之物，到了中国哲学家手里，也都成了抽象的，若呆板的认为是一条龙、一匹马，那便大错了。因此要认识这种抽象意味，必须要用直觉去体会玩味①。

由于问题和方法的不同，所以当西方形上学遭受批评时，那些批评并不适用于中国，中国形上学也并不因此而动摇。梁先生同时认为直觉的方法，也只能认识到那些观念，不会因此而演出那些形上学系统性的思想，这思想必另有一套特殊的逻辑才能讲明，这是有待我们去发现的。

此所说中国形上学，指的是《周易》。讲《周易》的说法，尽管各有不同，但梁先生以为却有一个为大家公认的中心思想，就是"调和"。照中国形上学的了解，宇宙间没有那绝对的、单一的、极端的、一偏的、不调和的事物。如果有这些东西，也一定是隐而不现的；凡是现出来的，都是相对、成双、中庸、平衡、调和的。凡物莫不在变化中现，所谓变化就是由调和到不调和，或由不调和到调和。一切事物都成立于此相反相成之调和关系中，这种思想早已深入人心，成为中国人所共有的思想，所以也是中国文化根本精神所在。

梁先生的这种见解，对《周易》来讲，也许可以有此一说。但《周易》是一个复杂的组合，它的内容牵涉的方面很广，其中包括本体论、宇宙论、人生论，以及宗教、社会史的材料。在观念方面，它是一个创造的母体，或像是一所宝库。在中国，没有一本书，能包含的像它那样丰富，其中如乾坤、阴阳、刚柔、易简、生生、日新、往复、知几、动静、象数、道器，对后世的形上学有决定性的影响。这些观念，岂是"调和"或"持中"的

①　梁漱溟：《东西文化及其哲学》，香港，自由学人出版社 1960 年版，第 115—116 页。

观念所能一以贯之的？不错，《周易》正如梁先生所说，是一部讲"变化"
的书，但"所谓变化"，是否"就是由调和到不调和，或由不调和到调和"
呢？我们实在不知道这里所说的"调和"与"不调和"是什么意思。如以
"系辞传"所说的变化为例："在天成象，在地成形，变化见矣"，"刚柔相
推而生变化"，"变化者，进退之象也"，"大地变通配四时"，"知变化之道
者，其知神之所为乎"，"一阖一辟谓之变"，"天地变化，圣人效之"，"化
而裁之谓之变"，"通其变遂成天地之文"，"易，穷则变，变则通，通则
久"，"是故变化云为，吉事有祥，象事知器，占事知来"，其中所说变化的
意义就相当复杂，据我的了解，就包含：宇宙生生不息的过程、生生之
德、自然现象、神奇的和突破险阻的力量，以及预见的智慧等。在这些
例子里，没有一个是可以用"调和"或"不调和"可获得恰当了解的。但
这也并不是说，调和的观念，完全与易理不相干，至少在阴阳相和、刚柔
相济这方面是可以相合的。我要指出的是，梁先生想用这个观念去概
括变化的内涵，是不够正确的说法。

　　依照我的了解，梁先生以调和、持中的观念，作为中国文化的根本
精神，也大抵是可以说的，但《周易》不是直接的论据。如果从"中庸"、
"中和"、"和"、甚至"礼乐"这些观念线索去寻找论据，在理论上或许比
较容易。

二　东西文化的比较

　　梁先生研究这方面的问题，正值"五四"新文化运动期。那是一个
"反孔热"的时代，如果他单独提倡孔学，不容易引起注意，但经由比较
的方式提出来，情形就大不一样，因为这是讨论中国文化前途必不可少
的方法。

　　梁先生在《东西文化及其哲学》中，曾提出一系列的比较模式，这些
模式不论其妥当性和有效性如何，也能豁显出一个崭新的研究领域，其
功真可谓不小。这些模式是：

第一,根本精神的不同

西方文化是以意欲向前要求为其根本精神的。

中国文化是以意欲自为调和持中为其根本精神的。

印度文化是以意欲反身向后要求为其根本精神的。

第二,生活态度的不同

向前要求,就是奋斗的态度,这是生活本来的路向。

对于自己的意思变换、调和、持中,回想的随遇而安。

转身向后去要求,想根本取消当前的问题或要求。

第三,思想特质的不同

西洋生活是直觉运用理智的。

中国生活是理智运用直觉的。

印度生活是理智运用现量的。

关于这一系列的论断,在该书出版后的第二年,梁先生就开始"悔悟"了,于是他提出两点修正:第一点是该书第四章讲孔家哲学所谓"中庸"是走双的路的一段话,"现在都愿意取消"。第二点是该书第四章末关于中、西、印思想特质不同的陈述,"不曾说妥当","使许多人跟着把'直觉'、'理智'一些名词滥用误用,贻误非浅","我今愿意一概取消"[①]。

又过了七年(1929 年),他觉到较前"所悔更多",他说:"我在此书中谈到儒家思想,尤其喜用心理学的话为之解释,自今看出,却大半都错了。"[②]尽管他对这本书的内容屡有"悔悟",但他仍相信这书关于东西文化的核论与推测,"有其不可磨灭之点"。在我们看来,这不可磨灭之点,应是在比较研究的方法上。至于内容方面的缺点,1923 年,胡适在前文提到的那篇文章里,就指出该书的根本缺点是在要把这一个很复杂的问题套入一个很简单的方式,因此,笼统、武断,甚至自我矛盾诸种弊病,遂必不可免。胡文指出,梁著只是"主观的文化哲学"。这些批

① 梁漱溟:《东西文化及其哲学》三版自序。

② 梁漱溟:《东西文化及其哲学》八版自序。

评，都很正确。

《东西文化及其哲学》以后，梁先生的主要工作在乡村建设和中国文化，在文化比较工作上，再没有写过较有系统的著作，但这方面的思考并未停顿，在对旧著一再加以检讨后，曾提出一些新的比较模式，下面举两个例子。

第一个例子是以"有对"、"无对"区别中西文化。他说："无对，即中国古人所谓'仁者与物无对'之无对；有对，既与物为对之意。……一切生物，均限于有对之中，而人类则以有对超进于无对。愚向以'向前面要求'点明西洋人态度，亦仅足见意，而未若'有对'之简切。中国一般人自未足以言无对，而其所倾向则在此。……故言中国精神，必举无对乃得也。"①

这是 1930 年时说的话，一直到《中国文化要义》中仍保留着，只是解说有些不同："何谓有对？何谓无对？辗转不出乎利用与反抗，是曰有对；无对则超于利用与反抗，而恍若其为一体了。"②

第二个例子是以心"向内用"与"向外用"来区别东西文化。1937年在一次以"东方学术之根本"为题的"朝话"中，他先提到《中国民族自救运动之最后觉悟》一书里的话："中国文化和印度文化有其共同的特点，就是要人的智慧不单向外用，而回返到自家生命上来，使生命成了智慧的，而非智慧为役于生命。"接着就说："这点是中国学术和西方近代学术的一个分水岭。西洋学术之产生，就是由于智慧向外用，分析观察一切，这就是科学。……但在中国、印度则不如此，它正好掉转过来。"

再下来就是他在《中国文化要义》中对中西文化的区别，这大概已算是他的最后见解。我把该书的一个对照表移列在下面：

---

① 梁漱溟：《焕鼎文录》，台北，地平线出版社 1974 年版，第 270 页。
② 梁漱溟：《中国文化要义》，台北，正中书局 1963 年版，第 268 页。

西　洋	中　国
1. 心思偏于理智。	1. 心思偏于理性。
2. 满眼所见皆物,不免以对物者对人。	2. 忽于物而着重人。
3. 科学大为发达。	3. 科学不得成就。
4. 科学研究与农工商业诸般事业相通、相结合。	4. 把农工商业划出学术圈外。
5. 学术研究促进了农工商业,农工商业引发了学术研究,学术与经济二者循环推动,一致向自然进攻。于是西洋人在第一问题上乃进步如飞,在人类第一期文化上乃大有成就,到今日已将近完成。	5. 学术研究亦留滞于所到地步,农工生产一般经济亦留滞于所到地步,而且学术思想与社会经济有隔绝之势,鲜相助之益,又以加重其不前进。于是中国人在人生第一问题上陷于盘旋状态,在第一期文化上成就甚浅,且无完成之望。

　　这张表中所列的,已较《东西文化及其哲学》为具体而能切入问题。但要把这些论点,经由中西文化内部的细节,一一做系统性的说明,实非易事,梁先生的工作,只开了一个头。继起者做的也不够深入,方法上也不够谨严而有效,有待更多的努力。我们从事文化比较的目的之一,是希望在一个个的个案探讨中,能发现中国文化中的一些发展,何以如此而不如彼的真正原因所在,这样对纠正缺失的工作,才有正确的途径可循。由上表所说,中国在第一期文化上成就甚浅,今后的问题应该是在如何使这方面的成就不断增进,中国百年来的努力,也是在此。若果如梁先生所说,我们在这方面已无完成之望,那末从事文化比较的工作,还有什么意义? 事实上,梁先生对中国文化的前途,怀着很高的愿望,他曾预言:"现在是西洋文化的时代,下去便是中国文化复兴成为世界文化的时代。"[①]试问:将来中国文化,如不能包括梁先生所说的第一期文化那些成就,又怎样能复兴为世界文化? 梁先生是因坚信中西文化走着不同的路,才导致无望的错误结论。

---

① 梁漱溟:《东西文化及其哲学》,香港,自由学人出版社 1960 年版,第 259 页。

三　乡村建设大意

梁先生从事东西文化的比较，和对传统文化的探讨，都是为了要解决中国当前的问题。这是他思考的落实之处，也使他在当代中国乡建运动中扮演一个重要的角色。

乡村的破坏与建设，是梁漱溟思考解决中国问题的焦点。乡村是怎样被破坏的？

第一，由于天灾人祸。第二，由于风气的改变。前者是历代都有的，民国以后只是加深而已。至于后者，那真是遭到三千年来未有的大变局，使维系数千年风俗习惯的社会制度，都连根动摇，而那社会制度，却是那社会里边人人所共循共由的道路。这道路一旦被破坏，势必造成社会秩序紊乱。以前除了在大乱之际，大抵还能保持一个贫而安的局面；现在不但贫穷日渐加深，连安也没有了。这说明近代中国的乡村被破坏，和历史上因战乱而引起的破坏，是不尽相同的。因历史上的破坏，在周期性的循环中，乱了还有复归于平治的一日，而现在却是"一直下去不回头的一种乡村破坏"①。

这种破坏是什么原因造成的呢？是由于西洋人的东来，中国人与西洋人见了面，因为抵不住他的压迫，又羡慕他的文明，遂改变自己去学他，以求应付他，结果学他未成，反把自己的乡村破坏了。

说中国近几十年来的乡村破坏，是受外国的影响，是不错的。但究竟影响了什么？梁先生的话未免太笼统。另一位社会思想家费孝通对这方面问题的认识，就远较梁漱溟为深刻。他说："在中国，现代技术并没有带来物质的提高；相反的，在国际的工业竞争中，中国沦入了更穷困的地步。现代技术所具破坏社会完整的力量却已经在中国社会中开始发生效果。未得其利，先蒙其弊，使中国的人民对传统已失信任，对

---

①　梁漱溟：《乡村建设大意》，台北，文景出版社 1970 年版，第 8 页。

西洋的新秩序又难于接受，进入歧途。"①过去百年来的中西接触，并没有能使中国造成一个工业国家，仅仅不过是西洋工业的市场，于是民族工业被打垮了，乡村的副业被剥夺了，原来就够贫穷的乡村，遂陷于全面的瘫痪。所以要拯救中国的乡村，势必要打退资本主义的侵略。

梁先生思考乡村建设问题时，最值得注意的地方，是他能确认中国的乡村建设，不仅仅是一个生存的问题，也不仅仅是一个技术问题，而是当作一个文化问题来设想的。因此，乡村的破坏，是由于中国文化不能适应新的处境；乡村的建设，实是由于中国文化不得不有一大转变，转变出一个新的文化来。梁先生说："至于创造新文化，那更是乡村建设的真实意义所在。"②由此可知，他的乡村建设运动，是承继着新文化运动建设一面的精神，并提出一个新的方案来。

先看看他对文化的定义。文化有狭义和广义两种：狭义的说是单指社会意识形态；广义的说，则一个社会的经济、宗教、政治、法律，乃至言语、衣食、家庭生活等，通通包括在内。换句话说，所谓文化，就是一个社会过日子的方法。照这个定义说，中国所以要创造新文化，是因为过去那套过日子的方法已失效，不得不要求一个大的转变，转变出一套新的方法来。要怎样转变呢？原则上："一面表示是新的东西；一面又表示是从旧东西里转变出来的。换句话说，他既不是原来的旧东西，也不是纯粹另外一个新东西，他是从旧东西里面转变出来的一个新东西。"根据这个原则，梁先生当然反对"全盘西化"，因为他知道"想让他完全学西洋变成一个纯西洋式的近代国家是不可能的"。他不是国粹主义者，因为他看得很清楚，在西方文化的冲击下，"中国文化将要有一个大的转变"。梁先生所坚持的，是必须护住中国文化的根，然后从老根上生出新芽来。

这中国文化的根是什么呢？

---

① 费孝通：《乡土重建》，台北，绿洲出版社 1967 年版，第 14 页。
② 梁漱溟：《乡村建设大意》，台北，文景出版社 1970 年版，第 18 页。

（1）就有形的来说，就是"乡村"——乡村就是我们中国文化有形的根；

（2）就无形的来说，就是"中国人讲的老道理"——那真有道理的老道理，就是我们中国文化无形的根[①]。

过去历史上的动乱，至多只能影响到有形的根，无形的根，是不大受影响的。百年来帝国主义和资本主义的侵略，以及工业和技术的引入，不但使有形的根遭到彻底破坏，即是无形的根也从根动摇。所以要解决中国当代的问题，已不是单纯的农村复兴问题，同时也是新文化的创造问题。在创造新文化这个问题上，梁先生的基本态度，与民初新文化的人物不同，他认为创造新文化，对固有文化的根，要有信心，相信它经过这次摧毁压迫，经过一番锻炼之后，它的真精神仍会再度显露。"所以我们可以说：中国的老道理，不但能够站得住，并且要从此见精采，开出新局面，为世界人类所依归"[②]。

现在我们已经了解，梁漱溟乡村建设的目标[③]是：

创造新文化，救活旧农村。

他要把这两个目标，透过乡村建设的工作一齐完成，所以实施方案的重点，也是双管齐下：

1. 农民自觉；

2. 乡村组织。

什么叫农民自觉？"所谓农民自觉，就是说乡下人自己要明白，现在乡村的事情要自己去干，不要再和从前一样，老是糊糊涂涂地过日子，迷迷糊糊地往下混，这样子是不成了"[④]！农民如果不能自觉，不能

[①]　梁漱溟：《乡村建设大意》，台北，文景出版社 1970 年版，第 21 页。
[②]　梁漱溟：《乡村建设大意》，台北，文景出版社 1970 年版，第 24 页。
[③]　梁漱溟：《乡村建设大意》，台北，文景出版社 1970 年版，第 26 页。
[④]　梁漱溟：《乡村建设大意》，台北，文景出版社 1970 年版，第 31 页。

起来自救,那谁也救不了农村的。即是政府想要救农村,往往也因对农民缺乏了解,对农民的需要不够了解,方法也不适当,结果反而祸害了乡村。"天下事无论什么都要靠他本身有生机、有活气。本身有生机、有活气,才能吸收外边的养料"①。认识到这一点,才能了解梁先生在实际推行乡治的工作中,何以特别重视教育的原因。因为透过教育才能培养农民的自觉意识,才能掀动他们起来自救的热情。

在乡村组织方面,梁先生说:"天下事无论什么都不是一个人干所能干得好的。如果你干你的,我干我的,大家各不相顾,各不相谋,结果谁也干不成功;必须大家组织起来,也就是说必须大家合起来一齐去干,才有办法,才能干得好。"②一句话,就是要大家同心协力。只有当农民自己能发展他自己组织的时候,对外援的力量,才能加以充分利用。

梁漱溟对中国农村建设的一套构想和实践,在方向上我认为是正确的。农民和农村,是中国几千年来的大问题,也是中国积弱不振和易遭外患的根本因素。中国是一道地的农业国家,百分之八九十的人口,都住在农村,即是不住在农村的,仍然要依赖农村。他们为中华民族数千年的生存,付出最大的贡献,却一直受到不公平的待遇。他们完全处于被动的地位,大部分的时间,只能苟延残喘。圣贤的明训,也只是教他们安贫、知足,做专制王朝的顺民,要他们安于匮乏的处境。结果使占国家百分之八九十的人民,患着严重的政治冷漠症,他们不关心家族以外的世界,政府对他们来说,不过是征粮的衙门,只冀求不扰民就好。这样的一个国家,一旦遇到外患,社会上根本没有抵御的力量,因为广大的人民,在心理上根本无法与国家结成一体。平日没有人去关心农民,没有人积极地去帮助他们解决农村问题,一旦你需要他们的时候,如何能发挥出他们的力量? 这样的一个国家,这样的一个社会,在过去少数民族的侵略已抵抗不住,当近代帝国主义和资本主义,挟着军事和

---

① 梁漱溟:《乡村建设大意》,台北,文景出版社 1970 年版,第 30 页。
② 梁漱溟:《乡村建设大意》,台北,文景出版社 1970 年版,第 32 页。

工业的威势来到中国，如何不使它陷于危亡！

在危亡和痛苦的深渊中，少数知识分子终于有了觉悟，觉悟到农民和农村问题对中国的重要性。在这方面最伟大的先知先觉者，是孙中山先生；梁漱溟也是其中佼佼者。你看他说："中国的国命既然是寄托在农业，寄托在乡村，所以他的苦乐痛痒也就在这个地方了。乡下人的痛苦，就是全中国人的痛苦；乡下人的好处，也就是全中国人的好处。"①这个觉悟，是转变传统历史方向的新起点。只有待中国农民和农村问题得到解决，才能把广大的人民，从心理上和国家安危存亡的命运结合在一起，到那时候，中国才能算是一个新生的国家。

梁先生的乡村建设工作，是一个具有规模、内容又复杂的工作，纵然是在试验，也不是少数人的力量、和地方政府的财力所能负担的。在邹平的试验，仅仅七年，还很难说成败。不过梁氏集团中，毕竟缺乏具有现代知识和技术的人才，所设计的教育，也难免高调而不易收效。尤其在他整套的实施中，忽略了在现代社会里最具影响力的工业和技术的工具。不充分利用这些工具，任何一个现代社会的建设，都难有成功的希望。

四　民主与科学

民主与科学，是民初新文化运动主要的课题。当时的思想领导，都一致认为，中国必须实现民主，发展科学，才能解决当前的问题。民主制度与近代科学，都来自西方，所以领导者主张全力学习西方，使新文化运动具有很浓的西化倾向。

梁漱溟的想法和他们有些不同，下面分两部分来检讨：

（一）民主

梁先生对民主的了解，不是引征政治学上的解释，他是应用通俗的

---

① 梁漱溟：《乡村建设大意》，台北，文景出版社 1970 年版，第 13—14 页。

语言,依据自己的领会来解释。例如他在《中国文化要义》第十二章对
"何谓民主"问题提出的五点是:

(1)我承认我,同时亦承认旁人。我有我的感情要求、思想意见、种
种;旁人亦有他的感情要求、思想意见、种种。所有这些,我都要顾及,
不能抹杀,不能排斥之、灭绝之。——这是第一根本点。

(2)从承认旁人,就发展出"彼此平等"之精神。在团体内,则"大家
平等"。

(3)从彼此平等,就发展出讲理的精神。凡不讲理,而以人力服人
者,都是反民主。

(4)从平等讲理,就自然有"多数人大过少数人"之承认。凡事关涉
众人,就要开会商议,取决多数。

(5)尊重个人自由。——此乃根据第一点而来。

这些了解,大体仍算是不错的。但接着又做了几点声明,不禁令人
怀疑他对民主是否真有了解。他说:"民主是一种精神或倾向,而不像
是一件东西,所以难于斩截地说它有没有";又说:"民主精神总是最先
见于较小的生活圈内,即最先对他'自己人'见出民主精神来……又民
主精神偶一流露并不难,难在恒久";又说:"……但各时各地社会生活
却多不同,因而其所表现者就有出入,又非必五点齐备。如世人所知,
英美与苏联互有短长,即是其例。"民主如果说它是一种精神,它并不只
是一种精神,民主的内容和程序是可以确指的。宪法,议会,合法而公
开的选举,以及人民言论的自由,和政府是否依据宪法向人民负责,这
些有或没有,都有确定的标准可以衡量出来,岂能说"难于斩截地说它
有没有"? 其次,民主的可贵,就在它的"恒久"性,翻云覆雨的政局下,
是谈不上民主的。民主也不能如梁先生所说,先在小圈中表现,然后再
推广,它在一开始,就必须对所有的国民有效的。

最使我们感到惊讶的是,梁先生竟以为英美和苏联,在民主上互有
短长,例如在同书第八章说:"……所以只可说彼此表现不同,互有短
长,亦犹之英国与苏联,此重在政治上之民主,彼重在经济上之民主,各

有其造诣，不必执此以非彼。"试问：所谓民主，能这样划分吗？假如真有什么"经济民主"这回事，在政治没有民主前，它可能实现吗？有一点是我们可以确知的，即权源如只属于少数人，缺乏公平的法律，任何的民主都是谈不上的。梁先生对民主虽是肯定的，但也相信民主有多种，所以他认为："中国非无民主，但没有西洋近代国家那样的民主。"不但认为中国没有西洋式的民主，而且永远也不可能再有。他的理论，仍是由于那个错误的假设，以为中国和西方的文化是走着两条不同的路。

假如真是这样的话，那我们又何必费心血去思考"中国何以未产生西洋式的民主政治"这类的问题？奇怪的是，梁先生不但关心这个问题，且在几本重要的书里，一再大篇幅地在讨论，其中也不乏精辟的见解：

(1)中国何以产生不同西方的民主制度？是因为中国政治的特殊，即是将"政治伦理化"，"政治无为化"，以及"权力一元化"[1]。

(2)是由于中国无阶级。梁先生曾详细说明西洋政治之进步乃由于阶级，结论是："总之，西洋以其为阶级社会，是一个国家，就资藉于其阶级，而政治得以进步。……对照中国，缺乏阶级，不像国家，遂永绝进步之机。"[2]

(3)缺乏集团生活。"近代西洋之所谓民主，要在其人对国家要参政权，有自由权，这是在集团生活中个人地位提高的结果。所以中国之缺乏民主，乃是从缺乏集团而来"[3]。

当然，这些只是对传统中国未能产生民主制度所做的解释。对现代中国而言，更重要的是我们如何能使它早日在中国有健全的发展，这是现代中国问题的重点之一，可是梁先生在这个问题上却缺乏积极性的思考，因为他坚信这是走不通的路，也无视于当时中国政治正试走着这条路的事实。

---

① 梁漱溟：《中国文化要义》，台北，正中书局1963年版，第185—186页。
② 梁漱溟：《中国文化要义》，台北，正中书局1963年版，第193页。
③ 梁漱溟：《中国文化要义》，台北，正中书局1963年版，第305页。

诚然,西方的民主政治并不如理想,说它受资本家操纵,也有相当的真实性。但西方民主政治确实已做到使政权能和平转移,彼此冲突的意见可自由发表,就凭这两点,对人类的历史已有伟大的贡献,因为它断绝了人类史上人为的乱源。中国需要这样的民主,最大的理由也就是在这方面。所谓"经济民主",或如梁先生所说的"中国的民主精神",能解决这个问题吗? 显然不能。

(二)科学

在科学问题上,梁先生的思考是着重在中国何以没有西方近代科学的发展? 他认为有两个问题值得探究:

第一个是中国人讲学问,详于人事而忽于物理,传统典籍讲人事者,盖不止十之九,中国人心思聪明之所用,何以总偏于这一边?

第二个是中国学问虽说详于人事,却非今之所谓社会科学。社会科学还是要应用科学方法,做客观研究。而我们对人事,却是多从道德观点、实用的或艺术的眼光,即在客观叙述中,亦寓有主观评价,纯客观研究百不一见。盖不唯其学问对象偏于一边,做学问的态度和方法也与西方根本不一样。

为什么会这样? 梁先生的答复是:"盖自从化阶级为职业,变贵族为士人,一社会之中,劳心者务明人事,劳力者责在生产,这样一划分,就把对物问题划出学问圈外,学问就专在讲人事了。又所谓务明人事者,原是务于修己安人。从修己安人来讲人事,其一本道德观点或实用眼光,而不走科学客观一路,又是当然了。这是就后二千年历史来说。后二千年社会,伦理本位、职业分途之形势既成,此二千年间中国学术大势即随以决定,此无可疑也。"①

对这个问题,梁先生又进一步指出,中国数千年来所谓学术,大抵是术而非学,换句话说,中国人不能离用而求知。至于造成此种倾向的

①　梁漱溟:《中国文化要义》,台北,正中书局1963年版,第283页。

原因，则是由于中国人理智不申、冷静不足；而理智不申之故，又是因为理性早启。

以上这些见解，论据虽嫌不足，但大抵有参考的价值。事实上，其中说"中国人不能离用而求知"，张东荪和张荫麟等学者曾说过。我在《中国的智慧》"科学与工艺"一节中，也说过类似的话："我认为，不论是过去或现在，妨碍科学成长一个重要而基本的因素，是中国一直缺乏一个理智独立的传统，而希腊哲学对人类最有意义的贡献，恰好就正是在这一方面。柏拉图原打算做个戏剧诗人，但是青年时代遇到苏格拉底以后，改变了他的路向，终使理智战胜诗歌和神话，使理智从感情和直觉中分化出来。自从这种分化，遂奠定了西方'为知识而知识'的传统，也使希腊文明具备了有别于东方文明的特性。"这些可以说是近代科学未产生于中国的内在原因。科学史家李约瑟历来对这个问题的探讨，集中在地理的、社会的、经济的因素，这比较地是属于外在的原因。在外在原因方面，还可以有一点重要的补充，就是政治的因素。在专制王朝里，把持天下者最关心的事，是如何使他的王朝稳定；即使在圣贤的教义里，甚至也有把"安"看得比"养"还要重要的情形。而科学和工艺的发展，势必破坏社会的安与稳，这大概就是历代朝廷绝少积极提倡科技，少数这方面的人才又淹没在民间，成为文化中不入流的角色的重要原因。

五　中国的问题及其解决之道

梁漱溟不只是一个思想人物，同时他也是一个实行家，由于这方面的强烈倾向，使他对中国的问题能从多方面设想。基本的方式上，他追求的是文化意义很浓的社会改造，而政治和经济的改革，则是要经由社会改造一齐完成，最后的目标是在中国文化的复兴。

（一）中国民族自救的最后觉悟

梁先生所了解的中国文化复兴，不只是中国文化自身的复兴，像以往宋、明儒学之复兴原始儒学那样；而是包涵着开辟世界未来文化的使命——这就是他所说的"民族自觉"。他说："所谓从民族自觉而有的新趋向，其大异于前者，乃在向世界未来文化之开辟以趋，而超脱乎一民族生命保存问题。此何以故？以吾民族之不能争强斗胜于眼前的世界，早从过去历史上天然决定了；而同时吾民族实负有开辟世界未来文化之使命，亦为历史所决定。所谓民族自觉者，觉此也。"[①]"民族自觉"的观念，在20世纪30年代末，是富有时代意义的。在此以前，为了解决中国的问题，我们曾尝试过许多不同的方式，不但未见成效，且是"愈弄愈糟"。这些方式，总是"囿于西洋把戏的圈而不能出"，真正应该走的路，反为其所蔽。针对过去的错误，于是梁先生向国人宣称[②]：

(1)我们政治上的第一条不通的路——欧洲近代民主政治的路。

(2)我们政治上的第二条不通的路——俄国共产党的路。

(3)我们经济上的第一条不通的路——欧洲近代资本主义的路。

(4)我们经济上的第二条不通的路——俄国共产党要走的路。

他引孟子的话："归而求之有余师。"认为"如再不赶紧回头，认取自家精神，寻取自家的路走，则真不知颠倒扰乱到何时为止"[③]。所谓"自家精神"，就是"民族精神"或"固有精神"；所谓"自家的路"，就是复兴中国文化。

这些话针对那些企图依赖外力来拯救中国的想法，毋宁都是对的。但强调自家精神，并不一定就要排斥他人的精神；走自己的路，也不必然就是排斥其他的路。民主虽产生于西方，它所解决的问题却不只是西方的，那是人类社会共同存在的问题，这个问题，显然不是我们的"民族精神"或"固有精神"所能解决的。"民族自觉"，是要觉悟到我们在思想和精神上依附别人之可悲与可耻，必须重振民族的自信，加强民族的团结，做自作主宰的奋斗；绝不是因为过去百年来西风压倒东风，一旦

① 梁漱溟：《中国民族自救运动之最后觉悟》，台北，学术出版社1971年版，第96页。

② 梁漱溟：《中国民族自救运动之最后觉悟》，台北，学术出版社1971年版，第94页。

③ 梁漱溟：《中国民族自救运动之最后觉悟》，台北，学术出版社1971年版，第92页。

我们复兴起来，就将还他一个东风压倒西风。梁先生所说"吾民族实负有开辟世界未来文化之使命，亦为历史所决定"的话，我看就含有这种意图。这是夸大狂，不是自信心。为了满足夸大狂，梁先生甚至不惜曲解"民族精神"，他在前引那段话后面接着说："以吾民族精神早超过一般生物之自己保存性，而进于人类所有之宝爱理义过于宝爱生命之性。"[①]如果民族精神是指这个，那么它是子虚乌有的，因为世界上绝没有"超过一般生物之自己保存性"的民族。如果中国开辟世界未来文化之使命，也寄托在这种了解上，也同样是虚无缥缈的。

梁先生以为西方文化所做到的是"一般生物之自己保存性"，而由于中国文化的早熟早超过了这一阶段，所以他反对"苟为生命之保存而不惜吾民族固有精神委于尘土"，这大概又是他坚信"今日已是西洋化的中国民族自救运动之终局"而来的成见。我们反对西方帝国主义，拒绝西方资本主义，并不能因此连带着有利于民族生命保存的那一套也一并弃绝。何况我们的问题，并不在"生命之保存"与"民族固有精神"之间做一抉择，二者之间是相辅相成的。

当然，梁先生并不是象牙塔里的人物，他自然十分了解"民族生命保存"这个问题的重要性，他在《中国问题之解决》中就说："唯有将内部文化补充增高，使其物质与其人渐得跻于外面世界水平线的程度，是其问题解决所必要的功夫。"[②]这话是对的。如果我们在这方面不能赶上世界水准，民族精神就只能表现为一时的义愤，无法达到真正的发挥。梁先生思想上的误失，一是来自中国文化早熟之见，另一方面则是由于民族深沉的挫折而激起的盲自尊大感，因而导致拒绝西方之路。

（二）中国问题之解决

针对这个问题，梁先生提出两点来讨论：

---

① 梁漱溟：《中国民族自救运动之最后觉悟》，台北，学术出版社 1971 年版，第 96 页。
② 梁漱溟：《中国民族自救运动之最后觉悟》，台北，学术出版社 1971 年版，第 182 页。

(1)中国问题之解决的主动力何在？换句话说，靠什么人来解决中国问题？

(2)中国问题之解决的方式如何？是改良，抑或革命？

在中国过去，国家大事一向寄托于少数知识人身上，而最后决定之权则系于君王一人，多数人民完全处于被动的地位。近代由于受外来思想影响，于是有种种革命之说，如梁先生所列举的，有：(1)全民革命说；(2)各阶级觉悟分子团结革命说；(3)农工小资产阶级(或小市民)联盟的革命说；(4)被压迫民众的革命说；(5)有产者革命说；(6)无产者革命说。梁先生批评道："上列各说，有的不能令我们满意，有的我们认为错误。"①他认为错误的是"有产"、"无产"之说，这根本不适于拿来解释中国的社会。依梁先生的看法，中国社会只有都市与乡村之别，其中"乡村居民的痛苦，表现中国问题的灼点"。所以要解决中国问题，必须从乡村着手，因为"离开乡村，即离开民众"②。

从中国历史上看，知识人与乡村居民之间，这两个动力，一直是互相乖离，上下不相通。在下层的动力不免盲动而无益于事，在上层的动力又因对问题缺乏了解而秉虚见以从事。结果是：(1)搔不着痛痒；(2)背叛民众③。

这是真知灼见，的确道出了中国历史上一个严重的问题。了解到这一步，梁先生很有信心地对第一个问题提出答复："我敢断言，如果这上层动力与下层动力总不接气，则中国问题永不得解决。"④如何才能接气？那要上层主动去接引下层，使革命的知识分子到乡间去，与乡间人接近而浑融，"要使乡间人磨砺变化革命知识分子，使革命知识分子转移变化乡间人"⑤，最后要达到二者之间没有分别。

---

① 梁漱溟：《中国民族自救运动之最后觉悟》，台北，学术出版社 1971 年版，第 180 页。
② 梁漱溟：《中国民族自救运动之最后觉悟》，台北，学术出版社 1971 年版，第 188—189 页。
③ 梁漱溟：《中国民族自救运动之最后觉悟》，台北，学术出版社 1971 年版，第 189 页。
④ 梁漱溟：《中国民族自救运动之最后觉悟》，台北，学术出版社 1971 年版，第 189 页。
⑤ 梁漱溟：《中国民族自救运动之最后觉悟》，台北，学术出版社 1971 年版，第 190 页。

如果这就是梁先生乡村建设运动的基本旨趣，那末其中实蕴涵着一场最彻底的变革——这改革的重心，在要求中国人全人格的改造，这就必然要改变价值观和人生观。这些如果改变了，则传统社会所依赖的规律，也就很少能不变了。所以梁先生对第二个问题肯定地说："中国问题之解决方式，应当属于革命。"①这是实现上述理想必然的要求。

(三)理想的社会

由前文第三节，我们知道乡村组织，是乡村建设最重要的工作之一；现在又可以知道，乡村组织所以重要，是因为它是达到理想社会的途径。

什么是理想社会呢？梁先生所说的理想社会，就是社会主义实现的社会。基本上这个社会在经济方面要做到生产与分配的社会化。它成功的条件，系于进步的生产技术，因为：

(1)理想的社会，就是"社会掌握生产手段的社会"。在生产技术落后的社会，技术都分散在个别的家庭里，大部分都不过是家庭副业，生产社会化不但不可能，也根本无此必要。等到技术进步，开始大规模生产的阶段，才需要把生产手段交给社会，于是人无私产，生产成果则公平分配。

(2)理想的社会是没有阶级的社会。要使社会没有阶级，必须使大家都同受相当的教育。要想大家同受教育又还有饭吃，那必须生产技术进步到很高很高，人力用的很少，物理的动力(汽机、电机等)用的很普遍才行②。

为什么理想社会必须是社会主义的实现？从现实社会看，梁先生认为一切罪恶的源泉，都在财产的私有。财产私有造成严重的贫富不均，一方面生产过剩，一方面挨饿的人还是很多，个人生活得不到保障，

---

① 梁漱溟：《中国民族自救运动之最后觉悟》，台北，学术出版社1971年版，第191页。
② 梁漱溟：《乡村建设理论》，台北，文景出版社1971年版，第289—290页。

人人都有危险。资本主义的社会就正是这样的社会。在这种社会制度下，一面制造罪恶，一面更妨碍人类美德的发挥。必须推翻资本主义的社会，解除生存竞争的压迫，使生产不复商品化，人们心理不复商业化，人人才得本着志愿兴趣以发挥优美的个性及创造的天才。

社会主义在克服资本主义种种的缺陷之后，又将是怎样的一个社会呢？梁先生说："社会主义之所以好，就是在那个时候的人类社会，大家能站在一个立场上，来共同对付自然界，而减除人对人的竞争。也就是说，人类的生存问题，由社会解决，而不由个人自谋。换言之，即对个人的生存问题，有社会来做保障，不像现在这样在经济上各自为谋，甚至于人与人为仇为敌。"①

梁先生在描述了理想社会之后，同时也说明了"到理想社会之路"。这条路中西是不同的：

第一，西方国到达理想社会，是先有高度的生产技术，而后再要求社会组织的合理。在中国，由于眼前的形势不同，需要"两面同时地、辗转地相携向前进，不能分开"。

第二，在西方一些国家，似是由国家负至大的责任，地方社会则仅负较小的责任。中国的情形将相反，国家仅负较小的责任，而由地方社会负较大的责任。在这里，梁先生对国家（完全与社会对立，显然把"国家"与"政府"混淆）采取不信任的态度，以为中国社会问题的解决，要靠社会自身发生作用②。

当梁先生把社会主义作为理想的时候，那正是 20 世纪 30 年代相当流行的思想，也就是在这一时期，中国知识分子普遍地对民主政制丧失了信心。梁漱溟的思想，在许多方面表现了他的独立思考和独立判断，但他仍不能跳出 20 世纪 30 年代的"意见气候"，他对社会主义的种种，只想到它的理想性的一面，根本缺乏批评的眼光。对民主政制，则加以

---

① 梁漱溟：《乡村建设理论》，台北，文景出版社 1971 年版，第 285 页。
② 梁漱溟：《乡村建设理论》，台北，文景出版社 1971 年版，第 291 页。

盲目的排斥。距今又四十多年了，梁先生且已生活在一个社会主义的社会里二十八年，假如他仍能保持当年的思想活力，我想他很有资格像吉拉斯那样，写一本《不完美的社会》的新书，用亲身的经历，为社会主义提出历史性的见证。

论晏阳初的思想与人格[①]

 1981 年，我读完吴相湘教授的《晏阳初传》，曾写过一篇《农村改造的实践者：晏阳初》，主要在宣扬这一史无前例的改造运动，以及它所表现的精神。1983 年，晏先生九十华诞，我为《中国论坛》策划了一期庆祝专号，在专号里，我又写了篇《晏阳初农村改造的思想》[②]。这篇文章主要指出晏先生的思想，是由儒家的民本思想、基督教的《圣经》、科学方法、民主思想等四部分所组成，并就这四部分分别说明：（1）民本思想为乡村改造运动提供了最高的原则；（2）《圣经》所启示的基督精神，为这个运动主要的动力来源；（3）科学方法是解决农村问题的有效手段；（4）民主则代表这个运动在现代中国所要达成的间接目标。从指涉的架构可以看出，这是一篇顾及整体，但在性质上是属于概论性的文章。

 本文是希望在上述二文的基础上，再深一层写篇专论，主要观点是放在"创造性"上。处理的方式，想试用思想史家提出的"创造转化"，和人格心理学的"自我实现"，将晏先生的思想和人格这两方面的创造性予以凸显。

---

① 编注：本文为作者 1990 年 5 月参加河北石家庄举行的晏阳初国际会议的论文，选自韦政通先生《立足台湾，关怀大陆》，台北，东大图书公司 1991 年版。本文原题为"'创造转化'与'自我实现'——论晏阳初的思想与人格"。
② 以上两文均已收入《儒家与现代中国》，台北，东大图书公司，1984 年版。

一　创造转化

晏先生的一生,在世界上所获得的荣誉与赞美,不计其数。其中最突出的,是称他为"人类伟大思想家"、"真正哲学家"、"杰出的发明者"、以及"现代具革命性贡献的世界伟人"等,更恰当地说,他应是人类有史以来最杰出的"乡村改造理论的创建者"。这些头衔都具有创造性的涵义,问题是这些涵义究竟指的是什么? 这将是本文所要加以分析并彰显的重点。

我之所以采用"创造转化"这个观念,是因主观上觉得它对上述"创造性的涵义",可以做有效的注释。当然,并不表示这是唯一的可能。晏先生不论是思想和人格,其内涵都相当丰富,如用其他的观念切入,也必可有新的了解和新的发现。

"创造转化"是友人林毓生教授根据 Robert Bellah 对 Creative reformism 的分析,在 1979 年纪念他老师殷海光先生的文章中提出的①。以后这个观念便在台湾、香港以及海外逐渐流行,近年来大陆也有人使用。究竟什么是"创造转化"呢? 据林教授的解释,"那是把一些中国文化传统中的符号与价值系统加以改造,使经过改造的符号与价值系统变成有利于变迁的种子,同时在变迁的过程中继续保持文化的认同"②。可见这个观念主要针对的问题是:如何使文化传统做有效而又具有创造性地发展。其中包涵三个要点:

(1)改造或重组文化思想的传统;

(2)改造后的传统,必须成为有利于变革的资源;

---

① 林毓生:《思想与人物》,台北,联经出版公司 1983 年版,第 418 页。该书有关"创造转化"的讨论,还有第 277、332 页。

② 林毓生:《思想与人物》,台北,联经出版公司 1983 年版,第 332 页。林毓生于去年联经出版的《政治秩序与多元社会》一书中,有《什么是创造性转化?》一文,对这个观念有较详细的解释,可参考。

（3）变革后仍能与传统保持精神上的联系。

下文便以此为参考，对晏先生乡村改造的思想进行考察。

"民为邦本，本固邦宁"，是乡改运动所服膺的最高原则，也是所有成员最基本的信条。此语最早出现于《尚书·五子之歌》，经由先秦儒家（特别是孟子）的弘扬与发展，不仅使"民本"成为文化传统中一个重要的思想符号，也成为儒家所向往的一种崇高的价值。现在依据民主的理论，才能了解到，"民为邦本"的理念，在政治上，只有在民主的实施中才能落实。在传统道德理想主义的儒家，所谓民本，只不过是对人民表达了一种道德的关爱；在专制王权主宰的现实历史中，也至多能做到"得民则威立"①。在这里，获得民心的归向，成为一种工具性的价值，树立君王的威权才是目的。

传统的民本观念，在晏先生的思想中，一开始就是从问题意识出发的。早在1918年他在法国为华工服务时，便已发现中国的各种动乱、专制虐政、贪官污吏横行，主要原因即人民大多是文盲，愚昧无知，任人宰割。"本"既如此脆弱，"邦"国又何得安"宁"强盛②！这一发现，终于使他认识："救国必先救乡，救乡必先救民。"民要如何救？从最平凡的"除文盲"开始，也就是将文盲乡民从识字教育着手进行现代知识普及。这就是后来发展成全球乡村改造运动的起点，传统的民本也就在这里开始落实。

在识字教育的平教运动中，晏又进一步发现文盲乡民们的伟大潜力。他们学习认真，进展也很快，使平教工作的同人信心大增，于是决心经由教育、训练、组织他们，让他们发挥出应有的力量，并引导这股力量去改造农村、改善生活。晏的"培养民力"、"改造农村"便是由传统的"民本"转化而来。同时他认为，如果不从此下手，所谓民族自救、民族改造，恐怕都是缘木求鱼。可见他深信业经改造过的观念，将成为有利

---

① 管子《形势解》："人主，天下之有威者也，得民则威立，失民则威废。蛟龙待得水而后立其神，人主待得民而后成其威。"

② 以上见吴相湘：《晏阳初传》，台北，时报文化出版公司1981年版，第846页。

于中国变革的重要资源。经由变革或改造后的民族，因改造的方法不是抄袭外国人的，而是一点一滴由实地的工作体验中创造出来①，自不致发生文化认同的问题。

1925 年 10 月，在江苏无锡教育学院召开乡村工作讨论会第三次大会，晏先生以《乡村运动与民族自救》为题，发表演讲，他说："乡村运动是民本的，建设是包括科学的技术和内容。把科学研究的结果带到乡间去，与农民发生关系，养成农民运用科学的习惯，使农民生活科学化，实属迫切之图。其次，现在需要一套乡村改造的办法，装入制度里，大规模的推广出去，这就要从亲民政治的地方自治入手。"②乡村运动虽是民本的，但改造却不是沿袭传统的老办法，而是要把科学的泉源引入农村，以养成农民运用科学的习惯，使他们在切己的问题上，就能凭藉科学方法和技术去加以解决，这样才能真正"培养民力"。由此可知，传统的民本思想，是经由科学技术把"民"本身也要加以改造，也就是"使农民生活科学化"，才能进一步落实在乡村运动之中。其次，在河北定县（现改为定州市）实验期间，负责公民教育的部门，就已着手研究，怎样才能使传统亲民政治的地方自治，进步成现代化的中国民主，希望由自下而上的方式，为中国的民主政治建立起坚实的基础③。这是如何运用优良传统、促进中国现代化变革一个很好的例子。

乡村改造的直接目标，虽然不是民主政治，但晏认为平民们既已学会自己办理学校、现代农场、合作社、卫生治疗所，他们自然就有资格和能力来办理自己的县政，自己选举县长，以实验"为民所治"的民主。由"民治"遂联想到美国林肯总统的"民有、民治、民享"，在这里，他很自然而巧妙地引用林肯的名言，扩大了传统民本思想的内涵并赋于现代的涵义，使民本变成有利于变革的新资源，这样不但不丧失原有的精神，

---

① 吴相湘：《晏阳初传》，台北，时报文化出版公司 1981 年版，第 318 页。
② 吴相湘：《晏阳初传》，台北，时报文化出版公司 1981 年版，第 319 页。
③ 吴相湘：《晏阳初传》，台北，时报文化出版公司 1981 年版，第 202 页。

反而使它更加充实①。

前文说过，民本是乡改运动服膺的最高原则，这个原则在运动中不再是抽象的，而是要尽可能贯彻到所有具体的工作之中。被史家称为"空前伟大壮举"的定县实验开始时，第一步就是做当地社会情况的调查。一般学术工作者所做的社会调查，或是为了印证一种社会理论，或是为了建立一种新的学说。而乡改运动中所做的调查，是为了推动乡改工作，所以必须着眼于社会实际的改造，要根据改造的需要，调查事实。因此从事调查的人，除了具备现代社会调查的知识以及方法与技术之外，还必须要顾到中国民间的生活状况，而规划出适合中国情况的方法及技术。如拟一表格，就得特别注意能与农民心理、风俗、习惯相应合，这样才能做到使设计的问卷：你所问的，也是他们所能回答的；他们所能回答的，也是我们所需要的②。从这样的调查设计中，不难发现，他们的工作的确是以民本思想中的"爱民"、"利民"做为工作的指导原则。因为从"利民"出发，自然容易激发农民的热情；因为工作者怀着"爱民"的情怀，自然可获得农民的合作。

像这样一个史无前例的运动，推行起来最困难的恐怕是人才难求。当年定县实验时，晏竟能号召一群在大学任教的高级知识分子参与工作，到今天仍令人很难想像那是一股什么样的力量，使他们放弃已有的地位，牺牲安乐的生活，投身于运动之中。现代的知识分子，在过去叫做"士"。传统的士虽出身于农村，经过十年寒窗，一旦进入仕途，要想飞黄腾达，很少不"曲学阿世"，抛弃自己的理想和价值观的。做了官以后，纵然不鱼肉乡里，愚蠢粗鲁的乡民，在他们的心目中也很少不被鄙视的。近代受过新式教育的知识分子，对乡民的心态，基本上没有多大改变。具有传统士大夫习气的知识分子，要想在乡改运动中成为一个好干部，他这个角色本身也必须经由"创造转化"成为一个"新人"。晏

---

① 吴相湘：《晏阳初传》，台北，时报文化出版公司 1981 年版，第 203—204 页。

② 吴相湘：《晏阳初传》，台北，时报文化出版公司 1981 年版，第 184 页。

称这种改变为"自我革命"，也就是要彻底清除知识分子自满自大的虚骄心理与傲慢态度，并虚心诚意深入民间，向农民学习，接受"再教育"，先做农民的学生，然后才能与农民融洽相处，获得信赖，有效地向他们灌输新知识、新技术①。

乡改运动，对悠久而又定型的农村社会而言，无疑的，带给它的将是一场革命性的变迁。早在1933年，美国新闻记者斯诺（Edgar Snow）在访问定县的报导中，就说晏很像一"革命的十字军人"②。1943年，他也曾被膺选为"现代具革命性贡献的世界伟人"③。"革命"用在晏身上，与近代中国革命家们所说的"革命"，其意义大不相同。他的革命性贡献，主要是对几千年来固有的社会制度、习俗和观念，在和平改造过程中所做的创造性的变革。

创造性在晏，一方面是观念上的，他说："人贵独立创造，不要做他人观念的奴隶。"④乡改运动既无前例可援，因此所遭遇的大半是新的问题，解决新问题就需要新观念，新观念是要靠独立创造的。当然，能选择旧观念加以重组或改造，也是一种创造。观念之外，晏也特别重视乡村工作人才的创造能力，因为解决乡改问题的所有方法，都是一点一滴自"干"中找出来的，缺乏创造力是难以胜任的⑤。

近代中国，在思想观念上强调创造的知识分子很多，晏与这一代许多知识分子相当不同的一点，是在强调创造的同时，还特别重视文化传统的认同。他自幼就是基督徒，成年后又在美国受大学教育，以他的背景仍如此重视认同，是格外值得我们三思的。他的认同并非基于单纯的民族感情，而是因长期接触平民，以及在工作中不断发现、不断反思的智慧中产生。

①　吴相湘：《晏阳初传》，台北，时报文化出版公司1981年版，第170页。
②　吴相湘：《晏阳初传》，台北，时报文化出版公司1981年版，第323页。
③　吴相湘：《晏阳初传》，台北，时报文化出版公司1981年版，第428页。
④　吴相湘：《晏阳初传》，台北，时报文化出版公司1981年版，第790页。
⑤　吴相湘：《晏阳初传》，台北，时报文化出版公司1981年版，第318页。

晏对文化传统的认同，可分三个层次来了解：

（1）个体：1918 年晏在法国教华工识字，晚间上课时，常有工人做了十几小时的苦工，唯恐吃过晚饭再来赶不上读书[1]。这是晏最早在中国平民的身上发现其优良的品性，因而深受感动。后来在抗战期间，决定成立"平民大学"时，遂将"信任平民的卓越品质与一切可能性"作为全体师生的基本哲学（信条）[2]。中国平民的卓越品质，是由传统文化的优良部分铸造而成，所以这是透过个体而认同文化传统。

（2）社会：农村社会的改造，绝不是先入为主地要去破坏原有的社会秩序；相反地，凡事都要照顾到民间生活的状况，并尊重他们的心理和风俗。中国农民虽不识字，但始终尊重读书人，尤其敬仰"教书先生"，平教运动就是运用农民尊师重道的社会心理，去鼓励农民读书识字[3]，这样既有利于运动的推行，又不致破坏对文化传统的认同。

（3）国家：国家认同，自西风东渐以来，一直是很严重的问题。作为上一代知识分子的领袖，晏在这个问题上，表现了他的健康性：他一方面全心全力去应用欧美先进科技驾驭自然的本领，一扫传统那种靠天吃饭、信赖命运的行为——因为这是农村迈向现代化必经之路；另一方面他又不断强调，我们要做一个现代人，但千万不可忘本，不要忘记我们是中国人[4]。

以上整个的分析，主要在说明"创造转化"的确是晏阳初乡村改造思想中一个基本的特色。同时也说明文化传统的"创造转化"，"变革"是不可避免的："创造"是引导"变革"的主要动力；但如果缺乏"认同"，则变革恐怕很难成功。这一点思想上的启示，可提供我们评估中国现代化成败一条很重要的线索。

---

[1] 吴相湘：《晏阳初传》，台北，时报文化出版公司 1981 年版，第 801 页。
[2] 吴相湘：《晏阳初传》，台北，时报文化出版公司 1981 年版，第 457 页。
[3] 吴相湘：《晏阳初传》，台北，时报文化出版公司 1981 年版，第 195 页。
[4] 吴相湘：《晏阳初传》，台北，时报文化出版公司 1981 年版，第 376 页。

二　人的改造

以上一节，主要偏重在思想层次的分析，就这一层次而言，说晏为"伟大思想家"，他可以当之无愧。"伟大"的意义，并非如学术工作者，建立了一套理论谨严的思想体系，而是相对于近代中国的传统主义、西化主义、社会主义等思潮，他无论是对传统的固有文化，或是对外来的新文化，都能谨慎地、批判地、合理地加以吸收，他的确能做到融会中西、推陈出新①。因此，他的思想完全自外于上述的三种思潮，也从不参与他们之间的思想争论。

但是，仅就思想层面，还不足以证明他是一位"杰出的发明者"，以及"革命性的贡献"这一面。要证明这些，就必须进一步深入到从"人的新发现"到"人的改造"这个处处都表现创意的运动中去。当然，"创造转化"已无法说明这个运动的全部意义，不过由下文将可以看出，这个观念在运动推展的过程中，仍扮演相当重要的角色。

在"人的发现"这个问题上，以往的历史书，多半把焦点放在"人的伟大性质"的探讨和表扬，也就是集中在少数能塑造历史并导航人类命运的帝王、军事家和宗教领袖的身上。比较起来，历史家们对广大的平民（农民、苦力）阶层，其重视的程度，实微不足道。可是他们对国家的贡献，正如晏氏所指陈："中国的农民负担向来最重，生活却最苦：流汗生产是农民，流血抗战是农民，缴租纳粮的还是农民，有什么'征'，有什么'派'，也都加诸农民，一切的一切都由农民负担！"②这便是平民阶层亘古以来所无法抗阻的命运。

一般人道主义者，面对这种不公不义的情况，也不过只能表示同情，为他们说几句公道话而已。晏阳初则不然，他年轻时在法国，初与

---

① 有关中国近代面对西方文化冲击不同态度的反应，拙作《中国思想传统的现代反思》一书的第四章《巨变与传统》，有详细的分析，可参考。该书于 1990 年由台北桂冠图书公司出版。
② 吴相湘：《晏阳初传》，台北，时报文化出版公司 1981 年版，第 533—534 页。

苦力朝夕相处,便由他那极富创力的头脑,从华工之"苦"发现华工之"力",从自古以来就被知识阶层鄙视的"苦力"概念中,发现了人类的新天地。这其中蕴藏着无穷的潜力,这种潜力如能有恰当的教育把它发扬出来,他们就能靠自己的力量改变命运。这一新的发现,也就是使他回到国内创办平民教育时,所以要用"除文盲,作新民"为目标的原故。

"作新民"出自《尚书·汤诰》,是一非常古老的观念。晏以"解除苦力的苦,发扬苦力的力",将此一古老观念加以崭新的改造,并将"民"定位于"平民",使得几千年来一向以帝、王、将、相、知识分子为核心的历史,整个颠倒过来;使广大的平民成为历史的主轴、国家的根本,这正是哥白尼式的革命。所谓"革命性的贡献",就当从这里了解。

在近代中国,新民之说,首先由梁启超提出(1902),他根据新思潮批判旧传统,列举中国人做一个国民所缺乏的条件。梁氏《新民说》与晏氏"作新民"之间的差别,恰如吴相湘教授所说,"梁氏只提出什么(What)是应兴应革的,却没有详说'怎样'(How)去做这些兴革的工作"①。这是思想(坐而言)与行动(起而行)之间的差别。晏氏"作新民"的根本就是从行动中悟出来的。"新民"观念经由崭新的改造,已不仅可变为有利于变革的资源,而是使得占绝大多数比例的农民、苦力成为新社会、新国家的主体。因此,知识分子为平民服务,不再是布恩、施惠,只不过是一个救赎的仆人角色。在这里,我们才能了解晏氏铭言:"不是救济,让他发扬"的真义②。

值得我们注意的是:当晏阐扬"作新民"之义时,除了提示如何创新、如何变革之外,还立即注意到在从事"人的改造"时,认同问题的重要。他说:"所谓新,不是那些不同于我国与我民族旧有的,或由东西各国新介绍、新抄袭来的便是新。我们所谓的新,是我国民族自身在原有

---

① 吴相湘:《晏阳初传》,台北,时报文化出版公司 1981 年版,第 805 页。
② 吴相湘:《晏阳初传》,台北,时报文化出版公司 1981 年版,第 844 页。

的生命里创造出来的新生命的新。当我们进行创造时,既不盲从地抄袭外人的东西、固执地保守我国的古董,又不偏激轻视其他各民族的文化贡献、或偏激抛弃我中国民族固有的一切文化成绩。"①对自己的文化传统缺乏认同,就不容易培养人民自动自发的精神,虽然重视创造,却无法凝聚全民的力量。相反地,因认同的断裂,使各色各样的主义或意识形态,在互相斗争中,仅有的一点力量也被抵消了。这是我国百年来活生生的历史教训,也让我们不能不佩服晏阳初的先见和远见。

"解除苦力的苦,发扬苦力的力",毕竟是一条开天辟地的新路,这条路要怎样走下去才能走得通呢? 教平民识字的平教运动只是开端,到定县进行农村改造的实验时,才于"学人与苦力结合"、"农民与科学结合"的万难中,摸索出"四育"连环的具体方案。四育是指:(1)文字教育:由文字教育灌输知识——"知识"就是力量;(2)生计教育:由生计教育增加生产——"生产"就是力量;(3)卫生教育:由卫生教育保卫健康——"健康"就是力量;(4)公民教育:由公民教育促进组织——"组织"就是力量②。所谓连环,是因四种教育的功能是相互依存的:任何一个单项都不能收到预期的效果,必须连环进行,相辅相成,才能对乡村改造获致整体发展的功效③。一般知识分子都知道农民患有贫、弱、愚、私四种病,但没有人或任何机构像平教总会,完全能对症下药,发明一套完整而有效的改造方案:由四大教育,开发四种力量,同时去治理四种病患。定县经验,后来推行到其他第三世界国家,都证明其有效。因此这个方案,不但具有推广的价值,且提供了评估各国社会改造工作缺一不可的四个指标。

由于晏氏的乡村改造运动,是人类从未走过的一条新路,所以步步都是新挑战,随处都是新经验,因而也创造了一些新观念,例如"脑

---

① 吴相湘:《晏阳初传》,台北,时报文化出版公司1981年版,第805—806页。
② 吴相湘:《晏阳初传》,台北,时报文化出版公司1981年版,第534页。
③ 吴相湘:《晏阳初传》,台北,时报文化出版公司1981年版,第212页。

矿"①、"开发苦力的力",就是要开发世界最大最富的脑力资源,因为平民人数最多,潜力无穷;又如"免于愚昧无知的自由"②,晏认为这比美国罗斯福总统的"言论"、"信仰"、"免于匮乏"、"免于恐惧"等四大自由更重要,因为世界上占多数的平民,如不能通过教育发挥他们自身的力量,参与他们自己的建设工作,他们是无从享有四大自由的。创造这些新观念,都是为了平民,使他们能够自信、自尊地站起来,能经由农村改造而达到"人的改造"的目的,使农民占绝大多数的中华民族,发挥新的光彩,并进而贡献于世界。

"创造转化"表现了思想的创新。从"人的新发现"到"人的改造"表现了运动的创新;思想的创新加上运动的创新,一个充满创造力的人格,已跃动在我们的眼前。

三　自我实现

一般而言,所谓"创造人格",是以生命发展为创作的对象,使自己的生命日新、又日新,不断地向身心进步的方向转变③。更简单的定义如英文《韦氏字典》所说,是赋予自己以不平凡的存在④。如何才能使自己的身心不断地向进步方向转变? 如何才能使自己不平凡? 最主要是表现在发现问题和解决问题的能力上。千百年来无数知识分子为何对平民、苦力之苦,皆视若无睹? 为何千百年来少数知识分子对平民、苦力之苦,虽有同情,却没有发现苦力之力? 现在看起来,晏的发现就像牛顿看苹果落地一样稀松平常,可是他们却能从日常平淡的事象中,产生伟大的观念,这就是发现问题的能力。

发现问题只是创造过程的开端。要怎样才能"解除苦力的苦,发扬

① 吴相湘:《晏阳初传》,台北,时报文化出版公司1981年版,第88页。
② 吴相湘:《晏阳初传》,台北,时报文化出版公司1981年版,第431页。
③ 郭有遹:《创造心理学》,台北,正中书局1983年版,第6页。
④ 郭有遹:《创造心理学》,台北,正中书局1983年版,第7页。

苦力的力"，其中有多种可能性的做法，开创平民教育大运动，显然是一种基本而有效的途径。在同一个时期，国内开办平民教育的教育家，不止晏阳初一人，为何其他的平教工作者，未能更向前推进，发展出乡村改造运动？当时从事乡村改造的团体，也不止平教总会一家，为何只有晏领导的团体，能研究发展出四育连环进行的有效方案？在这过程中，他必须面对无止境的挑战，克服重重的难题，因此每一步骤，都表现他对问题解决的创造力。

据我所知，到目前为止，无论是人格心理学、或是创造心理学，所研究的创造人格，其对象多半是属于学术上有杰出成就、和技术上有重要发明者，很少研究到在思想行动两方面都兼具创造力者。盖因一涉及行动层面，所产生的效果与影响力，究竟是属于创造性的还是破坏性的，很不容易评估。不过，研究的对象既然是创造人格，各种类型的创造人格，必有其相似与相同之处。因此，借用它们对创造人格特征的一些描述与晏氏相印证，必可相当程度地增进我们对他性格的认识。

在人格心理学中，讨论创造人格较著名的心理学家，有奥尔堡的"成熟人格"说，有罗杰斯的"充分发挥功能的个体"说，有马斯洛"自我实现的人"的学说①。下面采用马斯洛的学说，是因他对创造人格的内涵的描述，比其他两家更为详备。

所谓"自我实现者"，是指超越任何特定文化的限制，并能使人性和心智充分发展的人②。

据马斯洛的了解，这一类型的人格具备下列十四点特征③：

（1）对现实和环境的认知能力较佳，而且能与之安然相处。晏是一位在人类最艰困的现实和环境中开创事业的人，所以这一点在他只能

---

① 见狄卡波奥原著、庄耀嘉编译：《健康的性格》，台北，桂冠图书公司1981年版，第七、八、九三章。

② 狄卡波奥原著、庄耀嘉编译：《健康的性格》，台北，桂冠图书公司1981年版，第180页。

③ 十四点特征的文字，根据《健康的性格》，台北，桂冠图书公司1981年版，第180—185页；《创造心理学》，台北，正中书局1983年版，第143—144页。

算是最起码的条件。在运动中他必须与各色人等相处。在世界各国，从平民到总统，他都能发展良好的关系。

（2）能接纳自己、他人及自然。美国洛克菲勒基金会副总裁 Mr. Gunn 赞扬晏真是一不平凡的人，因为他结合了理想主义和最大智慧的判断与技巧，安顿自己的位置，很实际地以与农民相处。他与人晤谈时，偶有人批评他的计划太理想，但从没有人怀疑他的诚挚①，正说明了这一特征。

（3）内心自然流露，行为比较率真。晏早年与澳洲传教士史梯瓦特在成都合办辅仁学社，就能与青年群真诚地打成一片②。后来大半生在世界各地为苦力工作，都能与他们相处融洽，就是因为他性格上具备这些特征。为此，曾有人称赞他有"布道家的热忱"③。

（4）遇事以问题为中心，而非以自我为中心；生活有目标，能全心投入自己的工作，甚至达到忘我的地步。晏从到法国为华工服务开始，以后六七十年间，都在发现问题、解决问题的过程中度过。从国内平教运动、乡改运动，以及后来在第三世界各国的推广工作，无不全心投入，始终表现锲而不舍、不屈不挠、忘我奉献的精神。

（5）喜欢独处。晏自早年回国后，由于开展运动，生活十分忙碌，因此格外注重自修。为了强身，每晚十一时以前就寝，一切有节制；为了强心，每晨做祷告；随时利用余暇多思、多计画、多读书，做系统的研究④。

（6）独立自主，不受环境的影响，即使面临许多挫折与打击，也能保持比较快乐且宁静的心境。晏一生从事乡村改造工作，很少依附任何特定的政治势力或机构，就是为了保持运动本身独立自主的精神。在

---

① 吴相湘：《晏阳初传》，台北，时报文化出版公司1981年版，第326页。
② 晏阳初口述、李又宁撰写：《九十自述：早期经验与影响》，见台北《中国论坛》194期（1983年10月25日），第17页。
③ 吴相湘：《晏阳初传》，台北，时报文化出版公司1981年版，第327页。
④ 吴相湘：《晏阳初传》，台北，时报文化出版公司1981年版，第828页。

悠长的岁月中,为工作沥心血、受攻讦、被诬辱,但他志向坚定,从不动摇,"虽千万人吾往矣"①。

(7)能接受并欣赏新奇的事物或经验。他所以选择以平民、苦力为对象的事业,就是因为他能从平凡中看出不平凡处②,他不但发现苦力的力,且体认到苦力的优良品性,所以晏不只是能"接受"、"欣赏"而已,他还能创造新奇的经验。

(8)较常经历神秘或高峰经验(the oceanic feeling);深信某种重要而有价值的事情已经发生,并超然地感到有一种强大的力量。晏一生中曾多次因经费短缺,感到工作难以为继,常常就在这时刻,有意外的捐款汇到。当他决心为苦力献身,当他率领同志下乡到定县展开乡建实验,当国际乡村改造学院的梦想实现,当他的工作在第三世界各国都受到热烈回响,都是他经历"高峰经验"的时刻。

(9)能建立久远的人际关系,对其中的少数人并有深厚的感情。晏一生创办过许多事业,没有久远的人际关系,是建立不起来的。其中有的同志,跟随他工作数十年。

(10)具有民主性格,对人不论其贫富、贵贱、人种,都能一视同仁。这正是晏所以能把他的乡改运动推广到第三世界各国的原因。他不但个人性格上具备这些特征,在国内外创办学校,也一律以民主的方式治校,因他深信民主须植根于教育。

(11)对于方法和目的区分得很清楚,方法总是以目的为依归。对晏而言,平教和乡村改造都只是方法,"人的改造"——把苦力、平民改造成"完全的人"才是他的目的③。

(12)具有大慈、大悲、济世救人的情怀。他被称为"真正的人道主义者"、"为世界永久和平努力的人"、"科学布道人"、"平民之师"、"为农民生活改进的理想与精神,举世无双",在这些来自世界各国的表扬中,

①　吴相湘:《晏阳初传》,台北,时报文化出版公司1981年版,第734、790页。

②　吴相湘:《晏阳初传》,台北,时报文化出版公司1981年版,第828页。

③　吴相湘:《晏阳初传》,台北,时报文化出版公司1981年版,第431页。

都凸显了这一特征。

(13)富有创造性。前文第一节"创造转化",第二节"人的改造",已足以充分说明这一点。

(14)能超越各种对立性而达到统整的状态。在思想方面,中与西、新与旧、传统与现代、儒教与耶教,在许多知识分子心目中是对立的,在晏却完全统合在他的目标之中。在行动方面,一般从事平教者不关生计,从事卫生教育者不关公民训练,晏却能将四者连环进行,使分开的四大教育达成统整的状态。

以上十四点,并非马斯洛实证研究的结果(事实上这方面的研究,技术上仍有困难),它只是一个有经验、有智慧的心理学家,对这一类型人物的综合印象。虽然如此,作为一种学理上的依据,通过这些描述,的确可以使我们对晏阳初的人格,增加许多了解,而不再是一些模糊的印象。不过,马斯洛也特别提醒读者,自我实现的人物,虽具有以上十四项特色,但他们并不是十全十美的"完人"或"神",他们也常有傻笨与毫无意义的举动,他们也有罪恶感、焦虑感、悲哀、自谴,以及内在的冲突①。在主观的好恶上,我虽对晏氏极为崇敬,但并无意把他塑造成完人或神,我之所以未能涉及人性的弱点一面(我深信任何人都不可避免),是因缺乏资料,尤其是我缺乏亲身接触的经验。这次出席会议的人士当中,有不少与他有过共事的经验,我盼望能为我做些补充,甚至纠正我的错误。

四 结语

以上三节的讨论,主要是以"创造转化"与"自我实现"这两个观念作为学理上的依据,探讨晏氏思想和人格的特色。长久以来,晏氏所获得的赞美和荣誉,不计其数,其中有一共同点,即都认为他是一个极富

---

① 郭有遹:《创造心理学》,台北,正中书局1983年版,第144页。

创造力的人物。可是对多数人而言,恐怕仍只是知其然,而不知其所以然。经由本文的分析、讨论,我相信对这方面已提供了较明确的答案。

因为我文章的主旨和结论都相当明显,已没有必要再去重复。最后我想简单地解答一个大家都会感兴趣的问题来结束全文。当然,这个问题不但与前文相关,而且是每一位读了前文的人都可能自然产生这问题:像晏这样杰出的人物,是怎样造就出来的? 主要的条件是什么? 要充分解答这样的问题,是很复杂的,下面只尝试性地提出三点:

第一,文化资产。晏常说,"三 C"影响了他的一生,那就是:孔子(Confucius)、基督(Christ)、苦力(Coolies)①。他把孔子的民本思想经由"创造转化",使一古老的观念成为充满生机的新传统。他信仰基督,主要还不是依赖圣经的文字,而是少年时代,就从两位传教士身上看到基督的榜样,使他的生命产生长远的热能和光亮。这两大传统是他能开创新事业最重要、也是最基本的资源。对晏光辉的一生,从孔子那里得到正确的理念,基督信仰成为他生命动力的泉源,苦力则是他一生矢志服务的对象。

第二,教育。培养人才,教育的环境与教学方法,有相当大的影响。晏自小就接受西学堂的教育,受基督教的熏陶,成年后又在美国著名的耶鲁大学读书。根据教育心理学家拓伦斯(Torrance)的研究,美国教育对学生所奖励的品性主要有:独立思考、好奇、幽默、体谅、勤勉、虚心领教、坚决、自动、诚恳、彻底②。除了独立思考、好奇两项之外,其余的品性大抵也为中国一向所重视,比较不重视的两项,却是培养解决问题的能力所不可缺。晏在这方面高人一等的能力,与在美国受大学教育,必有其相关性。此外,耶鲁大学有清教徒的传统,晏在生活上的自我节制和吃苦耐劳的精神,或与此有关。

第三,天赋。根据《大不列颠百科全书》的说法:"天才应具有由杰

---

① 晏阳初口述、李又宁撰写:《九十自述:早期经验与影响》,见台北《中国论坛》194 期,第 17页。

② 郭有遹:《创造心理学》,台北,正中书局 1983 年版,第 228 页。

出实际成就反映出来的高度创造性,他们的成就应该有长久的价值,而且不应是出身造成的";又说:"天才应有独创性、创造性,能在完全生疏的环境中从事思想和工作,能够独立地为世界做出前所未有的贡献。"①照这样说,晏也相当能符合这个标准。据人类学家葛雷(Gray)的研究,天才的主要标准有四:(1)该人的产品或事业是否在后代继续受到重视?(2)他的工作是否在人文上具有普遍的价值?(3)他是否不受该时代的许多情况所限制而超越时代之上?(4)他对于当代与后代的同行专家具有多少影响力②?衡诸晏的一生,其中(2)(3)两点,今日已可肯定;(1)与(4)之中所言"后代",要由时间去考验;(4)中所言"当代的影响力",早已有具体的事实为证。

---

① 《大不列颠百科全书》第十四册,台北,丹青图书公司1987年版,第343页。
② 郭有遹:《创造心理学》,台北,正中书局1983年版,第240页。

初见冯友兰①

　　我这一次到夏威夷出席国际朱子学会议,行前最希望能在会中见到两个人,一位是来自大陆的梁漱溟,另一位是哈佛大学教授 Benjamin Schwartz。由大会最后寄来的出席会员名单上,梁漱溟和冯友兰的名字旁,都打了虽已应邀但不定能来的标记。梁今年已九十,如不能来,我不会感到意外,不过这可能是我唯一能见到他的机会。

　　7 月 5 日上午九时二十分,台湾、香港地区及日本出席会员偕部分眷属共十九人同机抵达火奴鲁鲁市机场时,大会主席、八十一岁高龄的陈荣捷院士满面春风地在海关检查口迎接我们,第一句话就是:"北京方面的出席会员在前一个小时已经到达。冯友兰来了。"我问:"梁漱溟呢?""他没有来。"

　　火奴鲁鲁海关检查很严,当我们一行全体通过检查,坐大会专车到夏大林肯堂学人宿舍时,已近中午。在入门电梯口,与来自北京的邱汉生、张立文、冒怀辛等人相遇,他们从楼梯走下来,正要进午餐去,陈荣捷为我们一一介绍。

　　下午六时,我们几个由台湾去的差不多同时到达杰佛逊堂楼下的大餐厅,餐厅外绿草如茵,景色幽美,小池塘里养着大金鱼,鱼不避人,悠然自得。刘述先说,方东美当年出席东西哲学家会议,曾在此抓鱼。

① 编注:本文作于 1982 年 7 月夏威夷国际朱子学会议之后,原载 1982 年 8 月 25 日《中国论坛》,选自韦政通先生《思想的贫困》,台北,东大图书公司,1985 年版。

这时候,冯友兰由他的女儿冯宗璞陪伴来到餐厅吃自助餐,刘述先为我们引见,握手。冯着白色旧香港衫,灰旧裤,凉鞋,他的仪表和神态,使我很快联想起钱穆,二人体型也差不多,冯略高,今年都已八十七岁。晚上,陈荣捷看到台湾与北京出席会员之间能自然相处,感到欣慰,表示这也是大会的愿望之一。当我们一行未出发之前,对未来在漫长会期中,要如何与北京方面来的会员相处,心中多少有些疑虑,想不到到了东西文化中心,双方相见都很自然。在以后十多天的会期中,在夏大校园,在会场,在几次的旅游途中,彼此都能欢畅地谈笑,民族的感情自然流露着。

7月7日上午八时半,正式会议揭幕,会中本来邀请台湾的钱穆,北京的梁漱溟、冯友兰三人为特别来宾,仅冯一人到会。钱、梁未出席,但提交了论文。钱的论文是《略论朱子学之主要精神》,梁的论文是《试论宋儒朱熹氏儒家学术上的贡献及其理论思维上的疏失》,冯的论文用英文,题目是《新儒学的一般陈述》。冯在现场,开幕仪式后,第一篇即宣读他的论文,由冯宗璞以英文代读,冯坐在主席台上。文章开头就说三十五年前曾在夏大做访问教授,由于这次会议,使他有机会旧地重游,并看到许多老友。他的论文藉柏拉图的理型论与康德的认识论,讨论新儒家普遍与特殊的问题,认为东方和西方虽为海洋所分隔,但在哲学上却反映出生命中都面对同样的问题。

接着梁、钱的论文由杜维明、余英时分别代读,这三篇文章不在会议讨论之列。徐复观本已应邀宣读论文,不幸于会前不久逝世,大会全体会员曾为他默祷,并由刘述先代读了他论文的一部分。冯虽亲临大会,在中国会员之间,十四天的会期中,朝夕相处,自然有许多话题,但从没有人再提起冯的名字。北京来的会员,他们谈到金岳霖、贺麟仍不断有新作,谈到汤用彤的遗著正由他的儿子整理中,也没有人提到冯。

冯友兰从1923年由美国哥伦比亚大学学成回国,工作勤奋,不断出版新书,二十余年间不但在国内哲学界享誉甚隆,由于他的《中国哲学史》早经他的弟子波德(Derk Bodde)译成英文,因此在西方学界,他也是辜鸿铭、胡适之外最闻名的中国哲学家。每天会后，我们七朋八友，相约到中餐馆聚餐，冯除大会正式宴会之外，每天一日三餐都由女儿陪伴着在杰佛逊堂大餐厅里默默地用自助餐。

7月8日下午，会议程序安排由 De Bary 主持和一些年轻学人讨论"朱熹与宋代教育"，我们可以不参加。中午经由口头通知，来自台湾、北京、香港地区及美国、加拿大、澳洲的中国学人下午三时在夏大哲学系开会，事先虽定了一个"中国哲学的前途与研究方法"的题目，实际上只对研究方法交换了一点意见。会议在一间小会议室进行，到会者包括系主任安乐哲和两位观察员共二十五人。首先由冯友兰讲话，他说在这几十年的人事变幻中，他的哲学观点也不断在变，目前的哲学思想，与其说跟从前的不同，毋宁说是更接近从前的。谈到研究方法，他提到四点：(1)精其选；(2)慎其言；(3)得其意；(4)明其理。他对这几句认为可以供大家参考的话解释了半小时，坐在身旁的女儿一再要他不要讲了，可是老人的话匣子一打开，好像就很难收敛。晚饭时，余英时说：冯的谈话像是教小学生读书。

以后的会期中，每天上午冯都到会场坐坐，偶尔也拿起正在宣读的论文紧贴着眼睛看，自始至终未发一言，每天第一篇论文讨论完，冯就离开会场回宿舍休息。每次当这位老人在我座位旁蹒跚地走过时，我总想着一个问题：将来的历史会怎样评价他？

未来的历史难以预知，倒使我想起当代两位重要的知识分子对冯的批评，一位是徐讦，一位是张君劢。徐认为冯从理学阐发新理学，完全是狭小书房里的产物，以他的《贞元三书》(新理学、新事论、新世训)，想做治国平天下的梦，可谓真不知天下之大。他的书满足一些戴头巾气的、想以儒家兴中国的、一群五十岁以上的书生的欲望。徐讦又很锐利地指出，在抗战期间，冯友兰搞的新理学，实际上是把旧理学用于新功利的一种思想，还是正心修身齐家治国平天下的老调，在社会上是并无新义的。照徐讦看，冯"一点没有思想家的'爱真'、'爱智'的气度，所以也怪不得他以任青年团的什么长以为是在领导思想界了"。冯友兰的真正问题,是五十多年来一直靠得权力中心很近。在人类历史上,从靠近权力中心的知识分子中,很难找到杰出思想家的。

张君劢针对冯《学习与错误》一文,写了《一封不寄的信:责冯友兰》,语气比徐讦更严厉,始而以冯之所学与所行渺不相涉,因而导致朝秦暮楚、翻云覆雨的心理;终则以五朝元老冯道相提并论,认为冯乃"步趋君家前辈之后尘"。君劢说:"足下读书数十年,著书数十万言,即令被迫而死,亦不失为英魂,奈何将自己前说一朝推翻,而向人认罪?徒见足下之著书立说之一无自信,一无真知灼见,自信不真而欲以之信人,则足下昔日之所为,不免于欺世。"张君劢所以痛斥冯友兰,缘于抗战期间冯著《新理学》,曾因君劢之评审,获国民政府教育部学术第一奖。当年被提携之人,而今竟无行若是,不免感到内疚。

不论将来历史如何评价他,他对当代中国哲学史的开山之功,终是要被肯定的。君劢信的最后一句:"颇望一朝之失足不至为千古之恨事,愿足下有自赎于异日。"冯如能从此回到纯学术工作,将《中国哲学史新编》写完,也算是一种自赎了。冯的健康看样子还不坏,毕竟还没有到盖棺论定的时候。

大会闭幕的那天,主席展示了冯友兰亲笔送给他的纪念诗:

> 白鹿薪传一代宗,流行直到海之东;
> 何期千载檀山月,也照匡庐洞里风。

字与诗都不俗,当时我看了这首诗,第一个念头就是:假如三十多年来,冯能韬光养晦,严守学术岗位,今天"白鹿薪传一代宗",可能成为他自己的写照。

中国"学而优则仕"的传统,为读书人开启了功利之门,不知蹧躂了多少有用的人才。这个传统必须打破。

坚毅的魅力

陈荣捷：白鹿薪传一代宗[①]

白鹿薪传一代宗，流行直到海之东；

何期千载檀山月，也照匡庐洞里风。

白鹿原指白鹿洞书院，位于江西星子县东北庐山五老峰下，四山环抱，风景清邃。最早为唐代李渤所居，因从游者众，遂立黌宫。到北宋时，仍负盛名，至南宋渐湮没无闻。朱熹于 1178 年出知南康军，主管南康，正是星子县境，遂重建书院，并撰《白鹿洞书院学规》揭示来学。1181 年陆象山来会，朱子请他到书院为诸生说书，象山以《论语》中"君子喻于义，小人喻于利"为题，讲得全场感奋，"至有流涕者"。有此因缘，遂使诗中"白鹿"成为理学传统的象征。所谓"白鹿薪传一代宗"，是指陈荣捷先生因毕生钻研理学，尤其是朱子学，而成为闻名国际的一代宗师。第二句"流行直到海之东"，是指陈氏在美国讲学六十年，从当年的沙漠中孤鸣，到今天使理学逐渐流行，一生鞠躬尽瘁，奉献于中西文化的沟通。后两句"何期千载檀山月，也照匡庐洞里风"，是言 1982 年 7 月，在夏威夷由陈老（是年八十一岁）一手推动召开的"国际朱子学会议"，以及会中讨论的盛况。上面这首诗，就是冯友兰先生应邀出席会议在会中书赠大会主席陈荣捷先生的。此一传神之作，曾引起多位与

[①] 编注：本文曾载北京《读书》杂志 1995 年 3 月号，原题为"白鹿薪传一代宗：国外弘扬中国哲学六十年的陈荣捷先生"。文末作者附言："本文有关陈荣捷先生生平，是参考陈澄之辑《广东开平陈荣捷先生年谱》（收入《王阳明与禅》），其余则参考陈氏的七部中文著作。"

会学者的唱和。

要进一步了解诗中涵义,有必要对陈氏的生史先有些认识。他是广东开平县人,1901 年在此出生。父名斗南,原业木工,二十七岁时(1881)赴美,在俄亥俄州开设洗衣馆,1912 年返乡,筑宝源坊新居。

荣捷先生五岁于私塾开蒙,十四岁附读于本县之谭氏学堂,十五岁改读广州岭南学堂小学部七年级,十八岁曾参加广州"五四"学生运动,二十三岁毕业于岭南大学(中山大学前身),随即放洋入美国哈佛大学,先修英国文学,翌年改入哲学系。1929 年,二十八岁获博士学位。是年9 月,应母校岭南大学聘任为哲学教授,一年后并兼教务长职。

1935 年秋,陈氏应夏威夷大学之邀,前往讲授中国哲学,不意从此踏入人生新的历程。国内于"七七"事变后,全面抗战,陈遂由访问教授改为专任,至珍珠港事变爆发,夏大暂停,其时中国半壁江山,已蹂躏于日本铁蹄之下,报国无门。旋应美国新罕布夏州常春藤盟校之一的达慕思学院聘为中国文化与哲学教授,直至 1966 年退休。期间,曾任该校文科主任,后又被赠以人文荣誉博士。退休后,各著名大学争聘,终决定前往宾州匹兹堡市彻谈慕女子学院就讲座教授之职,是因此校无须负行政责任,有较充裕的时间从事著作,且校园风气自由,环境幽静清美,酷似岭南与达慕思。任期一延再延,直至 1982 年方二度退休,并被赠予荣誉教授。

除长期任教于达慕思和彻谈慕之外,1947 年后,曾七度重返夏威夷大学暑期教学。此外,与哥伦比亚大学的关系也特深,哥大教授狄培瑞与陈氏,不但维持数十年的友谊,在研究与教学方面也合作无间,毕生为推展中国思想研究的工作,不遗余力。陈氏数度至哥大任访问教授,二度退休后,仍一直在哥大讲授中国思想。1982 年,陈氏回忆,经过数十载的努力,理学所以能在美国逐渐流行,"此中大原动力乃哥伦比亚大学东方思想教授狄培瑞博士,彼之不断提倡与我等三十余年之合作,颇觉有成"(《朱学论集》序)。

除与狄培瑞合作,在中西文化沟通方面,由陈氏直接主持或参与的工作，是经由各种不同的方式，争取一切可能的机会在进行。下面列举其中主要的几项：

（一）1939 年在夏威夷大学任教期间，联同国际哲学界知名人士三五人创设"东西哲学家会议"，到 1989 年，已举办六次。每次集世界哲学家于一堂，专讨论东西哲学。为了可以充分沟通，前三次的会期，有六星期之久。中国哲学家除陈氏之外，胡适、方东美、吴经熊、唐君毅、牟宗三、梅贻宝、谢幼伟等，都曾先后出席。

（二）1949 年，应"美国学术团体联合会"之邀，担任宗教历史巡回演讲，曾在哥伦比亚、康乃尔、芝加哥、多伦多等大学讲中国宗教，强调中国宗教应分民间宗教与文人宗教两个层次，后者以冯友兰、熊十力为例，西方提及熊氏者，此为第一次。这一系列的讲词，旋由哥伦比亚大学出版部刊行，书名《现代中国宗教之趋势》(*Religious Trends in Modern China*)，有德文、日文、西班牙文等译本流传于世。

（三）1950 年起，任"美国学术团体联合会中国思想委员会"委员三年，又任《东西哲学》季刊编委十七年。

（四）1960 年起，连续六年为《大英百科全书》撰中国哲学长篇及儒家、道家、理学等篇。其他百科全书中国哲学部分，几全由其执笔。

（五）1963 年，世界哲学界联合编辑哲学百科全书，共八册，五百万字，以世界哲学权威七十余人为编辑委员。书中特设中国哲学一门，邀陈氏为主编，除自撰中国哲学简史、朱子、二程、王阳明等专篇之外，另请中国旅美哲学专家张君劢、梅贻宝、施友忠、谢扶雅、柳无忌等人，分任其他各篇。外人之重视中国哲学，此为前所未有。该书于 1967 年出版。

（六）1972 年，开始为纽约州教育厅中国哲学宗教计划编大学教材，至 1977 年止。

（七）1974 年，与各大学同行四十八人创立"美国宗教学会"。

（八）1975 年于任哥伦比亚大学访问教授期间，又兼"美国东部理学研究组"主席四年。此组集合美东部各大学讲授宋明理学或相关之科目者,于哥大每月一次,献文讨论。

(九)1980 年当选为"亚洲与比较哲学学会"会长。

在学术上要成为一代宗师,以上的活动只能算是辅助性的条件,其基要条件要靠学术著作的成就。荣捷先生的著作可分为两大类,一是中国哲学经典的英译,一是中国哲学思想的研究。经典英译之书有:(1)王阳明《传习录》;(2)《老子》;(3)惠能《六祖坛经》;(4)《中国哲学资料书》;(5)朱熹编《近思录》;(6)《王弼老子注》(与瑞士 Ariane Rzimp 博士合译并注);(7)陈淳《北溪字义》。值得注意的是,陈氏英译,不只是译文而已。为了推扬中国思想于欧美,为了方便读者,凡与所译之书可能相关而又必要的知识,以及能增进读者对经典有全面了解者,无不悉备。以英译《近思录》为例,除原文六百二十二条之外,有长篇引言详述《近思录》编纂及译注之经过;并选择朱子有关之言,及宋、明、清儒,与朝鲜、日本注家评论共六百余条;另有附录《近思录》选语统计表,《近思录》选语来源考,中、日、韩注释百余种;与后来仿造《近思录》选辑之书二十二种的书目。其艰难犹不止此,于译文中还要做到"有词必释,有名必传,有引必溯其源"。历代哲学家所使用的名词虽相同,但往往赋予不同的涵义,因此有必要随文加以解释。"有名必传"者,是对书中人名,必一一加注其生平。最困难烦人的工作,恐怕是在"有引必溯其源",为了一句引语,有时翻遍千百页,仍未必能找到答案。自 19 世纪中西交会以来,翻译中国经典的学者多矣;在译文之外,而能不畏艰巨,多方面从事学术加工如陈氏者,可谓绝无。一部英译之书,能具有学术价值者,其故亦在此。

在所有英译著作中,规模最大(846 页)、工时最久、影响最广的,是《中国哲学资料书》。此书动念于 20 世纪 40 年代初他仍在夏威夷大学执教时,因有感于西方学界对中国思想的了解仍局限于上古时期,一直毫无进展,故决定编译一部从孔子以前的人文精神的发展,到现代的张东荪、熊十力与冯友兰,把上下数千年中国哲学的源流完整地呈现。编译伊始,他因忙于教学与在美国各地做抗战建国之演讲,时作时辍,延至二十年后才完成。此书自 1963 年出版后,一时佳评如潮,风行欧美各国,至今三十年,无可取代者。

荣捷先生编译此书时,自定以下七项原则:(1)尽量参读各种经典注疏;(2)所有的中国哲学的名词必须加以解释;(3)所有的专有名词如"五常"等,都必须详举其内容;(4)所有引用书籍或论文,均译其意涵为英文;(5)所有地名或人名,均加考证或说明;(6)所有原典之引文,尽量追溯其出处;(7)对经典中若干重要章句,均指出它在中国哲学史上的重要性。以第一项工作为例,仅老子部分,便参考历代注释三百种以上,庄子也超过百种。至于《论语》难解之处,也使历代重要注释并列,一则可使读者知各家见解之纷歧,再则也可知儒家思想之发展。同时,为了使读者得知我国思想之承先启后、古今一贯,而就原典中引文一一溯其源头,就多达九百余条。单单这一项工作,就真不知要花去多少心血,难怪作者自己有时也不免有"海底捞针,无从入手"之叹。中国哲学史料,真是浩如烟海,即使做资料汇编,已是不易,而此书"之选材目的在能使成一家之思想统系",如未对一家思想融会贯通、别具眼力,是做不到的。

英文版的《中国哲学资料书》,近年来在黄俊杰教授支持下,由万先法、杨儒宾、朱荣贵、吴有能诸先生之通力合作,译为中文。中文版书名改为《中国哲学文献选编》,已于 1993 年在台北出版。中文版除将三千余条注文全译外,对古代部分(一至十九章)又增"译注"和"译者案"。增加译注是为了替读古典困难的读者着想。译者案语则多采自陈氏其他著作,使读中文版的读者,较原著更能完整地了解陈氏关于中国哲学的整体见解。一部英译的中国哲学资料书,又再回译成中文,这种例子极为罕见,这当然不只是为了其选材精审,而是因为它的注释具有学术价值。

英译中国典籍之外,他另一类的著作,是中国哲学思想的研究,包括英文与中文。英文的除前文提过的《现代中国宗教之趋势》,选有《中国哲学大纲与附注书目》、《陈荣捷哲学论文集》(此书为陈氏达慕思大学同事陈澄之先生所编,内有中文论文九篇)、《朱子的生活与思想》。
中文的有《王阳明与禅》(此书初版于 1973 年,乃由《陈荣捷哲学论文
集》中抽出单行,在台北再版多次,1984 年重印时,又增加论文六篇)、
《王阳明传习录译注集评》(此书是就英译《传习录》增益注疏而成,书首
又增《概说》一文,略述《传习录》历史、版本与评注,书末则附录《从朱子
晚年定论看阳明之于朱子》一文)、《朱学论集》、《朱子门人》、《朱子新探
索》、《朱熹》。

　　1984 年,荣捷先生在台湾清华大学学生办的"中国思想史国际研讨
会"上,以"海外讲授中国哲学五十年"为题,发表主题演讲。他将自己
在国外弘扬中国哲学的历程分为四个时期:(1)1935—1962 年为介绍中
国思想时期;(2)1962—1972 年为翻译中国经典时期;(3)1972—1982
年为讨论中国哲学范畴时期;(4)1982 年以后为推展朱子学研究时期。
他一生专治中国哲学,在世界各国的会议与专刊上,曾发表中、英、日文
论文一百三十八篇,而朱子学则为一生学术生涯的最后汇聚之点,也使
他的学术成就达到最高峰。1982 年以后出版的四本朱子学研究的书,
共二千零七页,约一百五十万言,绝大部分为八十岁以后所写,其活力、
其勤奋、其认真,为今之年轻学者所不及。

　　第二次世界大战结束后,联合国为增进各国之间互相了解,发起编
联合国丛书,每国一书介绍其历史文化。中国一本由曾在上海沪江大
学任教、战后任芝加哥大学历史教授的 H. F. Mac Nair 主编。1946 年,
陈氏应其邀请,为撰理学与当代中国哲学两章,其中包括朱子思想专
篇,此为陈氏介绍朱子给西方最早之作。1963 年出版的《中国哲学资料
书》第三十四章是《集大成的朱熹》,开宗明义便说:"在中国思想上,除
了孔、孟、老、庄以外,没有人像朱熹产生过这么大的影响。朱子给儒家
一种新意义,数世纪以来,不仅支配了中国思想,即韩国及日本的思想,
亦属如此。"(据中文版译文)1973 年发表《朱熹集新儒学之大成》英文论
文(由万先法先生中译,已收入《朱学论集》)。1991 年为《中国哲学资料
书》中文版写序,他说:"朱子不特集宋学之大成,而亦集中哲全部之大

成。"朱熹在中国哲学史上的地位既如此崇高,这应是他到垂暮之年仍以无比的热情从事朱学研究的原因。

《朱学论集》共收文十五篇,其中不乏为朱学研究开辟新领域之作。如《朱子之宗教实践》一文,即跳出一般宗教思想的讨论,直入日常生活之中,抉发其具体的宗教经验,探讨其宗教信仰对实际行为的影响,以论证朱子"实一最虔敬而富有宗教热诚之人"。儒家之作为宗教,何以与其他宗教不同,此文已有明确的答案。又如《朱子固穷》一文,实是从少人注意的一个特定视角,讨论朱子的道德实践。道德理想能表现在具体生活的言行相顾的道德实践上,才是传统儒家的真命脉。朱子之所以能影响数百年,不完全是因为他注《四书》、倡道统与博学,更重要的是他在具体生活中为儒家理想的实践做了活的见证。《自序》中对内容做了提要之后,他说:"以上诸篇,不敢云有何创见,只是留学(亦教亦学,居美四十余载仍是留)读书所得而已。目的为申述朱子,不在宣传,亦不事辩护。以朱释朱,不用西洋名词或观念,不愿以洋冠洋服加诸朱子也。"这是真正的学术态度,对那些喜以西方观念做比附、喜用西方理论硬套中国思想的人,应有启发,检讨一下是否在不自觉中,仍残留着殖民地心态。

关于朱子门人,已往虽有数种专著,"然皆从夸耀朱门出发,错误百出"。《朱子门人》一书详考朱门弟子,足称门人者达四百六十七人,并从其地理之分布、社会背景、对政权之反应,与程(伊川)门、王(阳明)门之比较,以及对朱学发展之贡献等方面,探讨朱门的特色及其在思想史上的意义。作者自谓"希于研究朱门,别开生面也",毫不夸张。

《朱子新探索》一书长达八百四十页,文一百二十六篇,内容从哲学性的命、体用、天理人欲、尊德性、知行合一等哲学范畴,到日常生活的幽默、酒兴、高歌、世俗信仰,到代表文人素养的墨迹、联语、绘画,也讨论了朱子对妇女的态度,朱子与僧、道的关系,和朱、陆私情,使一般对朱子的刻板印象改观,方面之广,不啻是朱子的百科全书,为朱子研究开无数法门。

《朱熹》一书,乃应我与傅伟勋教授合作主编的《世界哲学家丛书》之请而写,时已八十八岁,而文字表达依旧简明扼要,思路十分清晰,仍保持广征博引、言必有据的一贯风格。全书分思想、事功、交游与传播四部分,共十九章。就内容言,是对其一生的朱子研究做了系统的综述;就研究历程而言,这已是他朱子研究的最后定见。

1977 年,陈氏作诗回顾在美的教学生涯,有"廿载孤鸣沙漠中,谁知理学忽然红"这句。在《朱学论集》序文中自注"所谓廿载,实三四十载。至谓忽然而红,则指此十年来之理学哲学博士论文多篇,理学会议数次,理学专书多本而言,从本书第十五篇《欧美之朱子学》所述可见一斑"。嗣后数年,美国学者每有朱子会议之议,然未见实行。到 1980 年,陈氏当选为"亚洲与比较哲学学会"会长,时机成熟,夏威夷老友、航界领袖程庆和博士又自愿代为筹款(程氏曾负责两次"东西哲学家会议"经费),于是于 1982 年 7 月在夏威夷东西文化中心召开了"国际朱子学会议"。为了使东西方的朱子研究开一新页,陈氏为这次会议付出极大的心力,从决定邀请学者名单,发邀请函,催论文稿,到主持十天的会议,以及会后出版会议论文集(英文版),大部分工作,皆独力承担。

朱子会议有若干特色:(1)东西语言受同等重视,宣读论文皆有翻译;(2)中、日、韩论文,皆由学者自备英译全文;(3)四十位提论文的学者之外,尚有青年学者三十余人,俱为正式会员。老中青三代学者共聚一堂,共同讨论,同游共膳,除二十八场论文发表会,另为年青学者开研习会三次;(4)会中东西人士各半,大陆与台湾学者均为七人(1949 年后首次学术交流),会员来自世界各地,但"会议进行顺利适出乎意料之外"。

在会议论文中,陈氏认为有关朱子之《仁说》、《玉山讲义》,经权,朱子与胡宏,朱子之宗教地位,朱子与教育、书院、乡约,朱子与太极并非朱子中心思想的几篇,确实别开生面。会议期间,陈氏在夏威夷大学大礼堂以英文做了一次公开演讲,既生动又活泼,表情丰富,动作频频,又讲又演,内容通俗而充满趣味,带来满堂欢笑。陈氏在会中为了和冯友兰先生之诗，就原韵也赋了一首："朱学大成皆有宗，鸢飞鱼跃又徂东。中西日韩天国会，恍如梦里坐春风。"（夏威夷有天堂之称）这次会议带给他心灵的愉悦与满足，可以想见。

夏威夷的朱子会议，起了连锁效应，1987、1990、1992 年，在厦门、福建武夷山、台北中研院，都分别召开了国际朱熹会议，陈氏不辞辛劳，每次皆应邀出席，并发表主题演讲。十多年的推展，果然使朱子成为当代显学。他 1992 年来台北时健康已不佳，须轮椅代步，离台时由哥大及门弟子朱荣贵博士随行照料。清晨我独自一人赶赴机场话别，朱博士为我们摄影留念，心想这大概是我们最后相见了。陈氏于 1994 年 8 月 12 日病逝于美国宾州匹兹堡，距九十三岁生日只差六天。陈氏不能算是一流哲学家，但对中学西传的功绩，至今无人能及，也是学术工作者的最佳典范。

王贯之先生与我①

　　王道（贯之）先生是一个真正为中国文化而献身的文化工作者。二十年前在香港创办《人生》杂志，据我所知，是台港两地，唯一不拿津贴、没有经济后台、纯靠私人的力量，维持达二十年之久的一本思想性杂志。《人生》就是贯之的命根子，他为它挨饿、受辱，也为它付出高度的爱心与耐心。二十年来，他全部的精力和心血，都放在这一文化事业上，如今他卸下的这副沉重而痛苦的担子，恐怕再没有人能挑得起来。

一　一身道义

　　贯之先生和我的关系属于文字之交。除了 1960 年夏季他来台参观，我们在同一天里匆匆见了两面以外，再没有私相过从的机会，但我却保留了他给我的五十四封书信。这些信复活了我一部分旧时生活的记忆，也是我这篇文字所依据的基料。

　　在我的一生中，能与贯之先生认识，真是我的幸运，也是我生命历程中的一件大事。1953 年是我生命中第一次起大波澜的年份，我当时在台北一家新闻通讯社当记者，生活浑浑噩噩，除工作便是吃喝玩乐。就在这一年的下半年，我突然对这种靡烂生活厌倦起来，对新闻工作也

---

①　编注：本文为作者在香港《人生》杂志主办人王贯之先生去世后所写的怀念文字，原载 1971 年 3 月台湾《天声》杂志创刊号。选自韦政通先生著《传统的更新》，台北，大林出版社 1981 年版。

丧失了兴趣,曾几度一个人爬上狮头山静想,郑重地考虑到我的前途问题,就在这样的心理状况下,开始读到《人生》。我向《人生》投寄的第一篇稿子,题目是"人生往何处去?",发表在《人生》105 期上,时间是 1954年的春天。我第一次接到贯之先生的来信,是这一年的 2 月 17 日。同年的 3 月,我竟敢不顾一切摆脱了工作,搬到大屯山麓的一间茅屋中住下,决心做一个卖稿为生的文人,而投稿的主要目标,便是《人生》。这是我一生最重大的决定之一。假如没有贯之先生来信的鼓励,假如没有《人生》登我的稿子——从 1954 年起的十年中,我在《人生》发表了几十万字的稿子,文章不论好坏,贯之先生从没有退过我的稿——我能做这样的决定吗? 假如当年没有这些机缘促使我下大决心离开无聊的工作,重新创造一种新的生活,我能像今天这样从事学术思想的工作吗?十八年来,在思想的追求上,我付出过重大的代价,然至今乐此不倦,深庆可以不虚此生,饮水思源,我不能忘怀一身道义的贯之先生。

二　穷人接济穷人

弗洛姆在《爱的艺术》一书中论及友爱时尝说:"友爱,我的意思是指,对任何另外的一个人有一种责任、关怀、尊重和认识的感觉,并且希望促进他的生活。"就我亲身所感受的,贯之先生对我的友爱,每一点都做到了。

1954 年到 1958 年 7 月,这一千多个日子,除了微薄的稿费收入,我没有做其他工作,稿费收入大部分来自《人生》。《人生》是个穷杂志,有时连印费都付不出,可是我的稿费——包括给贯之先生的信在内——却很少拖欠,我就靠着这点若断若续的稿费苟延着生命,住在茅屋里苦读。

我在入山以前,写过一点小说,还没有能力写理论性的文章。所以初期发表在《人生》上的稿子,仍以小说为主。虽写过几篇文艺理论,如《人生的文艺方向》、《谈战斗文艺》、《文艺的时代与永久性》等,都是极幼稚可笑的作品,但《人生》却全部照登,有些观念且深为贯之先生赏识。由于他的勉励,我大胆地写了一本宏扬儒家思想的小说《长夜之光》在《人生》连载。第一次接到部分稿件他来信说:"顷接廿七日来信,对《长夜之光》之命名立意及其布局,虽未窥全貌,已觉甚合《人生》风格,至盼在此中多所用心,冀用作《人生》之示范小说。"此稿连载到中途,又来信鼓励:"《长夜之光》愈来愈进入佳境,您对每一个剧中人的命名之深心(如德、智、儒、法),亦已日渐昭显。回想《人生》所已发表过的小说,曾无一篇能如《长夜之光》之与《人生》的基本精神完全吻合者。如须再加发挥,请不必太过压缩。"当此稿全部杀青,他的来信无异是一总评:"《长夜之光》续稿,有不少地方很令人感动,对崇智之死,我尤深觉不忍。因为就个人来说,崇智有此真诚而深切的觉悟,实应有其自新后的光明前途;就社会来说,如崇德南行车中做梦所隐约反衬的社会背景,所谓法律尊严,本是极富有弹性的,而通敌案即与崇智不相关涉,自不应使无辜者坐受株连。这是我个人读后的一种直觉。同时我觉得最后几节的对话及自白,都是很富有启示性,亦可说是《长夜之光》的主题所在。但用纯文艺的眼光来看,似嫌议论太多,带有颇浓厚的说教色彩。"从文学的观点看,这本小说,无足称道,但可能是中国有新文艺以来,唯一的一部宣扬儒家的小说,这是我十多年后最不能赞同的文学观。我是一个没有文学创作才华的人,我虽写过几十万字的小说,那是因为当时还摸不着其他可发展的路子。1954 年的冬季,我初识牟宗三先生,那时《长夜之光》正在连载,牟先生看了以后,很不客气地告诉我,在这条路上,没有多大的希望。他的话,对我有重大的影响,使我终于有了放弃写小说的念头。如今想起来,如果当年我继续从事小说写作,到现在充其量不过是个三流的小说家。

我虽然有了放弃写小说的念头,可是为了获得每月四百元台币的固定稿费来维持最低的生活,当《长夜之光》刊完以后,我仍毫无选择余地地接着写另外一个长篇《十字岛》。这时候我对思想方面的兴趣,已远超过文学。对文学即已丧失兴趣,写小说自然就更勉强。果然,《十字岛》在《人生》上登了几期以后,终因读者的反应不佳,又遭社中同人的反对而停载。为这件事贯之先生来信说:"同仁对所有不甚为读者所欢迎的文稿,均主张暂停,而兄的《十字岛》亦在暂停之列。《十字岛》情节不紧凑,是读者反应不佳的理由,而其中渗杂不少政治名词和学术名词,则为同仁所常批评为不合者。在此困难期间,弟无充分理由,即不便独行其是,这一点想荷曲谅。兄所预支的稿费,暂欠一时不要紧,过几天我想把兄的存稿《噩灵》(政通案:这是我的另一部长篇小说,原名《天才的悲歌》,由于归兄改为《噩灵》),介绍给一文化机构,看能否换得多少稿费,使兄的生活费有所着落。"小说写不下去了,理论性的文稿又无能为力,在这青黄不接的时期,使我的生活多次陷于绝境。于是贯之先生来信劝我:"兄最好写些读书心得笔记,每期在二千字以内,另用一笔名,藉求泃沫相濡。""泃沫相濡"真是穷人接济穷人的最佳形容,由此也足以看出当年彼此生活的窘迫。不久,我因饥饿病了,在贫病交迫中,不可避免地又拖累着贯之先生,他来信说:"至为兄之生活与健康担心。贫病相连之滋味,为弟素为熟习,日子过得太长,最足以损伤元气,弟近数年来时常卧病,职是故也。前日聘三兄来函,云已垫付一百元,惟未言明是台币抑港币,弟亦想一二日内先汇(或拨)点稿费给兄。在健康不好时,不宜拼命写稿,吾人准备跋涉长途,所恃者惟健康耳。"

《噩灵》这个长篇,在《长夜之光》以前写成,是我最喜欢的一部小说。那时台北印书远不如现在这样容易,为了生活,我写的东西必须卖钱,于是就寄去香港,托贯之先生设法换稿费。他收到我的稿子,先请张丕介先生过目,张先生的评语是:"《噩灵》缺欠具体的背景、固定的性格、谨严的结构,而唯美的才子佳人的浪漫气息颇浓厚。"后来经过多方的奔走,终于把这部稿子送到由丁文渊先生主持的香港文化协会,由文化协会送徐訏先生审查,经徐先生审查认可,但建议若干地方需加修改。不久文化协会停办,送我三百元港币稿费,这本小说至今仍未出版,但三百元港币使我能结清所欠《人生》的稿费。这时候已因在大屯山挨不下去,移住南投一寺庙中,以课读换取衣食,生活才稍稍安定。

从这时候起，我的读书生活才渐入正规。

三 规过劝善

我年轻时代是一个志大言大的狂者，有时甚至流于狂妄，狂妄不容易被他人接受，因为一般人的耐性都很差。具有热爱心肠的贯之先生却始终能容忍着我的狂妄，不吝对我的长处一再加以称许，但也不放过劝善规过的责任。朋友的交往，如果不能发展到这一步，友情的根基总是不深不固的。贯之先生去世以后，我把他的来信检出重读，发觉其中有七封信，曾对我提出批评，对个人而言，这是极为珍贵的。后来我的气质较早年有很大的改变，贯之先生的直、谅，对我是有些影响的。

1959年冬，由徐复观先生授意，我对章太炎和林语堂各写了一篇批评文字。评林的一篇正题是"儒家人文主义的安心立命问题"，副题是"读林语堂《从人文主义回到基督教信仰》一文后的感想"，发表在《民主评论》第11卷第4期。评章的一篇，题目是"评章太炎对中国文化的认识"，在《民主评论》第11卷第9、10期连刊。为了写后面一篇文章，我费了一个冬季的时间读《章氏丛书》。文章写成，曾先由牟宗三先生过目，牟先生认为写的不错。徐先生在此文发表时，曾加了很长的按语，最后几句是："韦君此文，有的地方说的不圆不透，我并不是完全赞成。但由此而指出章氏对中国文化之实无所知，因而他是一个极为有害的国学大师的偶像，这是完全正确而且值得提了出来的。"1961年秋季，顾翊群先生由美国来台湾，到台中约请徐复观先生暨陈问梅、刘述先二兄和我在台电招待所聚宴，席间顾先生说张君劢老先生在美国看到此文，备加赞赏。可是贯之先生对这两篇文章的反应却不同，接连写两封信来批评，其一谓："迩来精神不佳，前读来札及关于章太炎大文所引发之若干感想，今亦不能备述。默察兄之性格，对于唐先生的《我们的精神病痛》（政通案：是唐君毅先生一篇文章，刊于《民主评论》7卷2期，后收入《中国人文精神之发展》一书中），似觉有'芬芳未入心'也。此非谓对章太炎之评核不当,但有不少可省之题外话,适足掩蔽吾兄内在之德性而徒见其才学也。"其二:"前读大文时(评语堂及太炎二先生之文),有一二师友咸谓兄之才学可佩,而德性未显,弟亦同感为美中不足,故随函一进直言。事后自觉过于责行求全,有失厚恕之道,窃自不安。不意,兄乃从善如流,真使弟感动欲泪! 倘能处处闻人谈及'人生师友之与目下之学者、文人,自有其迥然不同者在',其所得精神上之鼓励,实非语言文字可形容也。"

1957 年间贯之先生来信,希望在台诸友能为《人生》出几期专号。我们一共编了两期,第一次专号前面并有牟宗三先生的短文作为引介,每篇文章都经过牟先生的审阅。我在第一次专号里写的题目是"社会风气与道德理性",第二次是"重建学风应有的基本认识"。贯之先生收到第一次专号的文章,来信说:"近三日校对兄等诸大文,不胜敬佩。惟兄文第二段对中国近数十年来之学人、读书人、智识份子之谴责,似不免一笔概尽,有失公允。故在'学人'、'读书人'之上,僭为增加'多数'两字,俾免一竹竿打一船人。每读兄论世诸文,皆若有一全面否定之潜在意识存乎其间,亦尝引此为吾兄才学德性上之美中不足,度兄或不怪其私下直言者也。"今天回想起来,我当年被贯之先生认为"有一全面否定之潜在意识存乎其间",可能不尽属真。我教过几年国文,发觉青年人的文章里,往往总是喜用"一切"、"所有"、"必然"、"一定"、"都是"等独断性的字样,究其原因,显然是由于缺乏逻辑和语言的知识所致,我当年所犯的毛病,也正是由于同样的原因。在中国传统的典籍里,多的是抽象层次很高的词语,古人多比较缺乏逻辑的自觉,因此语气上常不免流于独断。这样的文字,往往表现着浓厚的情绪,不适宜做要求精确性的记述。贯之先生在其他几封批评我的信里,曾提到我的好胜心:"以兄年龄而有如许成就,将来造诣,实为弟所望尘莫及,然在今日实仍有伴随胜心而来的若干疵病。在此时代中论交论道,不敢不捐尽其愚直也。"也曾提到我知病能改:"人非圣贤,谁都不免有若干毛病。兄有承认缺点的勇气,必会将有改正缺点的决心。每一个人只要知道自己的毛病而时自反省克治,其毛病必然会一天一天地减少。兄年未而立,而能有此内观工夫,实在是极可贵极可敬的。"这些信现来读起来,仍使我非常感动。十几年来,我的性格有很大的转变,我的缺点虽不敢说"一天一天地减少",但比当年自问已减少许多,贯之先生对我的不断鞭策,我想是有若干影响的。

四　学术争辩

贯之先生与我的通讯中,有一部分是纯粹谈学问的。1956 年间,我们为了颜习斋(元)和宋明儒学之间的异同问题,发生激烈的争辩,我们往返各写了六七封信都曾发表在《人生》上,为《人生》带来一番热闹。那时候,正是我初次对宋明儒学下功夫,因此对宋明儒学不免先入为主,对颜习斋的思想颇为轻视。贯之先生当年的立论多侧重外王事功一面,也就站在这一立场为颜习斋辩护。

这场争辩以后,引发了我研究清儒思想的兴趣,开始对颜李学派下功夫,后来写成《颜李学研究》一文,长达三万字,在《人生》上连载了四期(从 266 期起),这是我一生中第一篇成型且也有点学术价值的论文。接着我对顾亭林和戴东原,都下了一番功夫,研究的结果写成论文,顾亭林的一篇有三万字,戴东原则写了六万多字,其中的两章曾在《民主评论》发表,一章是《戴东原思想中的一个基本观念:"血气心知"之解析》(《民主评论》12 卷第 4 期),一章是《戴东原"训诂明则义理明"一主断之意义及其限制》(《民主评论》12 卷 14 期)。这几篇论文完成以后,又对清代公羊学派到康有为一系的思想加以了解,结果写成《近三百年思想问题批判》一书。这是我对中国传统思想研究所写的第一本书,书成置诸柜中,一直没有机会出版。等到有机会印书时,我的思想已有大的进展,与原来写此书的基本观念和立场颇有出入,于是这部稿子只好废弃。那几年研读清儒思想的磨练并没有白费,这一步工作使我对近世学术风气的历史背景有了一点了解,使我的思想不致再跌入前人的窠臼,对我后来思想的演进有莫大助益。

五　《人生》杂志的精神

《人生》杂志能靠一对赤手空拳的书生夫妇,维持二十年,关心《人生》和贯之先生的人,一定很想知道,他们究竟凭藉的是什么? 从他给我的来信中,不难看到一点端倪。

(1)"很多师友问我画展成绩或售画收入如何(政通案:有一次,画家吴在炎先生曾为《人生》开画展筹经费,结果收入仅够开支,未能达到筹经费的目的),我答以《人生》的一贯风格是太公垂钓没有饵。所以担忧的倒不是穷苦,而是没有很多好文章,与若干淡泊宁静的宏毅之士,可与茹辛走长途也"。

(2)"兄前信所相勖勉者,其意至善。然社会文化非一人所能办,有不少地方须得仰仗众人之助力,实不能不浑含并容。故从事社会事业非若从事学术之可以崖岸自立、独往而独来也"。

(3)"吾人即以接引众生为职志,则一切立体建构,势亦不能不顾到宽平面之广大基础。此乃内容之如何适当配合,使一面根干深植,一面枝叶扶疏,非舍本以求末,枉道以从人也"。

不担忧穷苦,代表办《人生》的艰苦精神;"浑含并容"正是《人生》的一贯态度;而"以接引众生为职志",则为《人生》二十年来所抱的理想之一。贯之先生办杂志如此,做人亦复如此,这三点正可以视为他人格的三个特质。

一个以接引众生为职志的人,第一个条件就是要有爱心,我对贯之先生这一点感受最为真切。自1962年开始的十年来,由于许多因素的凑合,不但生活的外貌有了变化,思想的转变更大,这是我生命中第二次起大波澜的年代。这一次的转变,终于使我多年来建立的师友关系全部断绝,我与贯之先生的书信在1963年以后也告中断。事隔六年,1970年初,突然由《现代学苑》转来贯之先生的信:"多年未通音问,殆如人之相忘于道术。每在《现代学苑》上拜读大著,辄不胜钦佩驰念。"这封信真使我喜出望外,立即回了他一信,很快又得到他的覆信,没想到这便是我们十八年来文字之交的最后一封,兹全录于后:

> 政通吾兄:得书喜若面晤,尤感注念情殷,不遗故旧,兄固同是性情中人。弟因抱肝疾,医嘱须多休息,少用脑,故年来读书很少。而精力、中气常感不足,专任讲课,恐亦不能胜任,故未应聘前往(政通案:"中国文化学院"曾聘贯之先生来台任教)。近接谢幼伟先生来信促,须到暑假时视健康情况如何再作决定。
>
> 彼此对海光兄病后之思想言论,有不同观感(政通案:贯之先生与殷海光先生,在抗战时期的重庆,就是老友),此中自有不少见仁见智可说,且俟他日再谈。
>
> 兄在此数年来之著述,若已辑印专书,甚望能嘉惠一册,俾得略窥其立言宗趣。
>
> 兄读书非常用功,其志在藉新方法、新了解,为中国文化开辟新领域,皆极可佩;若能无所意、必、固、我于其间,则对于中文化之优越一面,盖亦未尝不可由怀疑而肯定也。另寄拙著数本,语多浅近,才学所限,无可强假,愿不吝直言指正。
>
> 余不及尽,顺祝新禧!
>
> 弟王道敬启　一月十四日

今年三月初,收到《人生》二十周年纪念特刊,在后面的几封书信里,知道贯之先生最近曾重病住院,同时知道他很想在病后来台一游。我去信探询病情,并邀他今年暑假来台,如果健康许可的话。隔了几天,接到回信,竟是醒园嫂寄来的香港报纸所刊载贯之先生去世的消息。许多年前,贯之先生在一封来信中曾说:"我想我们这些人苦水还未喝够,尚有许多心愿未了,上帝该不会这么快就让我们安息的。"如今贯之先生自然仍有许多心愿未了,但毕竟先我而安息了。他的死讯,引起我对十八年来生活的回想，读着一封封的旧信，伴着一滴滴的泪水，这段日子，真是够辛酸的。十八年前，在思想上我还是一个儿童，如今已茁壮成长，总算没有违背初衷。我希望在后半生竭尽所能，使将来能有点真正的成就，以慰贯之先生在天之灵。

牟宗三先生的生活片段[①]

　　各位同学，这次到武大来要做一个报告，讲什么呢？本来想讲一讲我对牟宗三先生学术思想的一些看法，后来想，这个题目实在太大，一次报告很难讲得比较完整。考虑到这里是研究新儒学的重镇，我最后决定从另外一个角度来谈牟宗三先生，谈一谈牟先生生活的片段，也许对你们研究有一点参考价值。我跟随牟先生八年时间，牟先生五十岁前后在台湾的那段时期，我是跟他接触最多的学生。有一段时间，他没有结婚，我们都在同一个都市教书，这使我有很多跟牟先生接触的机会，常常星期六都在一起度过。所以我想从生活的片段来谈一谈，这些片段有些在一些文献中有所反映，有些在文献中无法见到，因为是我们私下的谈话，或者是我对他生活的亲身观察和感受。这些片段也许可以帮助大家进一步了解牟先生的为学和做人。

　　第一部分我想谈他有关"为学"的生活片段。我讲几点：

　　1. 讲学的精神。讲学与在教室上课是两码事儿。教室里面上课有一定的限制，你必须要开什么课，它的内容必须要有一定的范围，比较固定。但是讲学不是这样，讲学的目的，主要就是要把年轻人引导上学术道路，使他们成为对历史、文化有理想的人。希望借讲学的过程，能够鼓励一些年轻人一生一世都把学术当作一种责任、一种理想去追求。

[①]　编注：本文为2006年4月19日韦先生在武汉大学哲学学院的讲演，何卓恩在演讲记录基础上整理而成，标题为整理者所加。

我们老一辈的人都有这种愿望,都比较注重讲学的精神,就是在课堂以外,希望讲一些东西。讲学跟课堂上课不一样,我这一生从来没有把在课堂里上课的学生真正把他看作我的学生,因为那是一种职业,是一种交换。如果你真正要做我的学生,你必须要到我家里来,或者跟我通信,那是经由选择后的追求,这样才能建立比较正式的师生关系。在课堂里建立的师生关系是外在的、形式的,因为你不能不上课,我也不能不教书。讲学是很不一样的。牟先生一生非常注重讲学。

四十岁左右,他在台北的师范大学——当时叫台湾师范学院,那个师范学院没有哲学系,只有中文系。1954 年,他开始办"人文友会",在人文友会讲学,这里他培养了他到台湾后的第一批弟子。这第一批弟子,好几位都不是师范学院的学生,那是自由讲学,有人从外面被他的学问所吸引来听讲。两个星期一次,完全没有报酬。每一次二三十人,最多的时候三四十人。那个时候我们都很年轻,比现在的博士生还要年轻。第一批的弟子有蔡仁厚、王淮、陈问梅、唐亦男和我这五个学生。王淮、唐亦男夫妇是师范学院中文系的学生,陈问梅是师范学院比较早的学生,蔡仁厚跟我不是。那个时候他是希望把中国理学家那种讲学的精神能够延伸到现代的学院里面来。后来他从台北到了台中,在东海大学教书,杜维明跟牟先生发生关系是在东海大学。那时杜维明读东海大学的外文系一年级,后来被徐复观说服改读中文系。台北的人文友会办了两年,到东海大学,学生和学校的气氛跟师范学院很不一样,那是一个教会学校,但他仍然额外开办私人的讲学。教会学校连教室都没有开放给他用,他就在餐厅里面讲,餐厅是不关门的。师范学院人文友会的讲学,当时都记下来,现在已出版了。到东海大学,他是第一次讲黑格尔、讲康德,我给他记录,这个记录牟先生去世以后,我统统捐给了台北的中研院的文哲研究所。牟先生特别喜欢跟年轻人接近,特别爱护年轻人,中国过去理学家都是这个传统。那个时候,跟年轻人常常接近的人,国民党是会怀疑的,你是不是有什么野心?尤其牟先生年轻的时候跟张君劢在一起。张君劢是民主社会党的党魁,所以怀疑他是不是有什么政治目的。牟先生后来离开台湾要到香港大学去教书的时候,国民党不准他出境。后来还是徐复观先生的关系比较多,徐先生跟唐纵疏通,才获准出境,耽搁了不少时间。

2. 讲学的情况。在那一辈新儒家人物当中,牟宗三先生是最会讲课的人,口才好,有技巧,讲得有条理,有逻辑,而且非常的有感情。我在那个阶段,五十年前,在东海大学听过他讲中国哲学史课。他讲中国哲学史,跟一般人很不一样。我们讲中国哲学史,讲先秦会一家一家地讲,他不是。他是问题式的,后来发表的《中国哲学的特质》那个内容,加上《历史哲学》的内容,就是他当年讲中国哲学史的主要内涵。他讲了一年,讲到韩愈为止,没有讲到宋明。我也有完整的课堂记录,后来也捐给了文哲所。那个时候刘述先拿到台湾大学硕士学位以后,在东海大学当助教,我跟刘述先一起听牟先生的人文学科课。牟先生上课总是那个课的段落正好完,钟声就响起来了,非常准,我们都很奇怪,他怎么把握时间这么巧妙!口才好,讲得清楚,又很系统。唐君毅先生口才就比较差,唐君毅这个人思考太丰富,思想浓得化不开,脑子里塞的东西非常之多,他不能用清晰简单的语言把那些道理讲清楚,你跟他私下谈话,有时候听起来很吃力。徐复观先生,你跟他聊天,口才很好,是个生龙活虎的人,聊天非常精彩,但他在课堂里的表现并不好,演讲也不精彩,奇怪!有一次我请他到我们学校来演讲,他演讲的姿势非常呆板,背书一样,很奇怪。平时私下谈话,他肢体语言很多,表情非常丰富,但是一演讲他不行。这可能跟他过去的出身有关。他曾是军人,日本士官学校出身,后来跟蒋介石做机要秘书,这个经历可能把他弄得有点拘束。牟先生很会讲课,他后来能够带出一些学生,跟他口才应该有一些关系。

顺便说一下,老一代的人都有地方腔,转不过来。牟先生是山东人,有点山东腔;唐先生是四川人,四川腔很重;徐先生湖北人,湖北腔也很重。我们这一代人就没有了,慢慢变过来了。

3. 治学的境界。他的治学的态度,跟一般人不一样。我看过一些非常用功的教授、学者,像徐复观先生,我年轻的时候,正好是他放弃政治的道路在学术上奋斗的时候,后来他取得相当大的成就。他半路出家取得那样的成就,有原因的,他非常的勤奋。那时我生活困顿,在他家里过过一个年,他过年的时候都在用功,每天一个人在书房工作到十二点、一点,非常勤奋。我在他家里,他拿出一本一本的札记,做研究要靠基本功,札记就是基本功。他读书,因为没有经过学院训练,他的方法很特别,他抄,把书中好的句子、好的段落都抄下来,一大堆札记,这要花多少功夫啊! 他的勤奋给我非常深刻的印象。我一生无形当中受他这种潜移默化的影响。这方面,还有殷海光,这个人也是非常专心,非常专心地治学。每一次去看他,他都在读书、写东西,每天都在那里看、写。我这一生能够学到徐复观先生的勤奋,也学到殷海光先生的专注,但是我永远学不会牟宗三先生那种从容自在的治学态度、治学境界。牟先生后来写那么多书,可是平时看他好象形同无事,非常从容,一点急迫感都没有。他写的东西那么多,但是他写得非常慢,他也不急。有一年暑假,他写《政道与治道》那本书里面的朱熹、陈亮的那一段,不过两三万字,写了一个暑假,每一个星期我去看他,没写几页。那个时候的人,没有什么外务,他也没有什么休闲生活,他闲下来干什么?就是一个人自己打围棋谱。我每次去,他都是一个人在那里打围棋谱。但是他一生围棋没有什么进步,余英时跟我讲,他围棋段数是很差的。他不是在下围棋,他是在用围棋养心,这是他唯一的娱乐。围棋谱可以打很久,我去了他也不理,他打他的,你站你的。那个年代没有电视,他也不听广播,不看报纸,不看杂志,唯一的休闲就是围棋,他借围棋来安顿自己。因为人总有寂寞的时候,总有一些情绪上的问题,他借这个来安心。他治学的态度非常特别,从容不迫,行同无事,就做出那么大的学问来。我做学问有点急迫感,给自己一点压力,希望多做一点,他没有,但做出来了,真是一种非常难以企及的境界。

　　4. 另类的西化。无人能否认,牟宗三先生是 20 世纪中国最杰出的哲学家。他的学问的范围很广,所有西方哲学科目他都有著作,从逻辑

《理则学》)开始,知识论、形上学、历史哲学、政治哲学、西方哲学里面
所有的科目,他都有著作。为什么一个中国哲学家会这样的去做,这个
现象怎么解释?我的解释,这跟西方学术对中国的冲击有关系。中国
从"五四运动"以后有所谓西化派,陈独秀、胡适他们主张民主、科学,就
是一方面歌颂西方,一方面贬抑中国传统。后来西化一直是主流。西
化有很多种,余英时讲过,中国的马克思主义是"反西化的西化",因为
马克思是反资本主义的。从这里得到一种启发,牟宗三先生也可以说
是一种西化。说牟宗三是西化,一般人会觉得绝对不可能。其实牟先
生也是在西化,一种另类的西化。为什么西方哲学所有科目他都要有?
那么重视西方哲学里面的各门各类?当然是受到西方哲学传统的压
力,要跟他们比一比,你们有的我也写给你看,我猜他有这种心理,当然
也许不一定对。这种意识也是一种西化的意识,当然内容和目标是本
土的、儒家的。情感上他是不喜欢西化的,他从北京大学毕业,但他一
生非常不喜欢提北大,从来不愿意说我是北大的学生。很多人以是北
大的学生为荣,牟先生不。他非常讨厌北京大学的那种学风,反感陈独
秀、胡适之所影响的一代学风,西化的学风。

5.《中国文化宣言》。现在很多人一谈到新儒家,就会引用1958年
1月香港《民主评论》发表的《中国文化宣言》,把它作为一个标志。这个
宣言是四个人署名,牟宗三、唐君毅、张君劢、徐复观。稿子是唐君毅写
的,写好后给另外三人看,徐复观看到的时候改了很多,多半没有被采
用。张君劢基本的角色是一个政治运动家,他继承的是梁启超的传统,
科玄论战时他代表玄学派。这个人现在没有引起足够的注意,他的一
生也是非常丰富的,在德国留过学,后来一直搞政治活动,创立民社党,
1949年以后离开大陆,因为跟蒋介石不和也没有去台湾,后来从香港到
美国去了。这个人有历史的声望,他除了对中国文化有很深的同情以
外,他讲理学也不外行,后来在美国用英文写很厚的《新儒家思想史》。
他也是《中华民国宪法》的起草人,是中国老一代的人当中真正懂得民
主的人。这个人非常值得研究,跟牟先生他们不完全是一类人。那么,

牟先生他们为什么把张君劢拉进来？之所以拉进来，主要的原因是张君劢有历史的声望，发表宣言的时候，牟宗三、唐君毅他们名气还不够大。其实牟宗三先生非常不喜欢张君劢这个人，他早年在大后方跟着他在民主社会党里面工作过，但后来非常讨厌这个人。这个宣言要发生反响，需要有历史声望的人加入，所以把他拉进来。但《宣言》发表之初，并没有产生多大影响，后来是因为这几位先生在香港、在台湾建立起一个新儒家的论坛，发展了半个世纪，新儒学影响才越来越大，现在甚至成了中国的一个显学。这在当年很难料到。

6."理学家的光辉是接近月亮式的光辉"。牟先生有一句话，他似乎没有在文字中提过，但是很有意思。你听了不一定能懂，我当年听了也不懂。那时我们常常聊天到很晚，有一次他讲到宋明理学说了一句话，他说："理学家的光辉是接近月亮式的光辉。"他没有做解释。后来他写《心体与性体》，专讲宋明理学，但是没有提到这句话。经过多年，我慢慢琢磨，发现这句话很有意思。这句话对理学是一种比较接近负面的评价，理学家有光辉，但是月亮式的光辉，是阴性的，不是阳性的。中国儒家常常强调王道德治、爱好和平，政治上作为是消极性的，不同于俄国马列哲学那样一种阳性的、刚性的风格。德国包括黑格尔、康德，他们的哲学与中国理学家对比，也都比较刚性。理学不是阳刚性的，光亮像月光一样。这个看法很有意思，他承认儒家有一些负面的东西。这句话在我脑子里半个世纪，我觉得非常有趣。一个有智慧的人，有时候一句话就能很有意思。

7. 对儒学的信仰。这里涉及到儒家一个比较根本的问题。老一代的人，非常重视对儒学的信仰，甚至有信仰先于学术的倾向。儒学本身就很特殊，它既是一种学术，又带有宗教性。现代人如何处之？我年轻的时候困惑很久。后来我的理解是，信仰是自己的选择，信仰跟个人的心理需要有关，是一种独特的生命经验，一个人信仰什么，不是争论可以解决的。我后来离开牟先生，最重要的就是在这一点上。我离开他，就是抛弃将儒学作为一种信仰。儒学如果作为学术，应该与信仰有所区别,你选择把儒学作为信仰我不反对,但不能将信仰与学术混淆。老一代的新儒家,尤其牟宗三先生和唐君毅先生,在儒学上常常混淆信仰与学术,而且信仰优先于学术。我讲一个实际的例子,这个在文献里也没有见过。有一年我们几个学生到唐先生家里去过旧历年,客厅里就做了一个牌位,叫"天地国亲师"。中国过去民间都有"天地君亲师"牌位,后来唐君毅先生改为"天地国亲师",因为"君"已经没有了。牟先生让我们吃饭以前要拜牌位,这是宗教仪式,他有这个信仰。后来我发现,跟着牟宗三先生,如果你信仰发生问题,他就会说你学术有问题,学术做不下去。他信仰优先,我有这个感觉。徐复观先生好一点,不搞这一套,徐先生初二来拜年,看到这个牌位,他用湖北话说,"搞这个干什么"?!宗教难免排他性,学术上不一样,要强调开放、多元,要能接受别人批评,才能发展。后来一直跟着牟宗三先生的学生,像蔡仁厚先生,他人很好,人如其名,非常仁厚,我们在国际上开会,任谁只要批评到牟宗三,他一定反驳。这里面的力量是什么?它不是一个学术的心态,而是一种信仰。学术心态对别人的看法,应该能听听,不同意见很平常。可是他是信仰的力量,信仰是排他的,不允许人批评的。牟先生离开台湾去香港的时候,很仓促,他家里的"烂摊子"是我去替他收拾的。在垃圾堆里面,我发现一包资料,他早年的资料,有四五万字,包括早年日记、与父亲的通信、内心生活的反省这些。我保存了几十年,后来捐到中研院文哲所去了。这里面有一篇东西,就是《西湖一夕谈》,记录他1948年秋天在杭州跟唐君毅一起去看熊十力先生,对熊十力有一些不恭敬的话。这是研究牟宗三与熊十力关系的很重要的资料,但我听说文哲所他们不让人看这些资料,他们慢慢把牟宗三偶像化,不希望给大家留下一个他们师徒关系负面的印象。我常常说中国历史上没有一篇好传记,传记多不真实,好就好上天,坏就坏到地,根据价值判断写人,这个是不对的。再伟大的人,再杰出的人,他生活里面一定也有一些令人讨厌的部分,这才是人嘛!我非常喜欢读传记,你看西方天主教里的圣人奥古斯丁写的《忏悔录》,他是大圣人,可是你看他的传记,种种劣迹他自己就可以写出来。还有法国启蒙运动时代的卢梭,赤裸裸地写自己。我们并不因为他们行为上有很多很多缺点,就看轻了他的人格上、思想上的价值,那恰好是一个完整的人。中国将来不应该将杰出的人偶像化,那样对学术不利。真实的人有很多面,有一点缺点又有什么关系呢? 在我捐出的那批资料里面,记载有牟先生在重庆时非常落魄的情况,他三十几岁才到华西大学当讲师,在重庆的时候,没有家,正值少壮之年,难免有点荒唐的生活,他出于道德的反省,自己写下来了,但现在也不准外人看。这很奇怪,这会影响到大家对他的成就的尊重吗?

8.《五十自述》。牟宗三先生曾经写过一本自传,叫做《五十自述》,五十岁那年写的,后来没有写下去。为什么那个时候他要写《五十自述》? 很少有人研究。我的理解,根据我跟他亲近接触的经验,那时候,他年纪那么大没有家,精神上有一点低迷,人不会总是活得有精神的。为了拯救生命的低潮,他就彻底反省自己生命的历史,写《五十自述》。人在低潮的时候,有很多方法去改变自己,他的方法就是反省自己的历史。那时他身体状况也不好,非常想结婚。有一次一位开面包店的山东老乡给他介绍一个女性,让他去阳明山相亲,那次相亲他喝得有点多,走出大门摔了一跤,躺下去口吐白沫,可见身体状况不好。精神低潮,身体又不太好,他为了拯救自己,写《五十自述》。他一边写,我一边每个星期去看,里面他也写年轻时行为不检的那一段,后来出版时抽掉了,原稿还在我那里保存着,希望以后捐出来。他对我们一点秘密也没有,他都让我们看,没有掩饰。他家里面,抽屉是不锁的,被子是不叠的,床头书都堆在床上,我们去可以随时知道他生活的状况。但有一次例外,东海大学化学系的一个女生来看他,要看《五十自述》那个稿子,他也让她看,但他到书房去把那几页抽掉,不让女孩子看这个。《五十自述》文字非常精彩,写得非常真诚。牟宗三先生是非常有文采的人,很会写文章,可惜后来写了很多书没有充分表现出他的文采。

接下来第二部分,我想就他"做人"谈几个方面的细节:

1. 爱护学生。做人方面,我这一生从来没有看过像他那样爱护学生。后来我也有学生，始终没有做到他对学生那样的爱护。举一个非常小的例子：50 岁之前，他还没有结婚，我们经常几个人，包括刘述先、蔡仁厚，或者利用暑假，或者利用寒假，背着被子住在他家，要他给我们讲东西。东海大学是个教会学校，给他的房子很大，很漂亮，我们睡在地板上，他上午给我们讲两个小时，下午随便聊聊天。有时我们吵得要命，吵得他头痛，就一个人出去散步，他能够忍耐。我们去都是吃他的、喝他的，他一点都不小气。最难忘的一次是他刚刚新婚不久，假期我们一伙又到他家去了，因为我们那样吵，他新婚的妻子非常不耐烦，他就悄悄地把她拉到房里面，交代了一句话："你跟我发脾气不要紧，但是你不能跟我的学生发脾气。"这句话我跟杜维明他们都讲过。他对学生非常宽容、爱护。照常理，他那大年纪新娶的妻子，应该非常宠爱的，在学生和爱人之间，当然爱人比较重要，他却有这种反应，这种反应就表示他对学生的爱护超乎寻常。这样的情况，我们都很难做到。当然这也是一种吸引力了，后来很多学生愿意一直跟着他，一般的老师没有那么多的耐性。

　　牟先生爱护学生也有另一面，我的第一本书是《荀子与古代哲学》，我一边写着一边拿给牟先生看。那个年代的老师跟现在不一样，他真的会给你改稿，一句一句的跟你讲问题在哪里。我还发现，他的一个学生，写老子道德经，文章拿来改，那个"道生一、一生二、二生三、三生万物"解释不好，那一段牟先生就替他写，把这个话一句一句讲出来。其实这个现在看来并不见得是好事。我以前有一个朋友，他带博士就像带儿子一样，这个博士文章写不好，他就干脆替他写，我说你这样教不出学生来，这样的爱护学生，学生长不大。爱得过分，爱之不得其道。教学生一定要鞭策他，鼓励他，要告诉他方法，让他一步一步走出去，文章必须自己完成嘛。学生走出自己的路来，这才是老师的成就。牟先生讲过一句非常聪明的话，但是他讲了以后他自己忘掉了，他自己成了大名以后，也犯这个毛病。他说："朱熹这个人带不出学生，因为他这个树太大了，下面的小草长不好。"牟先生也是这个样子，也有这个毛病。

树太大了,下边的草不好长。我后来离开牟先生,跟我这个人从小有一点叛逆性格有关,小时候我最不喜欢的就是我父亲。叛逆在中国传统里面是一个很糟糕的事情,所以从小我就被人家看作"怪物"。我跟父亲不和,我拗不过你,后来就一走了之,一个人到台湾去。也是由于这种性格,所以后来我从牟先生这棵大树里面走出来。其实走出来以后,我们两个人彼此都怀念。我走了自己的路,但跟任何人讲到牟先生,内心都还是非常尊敬的。而牟先生也有怀念我。有一次,香港新亚书院一个学生叫胡菊人的,他在香港做过《明报》总编,很有名的,他到台湾来,跟我聊天,我才知道我虽被牟门弟子看作牟门叛徒,毒骂过我,但牟先生还是怀念我。当胡菊人跟牟先生讲起他喜欢读韦政通的书,牟先生怎么反应? 他说:"韦政通是我的学生,你知道吗?"他有这个反应。虽然我离开他,但是我后来有一点点成就,他还是觉得有一点骄傲,说这是他的学生。

2.床头书。再说说他的床头书。牟先生书房的书是很少的,但他读书都非常深入。他的床头书跟哲学无关,包括《水浒传》、《三国演义》、《红楼梦》,还有《金瓶梅》。他为什么喜欢《水浒传》? 因为他父亲就是开类似《水浒传》里的那种酒店的,到了晚上,马帮都来了,他就是在这样的环境里过的童年。他对这些书有一个非常精彩的评价,他说"《水浒传》像禅宗,《红楼梦》像佛教的小乘,《金瓶梅》像佛教的大乘"。凡是有中国文化素养的人,认真体会,很有意思。小乘佛教是自了汉,大乘佛教的精神是我不入地狱谁入地狱、救苦救难救众生的那种精神。《金瓶梅》被一般人看作是淫书,大人不许小孩看的。其实中国父母对孩子的教育,很多地方很糟糕,他们不知道越是不准我们看,我们越是偷着看的。对孩子不要说什么书不能看,我有一个孙女,她是跟着我们一起长大,我从来不禁止她看任何书。你想看什么书你就看,我不管你。这个道理非常简单,你不能保护她一辈子,她将来生活的是一个万花筒式的社会,什么污七八糟的人没有? 她有权从小就去了解这些东西。所以对小孩来讲,书是应该没有什么忌讳的。你最多给他辅导一下,不要说禁止。《金瓶梅》被中国很多人判为"淫书",牟先生却评价很高。你去体会吧！其实中国哲学不能老是在大传统里面转,很多小传统是值得研究的。譬如戴东原"欲生于理"这个观念是怎么产生的？你要了解那个时代是中国黄色书籍——比《金瓶梅》还要低俗的书——非常风行的时代,我曾经托一个朋友从日本买了一套,好几十本,一直想把这套书做一个思想史的研究,看看戴东原为什么对理学那样痛恨,一定会很有趣。但是始终没有能够去做。

3. 与几个人物。与胡适。胡适是牟宗三读北京大学时的文学院院长,也算是老师辈,有没有上过他的课我不知道。他一辈子痛恨胡适。1949 年后胡适多年住在美国,第一次回到台湾时,到东海大学去访问,东海大学办一个酒会欢迎,牟先生也应邀参加。徐复观先生跟我讲,他拉着牟先生说,这是你的老师呀！可是牟先生不理,胡适跟他握手,他不理。一般交游的场合,不叫老师可以,握个手很平常嘛,他不干。其中的原因,除了胡适他们打倒传统的因素,跟早年自己的遭遇可能也有点关系。当年他从北京大学毕业,熊十力希望他留下来当助教,恰好那个暑假胡适在美国,系里没有人敢做主,就去问胡适的意见,结果胡适否定掉了。因为没有留下来当助教,使他在社会上流荡好几年,找不到喜欢的工作。

与梁漱溟。梁漱溟跟熊十力是同辈的好朋友。牟宗三在北京大学哲学系毕业以后,助教当不成,熊十力就把他介绍给梁漱溟。梁漱溟当时正在搞乡村建设运动,在山东办一个乡村建设学院,培养干部。熊十力让牟宗三到山东去看梁先生,希望在乡村建设学院给安排一个工作。可是牟宗三到那里后,两个人谈得并不融洽,不成。牟宗三回到北京后,熊十力希望梁漱溟每月出三十个大洋,让牟宗三在熊十力自己家继续读书,没想到梁漱溟却提出条件,最重要的一个条件是要读梁漱溟的书,这让牟先生非常恼火。牟先生是个个性很强的人,一辈子看不起梁漱溟,这是一个原因。他晚年在台北演讲,还把梁漱溟批一顿。当然牟宗三对梁漱溟的恶感,并没有否认梁漱溟当年在北京大学那种"打倒孔家店"的气氛下面,第一个站出来主张讲孔子,他并不否认他这方面的坚持。梁漱溟被美国学者艾恺称做"最后的儒家",为什么被叫做"最后的儒家"? 这跟儒家的最主要的特质有关。马克思讲西方以往的哲学主要是解释世界,他的哲学是要改造世界。儒家恰好也是这个精神,儒家的目的是要改造社会、改造世界,它的重点不在解释这个世界。梁漱溟就继承了这个传统,这个精神。而且梁漱溟也非常注重道德修养,他的学生那时也是把他当圣人看的。

与熊十力。现在熊十力已经被当作 20 世纪老一代新儒家的一个宗师,可是牟先生当年对熊十力却评价不高,他说这个人是魏晋人的性格,也就是阮籍、嵇康型的人。这样的人来讲儒家是很奇怪的,因为阮籍、嵇康都是反儒家的。他似乎认为熊十力性格上跟他讲的学问是脱节的。牟先生讲过一个故事来说明熊十力是魏晋阮籍、嵇康那样的人。熊十力在北大教书的时候,北京市长请北京的教授到北京饭店去吃饭。熊先生围了一个装面粉的袋子,就去了,完全是一个糟老头的打扮,不像一个体面的大学教授的样子。当然在北京饭店门口被挡下来,人家说"你跑到这里来干什么"! 熊十力很"凶"的,一拳挥过去把那个看门的给打了,打了一拳他就往里面跑,跑到宴会厅去了。这种动作很奇特,不像一个赴宴的教授,真的很像阮籍、嵇康那种风格。牟先生就认为他是"竹林七贤"那样的角色。牟先生还讲到熊十力在北京中山公园,跟很多名教授一起喝茶,有人讲到一些很无聊的话题,熊十力非常不耐烦,他就"叭"一下地拍桌子,发出狮子吼。这一幕在牟先生的了解中,熊十力是一个很不寻常的人,打破俗套。他也非常佩服熊十力这一点,熊先生也确实有这一面。牟先生还提到熊十力跟人吃饭,如果有一个菜他特别喜欢的,比如他喜欢吃鸡,他就会把那个鸡连罐子一起搬到自己面前,他一个人吃,旁若无人。这就是熊十力,很有个性,很真实的人,非常真实,他不是一个很有道德修养的人。在台湾有一个翟志成,是大陆红卫兵出身,后来到香港做了徐复观的学生,他在美国念了博士学位回来,现在在台湾的中研院,熊十力 1949 年后有很多封信流落到他手里。熊十力1949年后，生活困苦，他跟一个大弟子、也是一个大地主黄艮庸在一起，在广东。那个时代大地主日子也不好过，熊十力就向后辈写信，很直白地表现出他的自私面，这些信后来都在台湾发表了。他就是这个性格，他基本上不是一个儒家的性格，但是他讲儒家的道理讲得很透彻。他讲大易，易经他称为大易，讲对易经道理的体会，讲乾坤的智慧，讲得非常精彩，他有这个能力。一般人都谈他的《新唯识论》，其实他的《读经示要》非常精彩。中国经典非常难读，他对五经里面的涵义解释得非常精彩，他有极好的理解力，能把经典里的精神发掘出来。而且熊十力的文字，那种带文言式的表达，非常漂亮，他非常能写。

与金岳霖。牟宗三是金岳霖的学生，殷海光也是金岳霖的学生。殷海光与牟宗三两个人离开大陆之后发生交锋、交恶，第一次就是因为他们的老师金岳霖。金岳霖在北京是一个很有名的教授，如果没有1949年以后"革命"的历史，也是一个很好的哲学家。后来他没有认真搞哲学，非常拥护共产党。1949年后，留在北京的大批教授，都对新成立的政权有一些颂扬之言，这本来很难免，一个新的政权代表一股新的朝气。金岳霖也写了文章，被流亡台湾的牟宗三看到了，就写了一篇文章，用笔名发表在香港一个小报《自由人》上，批了金岳霖，指责他没有骨气，背叛了自己自由主义的信念。这个文章被殷海光看到了，也写了一篇文章，为金岳霖辩护。殷海光一辈子都对金岳霖有很深的感情，金岳霖是殷海光的恩师，殷海光很年轻的时候，对逻辑发生兴趣，因此跟金岳霖发生关系。他后来能够在联大读书，一直念到研究所，都跟着金岳霖。殷海光敬重金岳霖，就为他辩护。

与唐君毅。唐君毅是牟宗三一生真正的好朋友，真正能够心灵沟通的朋友，而且唐先生非常尊重牟先生。但是学术上牟先生倒未必真正看重唐先生。唐先生先死，死的时候牟先生没有承认唐先生是一个哲学家，只是说他是一个"文化宇宙里的巨人"。这样的一个评价，恐怕很少人懂，他不承认唐先生是一个哲学家。唐君毅大概是中国20世纪搞哲学最博学的人,他写《哲学概论》两大册,几乎没有人能够读终卷,内容太丰富了,他把中、西、印三个传统都写了。当年《哲学概论》的原稿堆在牟先生那里,堆得很高,唐先生的意思是请牟先生看一看,但是牟先生并没有仔细看。我亲自听到牟先生说了一句话,"枉费精神,写这种书干嘛呀"!唐先生是个比较宽厚的人,牟先生有时候讲话比较刻薄。但是现在唐君毅的精神在香港有一个得意门生叫霍韬晦的,继承下来了。霍韬晦办法住学院,他是受唐先生的感召,他不走纯学术的道路,真正中国的儒家最重要的是这一面,是社会教化。他在香港那样一个社会里面,能够用中国传统书院式的精神来办一个处理现代生活中的问题的社会教育机构,办了二十几年,相当成功。他使儒家走出一条新的路子来,真正把唐先生的精神发扬了,在社会教育上发扬,不像牟宗三的弟子在学术上发扬。他努力的方向,是中国的儒家传统和佛教智慧如何去解决现代生活中的问题。这是新儒家应该有的一面,而且是很重要的一面。将儒家从学术上重建,当然是复兴儒家的一种方法,但还应该有其他的方法。中国传统儒家被人重视,不是因为他们写了多少书,而是因为他们在社会教化上有很广泛的影响。这个时代的新儒家对我们的社会教育几乎没有影响,做复兴儒家工作的人在这一点上应该好好思考。

谈唐君毅先生①

李：韦先生，能否请您谈一谈个人对唐教授的感想，以及您曾受过他哪些方面的影响？

韦：我来谈这个问题是比较复杂的，因为我接受他的思想到现在已经有二十几年了，这二十几年当中，我本身的思想就有很多的变化。但如果要我谈对他的感想的话，那我当年对唐先生的那份感情，那种崇拜，我想现在是很少能见得到的。后来慢慢地自己奋斗，就慢慢和他发生了距离。

我觉得他本身知道很多，但是一谈论到传统的问题，尤其是儒家的价值问题，他基本上还是传统的价值观念。他没有了解：这时代的人在生活经验的基础上，在知识的基础上，对传统做了些什么样的了解？抱着什么样的态度？这是他们不大注意的！

---

① 编注：本文是唐君毅先生去世后，韦政通先生在书房受访的记录，访问人为李匡郎、尤昭良、蔡齐馏，时间为1978年5月11日，曾收入1978年9月台北牧童出版社出版的《唐君毅怀念集》。关于访问缘起和意见代表性问题，访问者有按："唐君毅先生仙逝后，哲学界为纪念、感怀而作的文字不算少，其中以居港的人士最多，而大部分是唐先生在'新亚'的学生，但在台湾的学者与他有渊源的亦不在少，然而纪念的文章却不多。四月中旬'联副'刊出徐訏先生的《忆唐君毅先生与他的文化运动》。这是一篇不算好的批评文字，冷嘲热讽的语气笼罩了他所探讨的问题，有时提出的部分反证竟是不相干的，但是我们却没有因此而忽视他所提出的一些问题。韦先生曾经在传统的承继与中国思想现代化等问题上做过长期研究与探讨，而唐先生的思想对他年轻时期有过深长的影响，因此我们认为，韦先生会在情绪之外对唐教授的思想有些中肯看法才是。这就是我们访问韦先生的动机。用访问录音的方式讨论思想问题并不是一种严肃的态度，但却是最自由、最真诚与捷便的，虽然有时难免超出范围显得松散，但与我们的中心问题仍然是遥遥相系、相干的。此文的问题可能只是访问者的问题，但被访问者的意见是足具代表性的。"

　　我们这时代有这时代的特色,一定有一个很流行的精神在。你是这时代的人,就应该有这时代的精神,从这精神出发去看传统,才能够另有一番了解。

　　唐先生在了解现代东西的时候,不注意到现代本身的意义;他只注意到现代人的一些缺点,现代人的堕落,习惯地用传统标准来看现代。所以严格来讲,他的心理状态和精神状态没有投到现代里面去! 如果说严重点的话,他在基本的心态上,是不属于现代的!

　　李:前些日子《出版与研究》(1977 年 4 月号)刊出访问韦教授的那篇文章里,我看到您提到影响您比较深刻的有两个人:一个是殷海光教授,一个是牟宗三教授。但是没有看到您提到唐教授。

　　韦:那是指直接发生密切关系的。我跟唐先生在生活上没有发生直接密切的关系,我跟他的联系是在书本上及通信上的联络。那时候,我在感情上对唐先生的崇拜可能还比对牟先生多些,主要的原因是唐先生我见不到,而牟先生常常在一起。至于他的书,我真是喜欢得不得了。

　　所以我想,使我的思想从第一个阶段突破,使我从原始的浑沌里面突破,唐先生对我的影响力跟牟先生对我的影响力,很难计算说那个多那个少。

　　李:黄振华先生曾在他的文章里,提到他认为唐教授的思想可以分为两个阶段:《中西哲学思想比较论文集》以前是一个阶段;以后唐先生由于个人生活的种种烦恼而于道德问题有所用心,故而在思想方面有所改变。那么,对于唐教授思想改变这一点,教授是否可以谈一谈?

　　韦:像唐先生这样的人的思想,就我的了解,他一生当中基本的变化很少,可以说很早就成熟了。你看他的《人生之体验》,那是很早的作品,1941 年前后就作成了,他那时三十多岁。

　　那时,他的思想、他的肯定、他的向往,基本上和后来没有多大差别,后来只是内容的丰富化罢了。事实上,在价值取向和文化向往这方面,他老早就确定了。所以就这个意义来讲,他的思想本身没有翻腾性的变化。

他在《中西哲学思想比较论文集》以前所写的文章，大多是做学术性的研究，后来就在宣扬自己的理想，较少做纯学术性的研究，而把学术性的研究和自己的思想搅混在一起表现。他是个宗教情绪很浓的人，所以我喜欢讲他是"儒家的牧师"。他是在传道，真正的在传道！如思想的变化是指一种基本的价值、基本的方向的改变，而这在他是没有的。因此就这一意义来讲，他没有什么大的变化。

李：《中西哲学思想比较论文集》里的文章，最早是1932年写的，那篇序是1941年写的，成书则是在1943年，前后也有了十年的时间。但是后来这本书便停印了，因此现在很多教授对于其中的转变都无法看得清楚，只好很笼统说了。

韦：在我看来，是文章的处理方式不同而已。这地方，看不到什么大的转变来。

唐先生对一般流行的东西不太喜欢，一般流行的论文啦，有很多注解的文章啦，他都不太喜欢。比如说他的书——现在观念大概改了——都不愿用精装，因为他们觉得那样像洋书。

李：有很多人都认为唐教授的文字不好念，在这方面是否受白话运动的影响？

韦：他们的文字能力不是没有，但是他们讨厌新文化运动，所以就不太愿意把自己的文章写得很白话、很清楚。其实白话文是个工具，然而因为他们讨厌新文化运动，因此心理上有一种抗拒，遂把文章写得那样。

李：但我们看他后来的书，并不像我们一般所了解的文言文，而是一种变体，并且还夹杂了一些他的家乡口音和口语。

韦：这也许就是"乡土意识"的反应吧。我们现在就不会这样做。因为你是四川人你一定要把四川乡音摆到文章里面去，这是不必要的。表达是给别人看的，不是给自己欣赏的。

他的怀乡情绪很强烈，这种情绪如果是私人情感的保留，当然是很好、很珍贵的,但不应使它影响到我们的思考工作。

一　中国哲学的出路

李:我们研究哲学,是否必须先行探讨知识论——对认识的初步问题——如士林哲学中研讨人怎么能认识客观事物。像这一类的问题是否有讨论的价值?

韦:非常必要的! 以那种认知的态度去探讨哲学非常的重要,因为那才能使你的思想有发展,使你的思想本身建立一种能力。中国人不太注重这一点,因此思想能力表现不出来,所以常常都是用很简略的语录、很简单的几句话来表达。

思想能力是什么? 就是能够将一个重要的观念,演绎成一个很大的系统。这个本领,我们中国人很少有。

一套纯智性的努力,这是西方哲学的长处。这种长处,在哲学来讲非常重要。你没办法做到这一点的话,对很多事情的分析就会弄不清楚,分析的能力就会不够。所以我们学习西方哲学,主要是在学习他们的推理能力、分析能力,这在中国哲学里,是不能提供的训练。

所以一个现代中国学哲学的青年很难,因为自己的传统那么深厚,遗产那么丰富,而西洋哲学的训练又是必要。一个真正向往中国文化、中国传统思想的年轻人,要先具备西洋哲学的训练;而西洋哲学的训练需要一个很长的时间,不是短时间就能够得到的。这也就是我们近几十年来,在哲学思想上进展很缓慢的一个原因。

我们需要西方哲学的能力——那种思考的能力,分析问题的能力,把问题架构起来、把问题理论化的能力。这种能力是中国书里不能提供的,而却又是必要的。没有这种能力,我们的观念没有办法用现代形式表现出来,没有办法与人沟通,没有办法使人了解你的意思。这是这时代必须要求的!

因此,根据我的经验,我发现很多年轻人如果一开始就走入中国哲学的话,比较不能有发展性。为什么?因为他一下子就钻到中国传统里去了,他没有一个很好的其他知识的背景对照,去看穿传统的问题,他还是用传统解释传统,转来转去,就是不能脱离传统,不能使传统变成现代的东西!

所以,我发现在哲学系里,尤其是在哲学研究所这个阶段,比较费心在研究哲学的青年,比较认真想在哲学上求发展的人,都是在西洋哲学里面下功夫,然后再慢慢转回来。如果一开始就拥抱中国哲学,而不同时注意一些西方哲学训练的话,通常在中国哲学里面的发展就很少。

牟先生、唐先生一开始也是钻研西洋哲学,一个读康德,一个读黑格尔。他们如果没有那些基础的话,后来的思想架子是弄不出来的。有了一个架子,和对那架子所牵连的问题的了解,所以他们比较能够观察中国传统,能够给传统一套解释。

因此,如果一开始就念《论语》、念《孟子》,恐怕思想上不大容易有发展性。年轻时候应该做认知的训练,在客观思考上多下功夫,做学术的研究或专家的研究,这样给你一个训练、一个基础后,才带给你结实的本钱。然后再来看中国哲学,中国哲学里一些浑沌不清的概念,也就有办法分析出来了。

你看,我们这年龄里搞中国哲学的这一代,像成中英、刘述先、杜维明、吴森,他们都是对西洋哲学先下功夫,下了功夫后再来讲中国哲学,这个味道就不一样,感受也不同。因为他们有另外一种知识的背景,另外一种思想的生命,然后再来接触自己原来的东西,于是他们就具有把它重新化为一个新的形式,化为一种新的生命的能力。

李:唐君毅先生曾在他的书里头说,他认为西洋的人文主义(Humanism)不能表达中国的思想,而儒家思想是理想的人文主义。这也就是徐訏在文章里提的,他说唐教授从儒家出发,肯定一种有别于宗教的与唯物的人文主义,想提升人在宇宙中的地位,而认为人是具有独立的创造的精神。韦教授,您的看法呢?

韦:这点恰好是说到了中国儒家最基本的一个特色。所谓理想的人文主义，其实就是道德的人文主义。唐先生的理想就是道德的理想，所以他觉得西方的人文主义好像不如他所说的道德的人文主义。而这也就是儒家对人类的一个很重大的贡献——道德理想的人文主义。

这种理想的人文主义最重要的意义在哪里？就在其他民族都靠宗教信仰来为生命引发一条人生奋斗的道路，中国则是靠自己本身的道德修养和实践工夫。而所谓人的自我完成，也就在这条道路里完全得以展现。其他民族这种自我的实现要靠宗教，但是中国不靠宗教，这是中国文化一个基本的特点，所以唐先生讲的正是中国传统儒家的重要特色。

李：关于这点，我记得黄振华教授曾说唐教授思想转变的意义有二：第一个意义在于他体认到西洋哲学那种纯粹知识方面的研究，没有办法使他的思想跟中国的实践性融合在一起；也就是说，他体认到中国哲学里的"实践"问题，就是要把一个高超的理想实现出来。第二个意义是因为他由智性转入实践，因之发现哲学的最高境界是实践的道德境界，也发现中国哲学的伟大价值，故而将毕生精力贡献于中国文化的阐扬与护卫。

韦：他说的这个意思我不了解，作为了解唐先生思想转变的意义是否在这儿，我也不太能确定。不过这儿倒激出了一个很重要的问题：西方知识性的哲学跟中国实践性的哲学如何整合？这个问题恐怕是中国能否建立一套新的哲学的关键所在。

我们现在一讲到哲学，是指知识意义的哲学。人格的实践不能称为哲学呀！人格的实践是道德的、宗教的，"我若不识一字，也可以堂堂正正做个人"，这是中国的纯粹实践的精神，我们可以这样子做。但是如果你要把中国哲学变成现代意义的哲学，而且是成为世界上一个很重要的哲学，那就面对了下面这个问题：一方面要顾到中国传统重视实践的精神——中国哲学真正的精华在实践上；一方面要顾到这个时代的知识要求——这个时代没有知识的内涵就不成其为哲学。

这两种哲学如何调和？既能要讲实践，又要把它变成一个知识性的形式,知识性的架构。而如何从一个知识性的架构里讲出实践的精神来? 这两种东西如何融合?

中国哲学的方法重点是体验的。但是,哲学都是理性的、理智的、思辨的东西,怎样把体验放在哲学里面去讲? 这是个很大的问题,也是传统的实践精神和现代的知识交会的地方。中国哲学如果能够建立出来一套新体系的话,大概要从这个交会处去发展。也就是说,它不能放弃传统的实践精神,又必须满足现代人知识的要求。这两个东西如果能够成功的融合,就是一个新的创造——中国哲学的精神在里面,现代的要求也满足了。这就是我现在所想的中国哲学新生的一个模型。

尤:依老师的意思,是否认为要想有新生的中国哲学思想,一定先要研究科学?

韦:我想,你所谓的科学应当不是指自然科学,而是指一般所谓的人文科学、社会科学。当然,这种知识——尤其是心理学跟中国哲学有关系,中国的心性之学是可用相当程度的心理学方法去了解,中国的社会哲学也可以用社会科学方法去了解,这是很可能的。假如你有这样的知识训练,看中国传统心性之学的问题,就会看出新的意义来。

心理学家讲自我实现,中国儒家也讲自我实现——如何从一个平常人达到那样高境界的一个理想人格,这是一个自我实现的过程。假如我们把心理学所讲的这个架构运用到传统的心性之学里,心性之学就可能因此而有了新的意义,也可能是一个新的面貌出现了。

尤:像台大李亦园、杨国枢教授编的一本《中国人的性格》,那里面就有用一些心理学的方法分析中国人的性格倾向。

韦:对! 那是个很初步的尝试,也是希望运用一些现代社会科学的知识与方法,对传统的东西做一个初步的探讨。

蔡:您刚才讲现代儒家哲学的任务是在如何把中国传统哲学里的实践精神跟哲学的思辨工夫相融合。这样的话,跟清末所谓的"中学为体,西学为用"两者在本质上有什么大的差别?

韦:我想这地方有很大的不同。"中学为体,西学为用"是一种价值选择,他们肯定中国的"体"不能改变。我想他们的观念在经验上是不可能实现的,只是为了适应那个时代的知识分子心理状态的要求,一种调和新旧之争的心理平衡罢了。原则上实在是不能实现的,因为我们没有办法创出一个"中学为体,西学为用"的新文化,这是做不出来的。

我这里所讲的乃是希望吸收西洋的方法知识,给予我们的传统一种新的表达方式,并重验它的内容,使现代整个世界的人要去了解中国哲学时都比较容易。不然的话,你要外国人读《论语》、《孟子》及传统的那些语录,即使你把它翻成英文,他们还是读不下去。但是你如果使用他们熟悉的词语、概念架构,他们就比较能懂、能接纳了。这与体用问题无关。

蔡:但仍有个问题:中国哲学跟西洋哲学所研究的毕竟还是差别很大。这样的话,以西洋哲学的名词及研究方法来解释中国传统哲学是不是可能?

韦:有很大的困难,的确很大的困难!随便用的话,原意会丧失掉,会把双方都破坏掉,对中国哲学可能带来一种没有意义的乱解释。也就是当我们运用西方知识的概念时,应该了解他们用的知识概念也有他们本身的限度。所以这地方难就难在要有选择性,要很适合的。

譬如我们刚才讲的心理学自我实现的理论就比较适合,而拿弗洛依德的"超我、自我、本我"的那种心理学来解释中国儒家就不一定适合。因此运用时要看哪一系列概念、哪一套架构适合我们,我们才能利用它。所以,这个选择是个很困难的问题。

二 社会运动的条件与文化复兴

李:唐教授逝世后,有很多人认为他是个伟大的中国文化运动者。请教授谈一谈您所了解的唐先生的中国文化运动本身具有什么样的意义? 什么样的内涵?

韦:我想这一点徐訏的讲法可能比较真确。就是说,他在主观的愿

望上希望有一个运动,但是这个运动并没有在社会上发生影响力。然
而既然说是运动,并不是我主观的愿望就能成为运动,而是它已经在社
会上形成一种风潮,很多人跟着这个运动走,才能叫做一个运动。

所以,儒家在这个时代,是少数人在做一种悲剧性的奋斗,可以说
是非常悲壮,非常可敬,也可以说是非常伟大。他们在西化的压力下奋
斗,这是一个事实,非常了不起! 但是这三十年来的台湾,是一个崇洋
媚外的社会,是一个受了资本主义文化侵略的社会,是整个民族信心都
丧失了的社会。至于希望复兴中国传统文化的精神,只是少数人在脑
子里想,在课堂里讲,然而是不是激起了很多人感情的震荡,是不是引
起了很多人的共鸣,大有问题! 我认为并没有!

也可以说,我们这个时代,这个社会的条件,一时还没有办法发展
出一个儒家性的文化运动。所以,这样的运动只是少数人的愿望,未能
成为具体的社会运动。想兴起一个实在的运动必须要有社会的条件,
而我们目前的社会条件不具备!

一个运动如果在社会上真是存在的话,首先受到影响的是文学。
而儒家这个运动对文学有什么影响没有? 我们看得到吗? 哪有以标榜
儒家为主的文学家? 因此,从社会的意义来讲,它没有成为一种运动。
所以徐訏讲"运而未动"。

李:我认为他"运"了已经不错了,"动"不动则在乎整个社会、人
群……

韦:不是。运不运是个人的愿望,但我们现在是讨论一个客观的、
社会的、历史的现象,我们不从唐君毅先生主观的愿望出发,这运动是
存在他的心中,存在他奋斗的、努力的行为当中。但是这社会还没有普
遍接受这个运动。

李:这样讲起来,像"五四"新文化运动或是保钓运动,它们基本上
只是中国人由于自己的国家受到侮辱、自己的土地被人侵占而兴起的
保国保地行动;在思想方面,我想其意义可能……

韦:新文化运动的意义不一样。新文化运动是要求一个全面性的

改变,它跟保钓运动的意义不一样。虽然到了"五四",加上一种政治因素在里面,但是你可以知道:凡是成为一种社会性的运动,它会引起整个社会的震荡,大家会自发的去呼应这个运动。而这在儒家的文化运动中并没有出现。如果儒家要成为一个社会性的运动,它还必须做一些基本的努力——要开放,要向多元性价值开放!凡是能够充实中国传统的东西,都应该容纳进去,而不只是儒家的价值。

复兴文化运动是可能的,但是对整个的传统而言,应该将整个中国传统的重要思想都包括进去,那都是我们的遗产、我们的智慧!我们如果过份强调孔孟,自然容易排斥很多固有的重要的东西。影响中国文化的当然不只是儒家,道家的影响也很深刻,佛教的影响也同样很深刻。

李:教授认为这种"运而未动"他们所欠缺的是什么?或是他们的阻碍是什么?

韦:我想最大的原因还是在于社会条件。一个运动,除了少数主要人物的提倡以外,社会是最主要的。白话文运动也好,新文化运动也好,都是社会有所呼应才成功的。为什么清朝末年的时候,白话文运动兴不起来?原因是社会还没有感到这个要求的迫切;一到新文化运动以后,这个迫切感就来了。

所以,如果这个社会迫切需要儒家价值的话,这个社会自然就呼应起来了。然而它却欲振乏力,显而易见是还有许多问题!你看这个时代仍用这种方式去提倡孝道,显然是没有效果的!因为,孝在历史上产生那么多问题,你没有去解决它;你想重新去实现传统的礼教,可是礼教产生那么多问题,你也没有去解决它,社会自然就会排斥。听到礼教时,它就紧张起来了;听到孝时,它又紧张起来了。它对你是一种抗拒,现在的社会就是这么样一个状态。

所以如果想兴起一个儒学运动的话,应该经过一个很大的批判阶段,把儒家本身的问题整个地披露出来;然后在批判的过程中,再把儒家的价值重显出来。我们要完全不掩饰它的缺点,这样的话,就比较容易使人接受了。

三 论"唐教授思想中的孔子"与孔子的现代意义

李：在唐教授的思想中，把孔子的人格提升到圆满的圣人型，而把佛教的释迦牟尼、基督教崇拜的耶稣置于偏至的圣人型。这种观点对孔子在中国哲学思想里的地位，或是儒家在中国哲学的地位、在世界各思想体系中的地位，有没有影响？它的影响在什么地方？

韦：唐先生这一方面收的效果很少，这一点很重要。你看他对孔子了解的态度，就知道为什么他所讲的东西不能在社会上引起很多的共鸣，很多人不能接收。他一定要把孔子讲成那样的伟大——伟人中的伟人，那是他自己主观的愿望啊！你谈孔子的时候，把他摆在伟人中的最高的地位去考虑，那样，信耶稣的人能够相信你的话吗？信释迦牟尼佛的人能够相信你的话吗？不相信的！既然不相信你，你这样讲有什么好处？结果把孔子限在中国的范围之内——如果中国人真能够接受的话，也只能限在中国的范围里。

你想使孔子在世界上占一重要地位，但你又没有一个理性的态度，结果适得其反，反而使人家不接受。如果只是为了满足民族情绪的话，那就另当别论了。

他这样讲的心理背景究竟在哪里呢？我想是对于新文化运动打倒孔家店的一种反应。新文化运动时几乎把孔家店看成万恶的渊薮，于是他就回过头来把孔子抬到像天神般的伟大。这是一种想要翻转过来的心理。

对打倒孔家店而言，是需要如此翻转一下，可是后来就应该改用理性的态度来讲。什么叫做用理性的态度来讲？就是要让我们所讲的孔子，同时也能使世界上别的信仰的人都能接受。有没有这样的例子呢？有。像雅士培（Karl Jaspers）那两册《伟大的哲学家》，他讲孔子、讲苏格拉底、讲佛陀，我们都能接受。为什么我们能接受？因为他是用的一种理性的态度来分析,将自己主观的体验和理性的分析一起运用。他讲孔子,但并没有排斥孔子,他把孔子讲得很了不起,我们还讲不出来的。但他也同时讲苏格拉底、讲耶稣,也都讲得很好。这样的一种态度就使别人可以接受。

又如唐先生晚年写的那篇《孔子在中国历史文化的地位之形成》是很要不得的一篇文章。那样讲实在是把孔子限死住了,实在是不了解我们这时代对孔子应有怎样的了解。

你想想看:为什么从梁任公以来要把孔子摆在诸子里面的一家来看?这是什么意义?唐先生通常不肯了解别人的工作的意义,而只是用主观的价值去评论它,说你这样子不对,因为那不适合他自己的框框,不适合他自己的想法。从梁任公开始讲诸子,就是一种知识的态度,就是我们这个时代的态度,梁任公是用另外一个标准来看孔子,不是用传统的标准。传统的标准是把孔子当作圣人,既然是圣人还有什么话说?——这是一种崇敬的心情。

但是梁任公开始提倡的就是我们这个时代新的讨论孔子的风气——把孔子摆在诸子百家里面的一家。这是一种知识的态度,在知识意义上是各人都有自己的一套的,孔子当然不能包括各家嘛!而就知识意义来讲,要使孔子得到一个什么样的结果呢?就是要让孔子经过一个新时代的考验,一个认知的考验。我们把他当作教主崇拜了几千年,现在要以知识的角度让他接受这个时代的标准的考验,看看他在这时代里的价值如何?这是一个必要的过程。因为不经过这个知识的认知的考验,就没有办法把孔子变为这时代的孔子;而要把孔子变成这时代的孔子,使这时代的人都能了解孔子、接受孔子,就非得经过知识的考验不可。——究竟你所讲的那套东西在知识上有什么意义呢?——一定要能对这种问题有所回答才行;不然的话,对孔子永远都是情绪上的、感情上的崇拜。你有这种情绪,你就崇拜他;你没有这种情绪,你就不崇拜他。但是变成知识以后,任何有知识的人就都可能了解孔子、接受孔子了。假如我们能从梁任公那样的态度发展下来,而且都做得很好的话,我们是可以做到这样的地步——使所有有知识训练的人都能接受孔子。只要我们在理论上能讲出一套孔子的伟大来,那样的孔子,不论是学社会学的、学心理学的,凡是有知识训练的人就都能了解孔子了。你用感情把孔子说成是个如何如何伟大的圣人,学心理学、社会学的人理都不理你,人家根本不接受。他认为这是你心理上的一种宗教信仰的问题,根本和学问没有关系。

所以从一个知识的意义来了解孔子,这种了解在这个时代好重要啊!要使孔子变成这时代的伟人,这实在是个必要的步骤啊!

但是唐先生不了解这个意义,他一定要把孔子悬起来,把他变成万流之宗,变成所有诸子的来源。这样讲下来的结果,一方面客观上没有办法使人能接受,再一方面使孔子比传统的神圣化还更加倍的神圣化。这么一来,孔子就远离了我们,跟我们这个社会、我们这些现代人发生不了关系。

孔子之所以伟大,就在于他基本的生命特质是排斥神圣化的。因为他根本是一个人本的精神,你把他变成神圣的,对孔子的基本精神而言就不合适。所以,如果你一定要将他摆到如何如何的一个特别地位,将他神圣化的话,他就离开了我们,因为我们做不到。孔子也是人,伟人也是人,所有的人都有他基本的自然人性的限制,如果能注意到这一点的话,才可以把孔子讲成一个在我们左右的伟人。他伟大,但可以和我们很接近。要注意到他自然人性的一面,他也有弱点,也有错误,这不稀奇,任何伟人都不能避免。为什么不能这样了解呢?唐先生这样把孔子神圣化以后,孔子被讲得离开我们太远了,我们对他反而没有兴趣了。我们应该把孔子变成一个活活泼泼的人,一个在自然人性的基础上发展出来的伟人。事实上,他真是个人嘛!是个历史上的人物,而不是神话中的人物。为什么我们不能把他了解成一个跟我们很接近的人呢?他是伟大,但是跟我们很接近,这样才能使人接受。

所以我一直在想:为什么梁任公以来要把孔子视为诸子之一,其意义何在?这就是这个时代的要求嘛!非这样不可的!我们这时代一直都是以知识为主，这是这时代一个必须满足的基本标准。所以孔子要在现代里复活，就一定要通过这种知识的考验。

李：这使我想到一点——孔子或孟子对尧舜的看法。像孔子说"博施济众，尧舜其犹病诸"，认为尧舜都不能做到；像孟子说"舜何人也，予何人也？有为者亦若是！"在他们那个时代都能了解这种观念，为什么到了近代，像唐先生他们反而不能？

韦：这就是他的一种过强的使命感，以及对中国文化的感情太深。就好像一个母亲对孩子过分溺爱、过分深情，她会因此失去了正确的判断、客观的认识。所以徐訏对唐先生的一些难以理解的现象加以批评，原因就在唐先生被过分的热情、过分的使命感封锁住了，他不能很客观地去看一些其他的意义、其他的标准。这缺点的确很明显，从他了解孔子的态度上就是一个非常明显的例子。

尤：为什么我们一定要使孔子复活？我们现在社会的许多问题、许多背景都跟以前不一样。

韦：孔子乃中国文化精神的象征。如果我能够把孔子讲得使别人接受的话，我是希望这个时代能够产生更多他那种人格特质的人物：好学、勤奋，对人类关切，对社会承担、热爱。我们希望有更多像这样的人，使孔子复活的真正意义是要有更多像孔子的人。

尤：我们目前一般讨论的重点，大部分着重于如何使一个以前的人复活，却为什么不谈谈现在需要什么？

韦：这地方值得好好地想一想——这大概就是传统主义之所以为传统主义的特色之一。但我们现在讲传统，就不是传统主义的讲法，而是开放的。传统还是重要，因它是创造的一种动力、一种来源、一种凭藉。所以我们希望年轻人效法孔子那样的精神——热爱人类、好学勤奋的精神，这是可以学的。但是我们需要更多像他那样牺牲自己、贡献社会的人，而不只是一个孔子复活的问题。如果有更多能见证孔子精神的人出来，孔子当然就复活过来了，而且人家也更会崇拜孔子，说你这个民族伟大，有好多像这样伟大的人。人家自然会问：你是哪一国人？能做得这么好？喔！你是中国人，那一定是孔子的影响！孔子不就在你身上复活过来了吗？你老是在文字上求复活，是复活不过来的；而由行为表现出来，自然就复活过来了。孔子做人的精神，仍是现在所需要的。

谁都可以学孔子，去做个像孔子那样的人：像他那样勤奋好学、那样热爱社会。他的生命特质非常的明显，就是一股人道的热情！他为什么奔走列国，受了那么多的迫害、那么多的危险，还要"知其不可而为之"？这就是一种人道的热情在鼓荡着！这种热情是任何时代都需要的，不只从孔子一个人身上，这个世界上很多人身上都可以看得到啊！我们在台北看到一个王贯英，他虽然只是一个拾荒者，可是他这样子去做，可能对孔子复活的意义还更实在一点，他在行为上表现了，他这个人可以慢慢使人觉得他很了不起，他没有讲一句话，但是他实践了给你看。

尤：如果一个人能这样子做——如刚才所讲的王贯英，那么我觉得我们也不一定要把他归纳到孔子的范畴里去。

韦：对！因为你学耶稣、学史怀哲、学甘地，都可以，那是一种伟大的生命。伟大的生命你学到一个，在你自己身上实践出来，都可以跟孔子接近，在这种地方他们都有普遍性。

李：徐复观先生有篇文章认为唐先生的人格是仁者型，牟先生的人格是智者型，您对这种观点有什么看法？

韦：可以这样了解。就好像二程一样：程明道是仁者型，伊川是智者型，这是两种不同的型态。牟先生很敏锐，架构的能力比唐先生强；唐先生热情，对人生的体验则比较深。这只是人格的对比。

李：徐先生那篇文章里提到，他认为中国很多知识分子，当他得意的时候或有权的时候，就自认是儒家；而在失意或是退隐的时候，就会转向道家或佛教。他以此来攻击儒家，但我认为并不一定对。我们如果真是表现一种儒家的真精神，就应像孟子讲的：退隐的时候要独善其身，得意的时候就可以兼善天下。

韦：这只是一部分的现象，只有一些人会这样子。他得意的时候像儒家，失意的时候就住到庙里面去了，或跑到山上去了。但这只是一部分的人是如此，许多杰出的儒者都不是这样的，王阳明、朱熹就不是。

那么会有这种转变的人是基于什么原因呢？为什么有部分人会在早期对儒家很热衷，而后来又改变了？我看这种人都是热衷名利的，并不能成为真正的儒家。热衷名利，名利得不到时心理上就衰了，由大陆来的这种人多得很，到台湾就跑到庙里去当和尚，跑到山里去隐居，其实他们根本是热衷名利。然而热衷名利不是儒家的真正意义，这跟儒家本质上毫无关系，它只是一种现象而已。儒家虽然主张入"仕"，但科举制度不一定是受儒家唯一的影响而来的，这是一个政冶上的制度，像徐訏所说的那点，跟儒家本质上是没什么关系的。所以有这种现象，是因为中国有儒家的影响，而同时又恰好有道家的影响，使人容易逃避自己，其实这种情形在心理学上来讲是一种退化啊！那是自我否定的过程、退化的过程，那种人根本不配做儒者。真正的儒者在精神上一定是有所执着的。所以徐訏拿这种现象来批评儒家，不一定很恰当。

李：如果从这点来看中国哲学：从古到今，经过汉代儒家独尊后，社会上还是有道家、法家；到了魏晋隋唐又有佛学的输入，然后有新儒学把儒、释、道三者综合在一起。那么由这方面来看，是否佛学、道家、儒家的融合是一种必须的过程？

韦：就其本身来讲是没有什么必须的。这是历史的因缘，所以发展成这种三教合一的趋势，是因为都要在社会上和平相处，都要生存在这个社会上嘛！

李：我们看宋明理学的那几位大家，他们也都受了佛教的影响。

韦：那就是历史的因缘。因为那时候佛教兴盛，少年时代所受的教育主要跟佛教有关——你不能想像那时候佛教的影响有多大：读书场所有许多是佛教提供的，庙子里都是有教学的，读书人家庭清寒的就到庙子里去读，所以容易接受佛教的影响！而且那个时代，在社会上、地方上有头有脸、有头脑的佛教人士很多，这种情形下当然容易走上那个路子。所谓儒门淡薄，儒家那时候根本不能和佛教的社会力量相比，所以很容易进入那个地方，在那里摸索，等过一阵，自己慢慢成熟了，慢慢成长了，就开始一番奋斗，来甩掉佛门的影响。

讲到这里，我又想到一个中国儒家的问题：其实佛学有较好的训练，如果我们能真正接受佛教好好地训练的话，宋明以后的哲学应该有较大发展的可能。他们那智性的训练比我们强得多了。所以排佛运动应该看排什么，逃避现实是应该排的，天台、华严、唯识之学则可不必，如能把天台、华严、唯识那些好的智性训练接受下来，那么宋明理学会有更好的发展，因为那比较有理论、有架构。为什么佛学那么重要的发展，那么大的一股力量，在宋明理学中就不见了，只剩下一些谈禅的东西，而对佛学那么多的研究成果他们视而不见。这个态度，与儒家重实践的心态有关。如果在现代我们就不会这个样子，那么多的好东西，我们可以接收下来，训练我们的思想，接收下来才能真正消化佛教。宋明时佛教的衰微并不完全是因为儒家的兴起，而是社会很多的因素使然。汤恩比的书里提到远东文明的时候，就曾指出中国佛教的衰落，只是远东佛教衰落趋势的一部分。

我与佛学大师印顺的对话①

一 我对印顺法师的印象

1964年3月31日我见到印顺法师,这是我第四次和他会谈。第一次是由善导寺的云霞法师引见的,那是1957年5月上旬,在善导寺的一个小房间里。他是当代的佛学大师(许多年后,到现在,我觉得这一头衔,他是当之无愧的),但他见了生人很令人有一种亲和之感,会使人感到这是一个可以坦诚而亲切的谈话的对象。他不像俗界的名流,在等待着访客的问题,或只由一些不必要的应酬话对付着,他先主动地和你谈,会毫不矜持地说出他愿说出的话,这中间毫无一般陌生人第一次会见难以避免的俗情,和俗情引起的一些情绪上的纠结、窒碍,甚至微微的不安,这表示他表现在接物之间的简易。他是一个令人难以忘怀的人物,因为他在当下就可以超越一切俗情而形成的间隔,你走在他面前,他的亲和、简易立刻就使你也有一种出俗超尘之感,因此你和他对

① 编注:本文作于1964年4月2日,原载于台湾《天声》杂志四、五期合刊,后编入韦政通先生《传统的更新》,台北大林出版社1981年版。发表时文前有云:"1964年的春天,我在南下的火车上与印顺法师巧遇,在三小时的对谈中,涉及许多问题。其中比较重要的是,这一位在当代中国佛教思想史上具有代表性的人物,曾谈到他对佛教的一些根本见解,以及他昔年与熊十力先生为《新唯识论》而起的争论。这些都是关心印顺法师和熊十力先生的人士所乐闻的。这篇对话,是七年前谈话的次日记下的。七年来,一直未再见过印顺法师,日前因留日研究佛学的霍韬晦先生过台,会谈中一再提起印顺法师,才使我想到这篇对话录,同时《天声》杂志索稿甚急,故乘机取出此录应命。一九七一年七月六日韦政通附记。"

谈，才真正觉得不仅仅是在"谈话"，而是在"谈心"。这些印象当然是综合四次而得的，第一次我承认我的感应不深，最主要的原因是在七年以前，我一切都太幼稚，我还没有足够的学识去激发他的谈话，只大概谈谈东西文化的精神。那次谈话的具体内容今已不复忆及，十多分钟我就告辞了。

大概是在同年的4月底或5月初，我在新店的竹林精舍偶遇云霞法师，这是我一生与佛教结缘之始。当时我正隐居北投大屯山麓，生活无依，企图就寺院觅一栖身之处，以度艰困。我和云霞初度见面，佛门弟子，毕竟多带慈悲心，我只向他稍微透露了一点心思，他因在香港《人生》杂志上读过我的文章，就凭这点外在的了解，就一口答应为我设法。梦也似地，好像只隔了一天，午后就有两个僧人坐着包车到了大屯山我的门前，云霞法师带着仁俊法师来了，说已为我找到一理想住处——碧山岩，在南投县的一个小山上。南下以前，云霞问我要不要见见印法师（他们都这样称呼印顺法师），我当然不会拒绝，于是有前面所说的第一次的会见。

第二次的见面是在碧山岩。1957年6月1日我去了碧山岩，一切像梦境似地展开，这里的环境，和几十位年轻的佛门女弟子（也就是我的学生）将使我终生难忘。仁俊法师已先我南下，就在此山此寺"禁足"，我们每餐共食，晚饭后照例要在大树（记得多半是芒果）围绕的院子里散步，谈的自然以佛法为中心，仁俊可以算是我佛学的蒙师。好像就在当年的秋天，天气还很热，印顺法师陪着一大群回台的华侨佛弟子，坐着游览车作环岛观光，中途来到碧山。他们到的那一天，我恰巧去台中东大访牟宗三先生，印顺法师是晚就住我的房间里。第二天午前我回来立即见到了，因客多，分了他的心，我们没有谈什么，下午离开碧山去日月潭，我也送他们到山下。

第三次会见是在福严精舍，这地方是印顺法师开辟的，当年是台湾佛学研究的中心之一。那次去也看到演培、续明两法师，他们两位是我在碧山见过多次的。第三次的时间是1960年4月，因春假我去狮头山住了两天，下山后顺访吴顾言先生，由他带路就到了福严精舍。上午恰好赶上印顺法师例行的开示，我也坐下来听了两小时，还扼要地记了一些，记的是什么，现在也没有印象了。他说法是坐着的，在一个讲堂里，有一张很大的长方桌，听讲的人就坐在四周，记得很清楚当时还有两位年轻的出家女弟子听讲，长得清秀脱俗。印顺法师说话很从容，音量中等，但很清晰，间或用手势帮助表达，面上有表情，时而凛然，时而微笑。我们因见过几次了，所以也就偶尔谈谈佛法以外的事，他很少提到其他的人，即使问题涉到，也不提人名。

二　难得的因缘

由于一种难得的因缘，我竟获得一次单独和他对谈的机会，这算是第四次了。昨天清晨，我从台北搭乘早上八时的特快车去台中，排队进站时，就发现我的后面有两名年轻比丘尼、一名中年法师、一名年长的法师，排在我的身后。年长的法师，身材略长，体型适中，穿浅灰白色僧衣，因他侧着面和一比丘尼讲话，我在一瞥间未能看清他的脸，也就未在意。上了火车，我是乙车二十八号，找到位子，发现那位年长的僧人已先我而至，正准备坐下，就在我的身边，我眼睛注视着座号，立刻脑际就浮上一念头："今天旅途中可以有一个和尚聊聊天了！"就在这一刹那间，我转目过去，立即发现一个熟悉的脸庞：

"是印顺法师！"

"呵！韦先生！"

"到新竹去？"

"去台中。"

"我也去台中。"

彼此都似乎微显惊讶喜悦的神色，但马上就安静下来。

三　印顺法师的自白

由于难得的因缘,更为难得的一席谈话开始了:

"这多年来,我看了你的文章不少,我个人了解的佛教,就是通过了你的文章和你的书的。"

"……"没有什么表情地微点点头,并没有不必要的谦虚。

"不过我对你的文章有一个感觉,就是觉得总不愿将最后的境界透出。"我紧接着说最后那句话,是我临时的慎重措词,在平日,我们是觉得他的文章"总是一般性的,好像透不上去"。经过昨天的谈话以后,才知道我们确是有几分误解的。

"我在杂志上发表的文章浅一点,这是一种方便。就这样,一般读者接受已经很困难。"

"众生根器不一,为了向多数人宣说佛法,多写一些浅一点的文章是对的,但为了少数追究高深佛法的人,也需要写点深刻的东西留下去。"

他立刻就明白我这话语背后的意义,在低声地"呵! 呵!"两声以后,当下就决定要满足我的意愿。我当时心中形成的一个问题是:"很希望能知道老法师研究佛法一生,对佛法的根本见解。"我踌躇像这样一个问题,他是否能在仓促间答复我? 所以我就没有将问题明说出来,而用上面的几句话,先作一试探。印顺法师完全不想回避,即时就明白了我的意愿,那丰富、深刻,且代表自白性的一番长论,就在极平淡的语气中推了出来。他的头向右偏一下,看我一眼,然后用他平常习惯的音量向我说:

"我的佛教不是中国的"。因为这句话太重要,几乎一下子将我蒙塞了,我的头左偏一下,表示好像没有听懂这句话。我们坐的距离因为太近了,所以彼此间感应极快。他又重复一句:"我的佛教不是中国的,而是印度。"

"是印度的原始佛教?"我用极快的方式抢问了这一句,因我想到原始的佛教,不是更接近释迦牟尼佛所表现的形态? 我的想法却错了。

"佛教无所谓原始的佛教和后来的佛教,如历史上所说的大乘(他读趁音,有人读胜音)、小乘,都是一样的。大乘、小乘的不同,是由于修习者的个性、风俗、资质,扩大点说,民族性、地理环境,也有影响。一般人以为我学大乘就是大乘佛法,哪里有这回事情。大、小乘的佛法是一样的,在表现上超越精神强一点的就是小乘精种,重视当下即是的就是大乘精神,为什么有这样的区别? 这是由于个人的资质和个性决定的。落在一个一个具体人身上表现,这两种倾向都难免偏一点,一般人就由这'偏'上看,觉得大、小乘是截然不同的两种精神了。其实在佛法上没有这回事情的,不论大乘和小乘,重视实践是一样的,落在具体的生命上表现虽有偏,但一往超越的精神不是真佛法。大乘的精神往下拖,就同于世间法,也不是真佛法。……"他的话并无意停顿,但我又抢着发问了。

"老法师认为释迦牟尼佛在当时所表现,是偏重超越精神一面,还是当下即是一面?"(我的问题,仍是由于"原始佛教是小乘的精神"一观念在意识中作祟而起的)

"释迦牟尼佛表现的是中道,我认为他是没有偏的。"(佛既然是中道,所以大、小乘的分别,自始就不存在的)。

四　佛说法的三个阶段

"我想请老法师说一说对佛一生说法经过的了解"(这是前面我悬想的"很希望能知道老法师研究佛法一生,对佛法根本的见解"一问题的变形,至此我才发现前面的悬想是不必要的)。

"佛说法有三个阶段,开始的第一阶段,是智的解析,是解析我们人生的一切现象(老法师在较后的时间,曾补充所谓智的解析,不是纯理智的活动)。佛的解析人生现象,是为了达到证悟(这名词是我用的,忘了他当时是用什么名词说的），知行之间并未割截。佛宣说佛法入手时，所以必须解析人生现象，外缘上（这三个字也是我加的）是为反抗传统的婆罗门教的自我。婆罗门教以为我们人有真实的自我，这自我可以主宰一切（他怕我听不懂'主宰'两字，特地用指头潦草地划了下），这种思想，与中国传统（按：应是指儒家）所想的是一样的。佛教和其他各种文化的不同，就在反对这个自我，打倒这个自我，最后归于'缘起性空'，这是佛教的特色，也是它和其他文化不同的地方。婆罗门说自我，依据佛的解析，这自我根本是一种'我执'，这是人最深的自私心（案：这话会引起无穷的纠结，比如儒家的主宰性的自我，在儒家这是'乾坤万有基'（阳明语），是'价值之源，理想之根'（牟宗三语），与'我执'、'自私心'的解释，正是相反。这种见解上的距离，代表儒佛两家的本根，加以调和根本无可能，这是过去儒释争论的焦点之一）。人生罪恶的总根源，系依据自我，认为现象界如何如何。其实这只是主观的构想，现象界并不是那回事，你认为如何如何都是'我执'。佛解析人生一切现象的总结，曰：生老病死，这便是缘起法，缘起就是宇宙的根本法则。因缘起，故说性空，'空'是佛对宇宙的根本见解（正与自我相对照），说空、说真如、说涅槃，名异而实同。"

"性空（真如、涅槃）和缘起的关系在理论上究如何说明？"

"在一般是本体生现象啰！有体有用啰！真如和缘起的关系与一般的本体论不同，它不是真如是一层，缘起又是一层，它们不能分开的。"说到这里，老法师顿了顿，大概是在思索这关系的恰当词，我说：

"这关系不大好说，因为用任何名词几乎都难免被误解，因人一看到名相，就不容易离开这名相所活动的传统的束缚，且大部分的名相，都可以联想起一老套的东西。"

"是不大好说。"老法师终于未说出一个恰当的名词。事后我细想想，这关系不是在一种对象上，从修持的工夫上说，或可以说"即缘起而证空"。由缘起显差别，化去差别相，彻始彻终，彻上彻下，彻内彻外，显隐无间，便是空，比喻地说，相当于"具体的普遍牲"，空是普遍性和特殊性通贯在一起。但这样说只是为了了解的方便,亦易生误解,藉禅家的一句话来说,是"心性路灭、言语道断"。不可说,不可说。

（案:所谓三阶段,老法师并未列举地说,在解释的过程中,话不免旁敲侧击,我也有几次觉得迷了途,把握不住他讲的理路,这是因为他将缘起从"内在运动"、"关系"等观念解析颇细。当我迷惑感来时,我似懂非懂地问:"你对内在运动和关系的分析是第二个阶段吧?"他一语破的:"这就是缘起。"从智的解析入手,是第一阶段,这阶段重在说明现象的这为什么,那为什么;由这种解析下手,然后知一切现象都是缘起,这就进入第二阶段;即缘起而证空,是最后一阶段。这是佛在时说法的演进过程,也就是中道所以为中道的证明）。

老法师说到这里停了一分钟,我又问:

"老法师所说佛法的三阶段,自然也就代表你自己的看法啰?"

"这只能说是一种思想,实践的工夫还差的远。"

"重视理智的分析,自释迦牟尼佛起就是如此?"我似乎对这一说法还信不及,所以不惮其烦地再问一声。

"是的。"老法师的回答很肯定。在谈话中,我几次注意,他对论理的效果颇重视,因此也使我联想到不论是方内方外,有些人似乎对印顺法师有一共同的看法,觉得他是一个"学僧"。早若干年牟宗三先生也曾说他是"和尚中的知识分子",这话背后意味着"他的修持工夫不够"。从这次谈话后,我觉得这种泛泛地、外在的看法,实属皮相之见。因为我们这次并坐着,彼此目力所距的空间不过尺许,我能看清楚他脸上每一条皱纹。从他的目光里,从他的血色,我判断他有相当的工夫。

五　对"证如不证悲"一判断的申辩

一小时已过去了,车已过新竹,老法师起身到厕所小解,回来因气候转热,从里面脱下一件夹袍,然后坐下,他又谈话,言量比上一小时压低些,他显然有点疲倦了。本已不忍再多谈,想让他休息吧,但他一再地说今日和我相见真难得，我也想像这样一个机会，要想事先安排都不容易，但缘分天成，冥冥中却注定我要接受这一次强而有力的心灵激荡。他虽然倦了，但谈兴未减，我想与其杂谈，不如再请他谈一个重要问题吧。

"老法师，牟宗三先生曾对佛教有一句最后的断语，就是说佛教是'证如不证悲'、'悲如判为二'。这是说佛教落到最后只是就缘起幻化的空性而言如，大悲心反而不能充沛透显，这不是与释迦牟尼佛度众生的悲愿相悖反吗？"

牟先生这一句断语，要了解是需要有解释的，我提出这一问题时，心理就已经在做准备。但老法师并没有要求我加以说明，对这样一种全不以为然的断语，也并未露出丝毫不愉快的脸色，在平淡从容中，开始申辩。

"我觉得不可以这样说。悲如并非判为二，佛说纵即是由智下手的第一阶段，仍是大悲心在支持的，佛法处处都表现悲心，和真如并不能分为二，所谓同体大悲即是。佛对世界一切只是随缘（无可，无不可），该怎么做就怎么做，在主观上不着一点意思，一着意就是自我作祟，就是我执。比如一个人，要把这件事做好，这是好的；可是当另外一个人也想把他的事做好，为了想'把这件事做好'，他就能凭手段使大家都感觉到'他是做得比别人好'。原始的动机是善的，而结果都流于恶而不知，并总认为自己是要做好这件事。这说明世间法，都是缘起法。破我执，一切随缘而行，无可无不可。若有自我，如何达到无可无不可？"

老法师在答复这一问题时，费了相当时间，可能是因为我也有点疲劳，注意力已不能如前一小时那样集中；也可能因老法师不知"证如不证悲"一主断的详细内容，故未能相应而扣紧着说，所以稍显凌乱些。有一段时间里，我完全未能把握他的语意，所以在这一个问题上，我遗漏最多，勉强记忆的一点，其准确性恐怕也要打一个七折。不过老法师对这一主断完全不能赞同，这是可以从他的谈话中确知的。记得在回答这一问题时，他又强调佛教有佛教的特色，牟先生的主断，是站在中国文化立场上看的结果,未及注意佛教的特色。他又说,佛教如泯除这一特色,佛教终将不能存在。这意思非常显明,牟先生站在中国文化立场上对佛教的批评,不可能被印顺法师接受,是可断言的。

谈到这里,我曾多次注视他,如果我发现他对谈话有丝微厌倦,我就不会再继续这段谈话了,可是他一直不停地谈着,一度我说:"你累了,休息一下,让我多说一点。"他只是笑笑,还是继续说,我静静聆听,我就再提新问题。

六　略评熊十力的"新唯识论"

"我正准备写一部书,其中将谈到熊十力先生,我将试探着对他作点评价的工作,我很想再读一读你评《新唯识论》的那本小书,福严精舍那边还有存书吗?"

"有的,我寄给你。熊十力对佛教有些认识,但对空有两宗都有误解,他的反对,都起于误解。他的一些观点,多袭自天台××(我已记不清是不是华严),他讲起来都好像是自己的,这实在有欠学人的真诚。他批评唯识,他后半部(我想是指《成唯识论》)根本没有看,所以批评多不相干。最糟的是他写《新唯识论》,这本书算作是他自己的思想,谁也不能反对,他硬要说《新唯识论》才是代表真正的佛法,哪里有这个道理(我想这是印顺法师写《评新唯识论》的真正原因)。总而言之,他仍是中国传统的观念,他不能了解佛教的特色。我们讲佛法,就是显这一特色,佛教保不住这一特色,它就不能永远存在。"我上面的问题,我只是向他借书,老法师的回答,除答应借书外,几乎是毫不需要思索就立刻提到熊十力,毫无掩饰地表示对他不满,而且我发现,他一提到熊十力,语气就微显激动。在这中间,我顿时想起《评新唯识论》一书的引言中,有"老僧长夏无事"的气概与激动,二十多年了,这种情绪亦未稍煞,可见熊十力《新唯识论》的确引动了印顺法师的气愤。上面这段话,印老法师所说的超过了我的预期。因连续谈了将近两个小时,我不忍心再消耗他的精力。但我们的谈话，没有丝毫的勉强，仍然继续下去。

七　关于中国的佛教

"老法师！你认为在中国的佛教中，哪些宗派是能代表印度佛教的？"

"早期进来的小乘（不知指何时代、何宗派，当时也未问），还有玄奘的三论宗，都还能保持印度佛教的特色。"

"一般都认为像天台、华严、禅宗等中国佛教，是对印度佛教的修正，老法师对这一看法觉得怎样？"

"所谓中国的佛教，不论是哪一宗，他们并不是一面信佛教，一面又存心修正佛教，绝对没有这回事的。所谓中国的佛教所表现的风格、形态与印度佛教不同，这个不同，不表示佛法本身有什么不同，而是因为受了中国的传统以及民族性的影响，这影响是一定有的，这不同也一定不能避免。佛教传到日本有日本的佛教，传到西藏有西藏的佛教，将来也一定会有欧洲的佛教，这都是受各地传统和民族性的影响而有的。在佛法的根本义上，并无不同，否则便不是佛教。"

老法师也认为宋明理学对佛教多误解，但他的态度是比较同情的，他说："他们（指理学家）为了自己的文化，不能不那样讲。但现在不同了（这话表示的意思可惜我未曾进一步要求说明），像熊十力的《新唯识论》，实在不必再那样讲了。"下面是他对儒佛不同的判断：

"儒家总是以家庭为本位的文化；而佛教，我们可以说它是以人类为本位的文化。"

八　欧阳竟无和太虚大师

在谈话中，从熊十力很容易联想到欧阳竟无，我说：

"欧阳竟无讲的唯识，老法师认为如何？"

我记得很清楚,这问题我是问了的,但现在在记忆中已想不起老法师是怎样回答的,可惜! 因欧阳竟无,我又想到太虚大师,我对他们两人又下了这样的两句断语:

"欧阳竟无宣扬佛教是学者型的,太虚大师可能更接近释迦牟尼佛的形态。"

印顺法师听了我的话,看我一眼,一副爽朗喜悦的面色,似表示同意我的看法。他对这位在他生命史上和他甚有关系的太虚大师,还说了一些,我记得的有:

"太虚大师讲的也是中国佛教(以《起信论》、《楞严经》为主),这一点与我不同。但太虚大师对许多经论所发表的见解,有许多是精彩的,对我有不小的影响。"

九　一个妙喻

我们这次在将近三小时的谈话中,老法师曾多次提到一般人对佛法的误解。他说:"我在杂志上发表的文章,你说不够深刻,就那样,一般的读者就已不懂,而不断产生误解。比如说,依据佛法,释迦牟尼当然是永生的、不灭的,但一般人却要问:你说佛永生不灭,他现在在哪里? 这个问题不容易回答,是不是?"法师又说:"中国的儒佛之争,都是因为中国有很高的文化。中国人有很高的文化,所以总要拿这个文化和佛教比较、对照,争论也就因此而起。如果像非洲,他们文化低,基督教去了,他们要不就全不信,要不就全接受,他们自己没有传统,所以也没有争论。基督教到中国来,就不容易,和历史上的儒佛情形正同。"老法师也认为宗教之争落在现实上,永远不会停止。在这里我补充一句:"假如几个圣人像孔子、释迦牟尼、耶稣,能当面谈谈,他们用不着说一句话,就会相悦而解的,一切法最后是不隔的。"他对我的话没有表示意见。为了说明一般人对佛教的误解,法师说了一个妙喻:

"以前有一个出家人在杭州西湖打坐,有人跑去向他说:'你有家吗?''有'.'你想家吗?''想啊'!'你有父母吗?''有'.'你想父母吗?''想啊'!'你有家有父母,为什么不回家去呢?'这个出家人就很受感动,回家去了。有人就拿这例子来反对佛教。我现在学一个类似的例子:一个在守卫的战士,在前方的战壕与敌军炮战,你跑去向那位战士说:'你有家吗?''有啊'!'你有父母吗?''有啊!''你有家有父母,为什么不回家去呢?'同样的话改一个方式来问,你说有没有道理,通不通?"

我听了这个妙喻,大笑,法师也大笑。这一笑,使我们二三小时的谈话所带来的疲劳,一扫而去,轻快极了。

十　准备再进关

车过丰原,已十点四十分,二三小时,在我只好像是一餐饭的时间,但回想一下,所谈的问题已够多了,我的意外的收获已太丰富。在最后的五分钟里,我问起演培法师、续明法师,还有曾和我共同生活达十五个月之久的仁俊法师。

"续明现在出国去了,演培也在国外,最近就要回来,仁俊现在在福严精舍。"

"四十九年①春假我去福严精舍,曾听演培法师说要闭关的。"

"他没有,我最近准备闭关。"

"不会太累吗?"

"进关是休养,不会累。这多年来,在佛教的社会里,事情繁杂些,最近我的头脑发生一种奇怪的现象:一般人是疲劳的时候才会头昏,最近我每天清晨睡醒来以后头发昏,所以想休养一下。同时发心要写的几本书,也想借这次进关写出来。"

"关房在福严精舍吗?"

---

① 编注:即 1960 年。

"在嘉义市一个比较冷静的地方,有两间茅棚。"

"进关以后告诉我一个地址,过相当时间以后,我想去看你。"

"好!那边做了新门牌以后我告诉你。"

十一点差十分,车到了台中,他径自走了,后面跟随着两位比丘尼。他用一根手杖,走起路来脚步很稳,步稍大,上身挺直,目向前。下天桥时,我赶上他,他看看我含笑不言。在出口处,我与他分别,我欠欠身子,也没有说话。

徐复观先生的志业①
——以传统主义卫道，以自由主义论政

> 天地间惟理与势为最尊，虽然，理又尊之尊也。庙堂之上言
> 理，则天子不得以势相夺，即相夺焉，而理则常伸于天下万世。故
> 势者，帝王之权也；理者，圣人之权也。帝王无圣人之理，则其权有
> 时而屈。然则理也者，又势之所恃以为存亡也者。以莫大之权，无
> 僭窃之禁，此儒者之所不辞，而敢于任斯道之南面也②。

——吕坤

一　引言

　　1982 年 4 月 1 日，徐复观先生在台湾结束了他波澜的一生，虽然表面上他的身后，显得出奇的寂寞，但在海内外的知识分子之间，却引起相当大的震撼。在多达九十六篇大都出于至性真情的悼文中③，有的称他为"自由民主斗士"（梅广）、"无私无畏的政论家"（胡菊人、陆铿），有

---

①　编注：本文原载 1986 年 10 月 10 日台北《中国论坛》，后收入韦政通先生著《历史转捩点的反思》，台北，东大图书公司 1989 年版，原题为"以传统主义卫道，以自由主义论政——徐复观先生的志业"。
②　吕坤：《呻吟语》卷一《谈道》，台北，河洛图书出版社 1974 年版，第 43—44 页。
③　见曹永洋等编：《徐复观教授纪念文集》，台北，时报文化出版事业公司 1984 年版。

的称他"无畏护义是真儒"(胡秋原)、"良心和勇气的典范"(萧欣义),也有人说他能"坚持知识分子的尊严"(逯耀东),"是我们这一时代背负传统文化十字架的人"(君逸)。

在意识形态上,徐先生通常会被纳入传统主义这一范畴;从"自由民主斗士"这一角色来看,他的思想是不为这一范畴所范限的。事实上,他是以传统主义卫道,以自由主义论政。在卫道的立场上,他对自由主义者反传统的言论痛斥不遗余力;在论政立场上,他又往往与自由主义结为联合阵线。因此,他与自由主义之间,是一种既矛盾又联合的关系。

由于他的思想同时结合了这两种成分,所以有人称他为"人文自由主义者"(杜维明)或"创新的传统主义者"(萧欣义)。基于这一种特性,使他的卫道与顽固的保守主义者和消极的保守主义者均大异其趣[1]。他所护卫的道,与其说是儒家的一套道德理想,不如说是"士志于道"的以道自任的精神。在徐先生看来,儒家真生命乃寄于身体力行之中,假如没有"良心和勇气"的承当,没有身体力行的实践,一切道德理想都将落空。孔子提出"士志于道"的伦理命题[2],是中国史上最早赋予知识分子以理想主义的精神。环绕这一命题的相关陈述中,孔子针对当时新兴的知识阶层,要求它的每一分子——士——都能超越他自己个体和群体的利害得失,而发展出对整个社会的深厚关怀[3]。因此,作为一个士,不论穷达,他的价值取向都必须以"道"为最后的依据。这样的人物,在任何环境中,都自然能表现出"无私无畏"的道德勇气,并"坚持知识分子的尊严"。

---

[1] 萧欣义:"顽固的保守主义者幻想传统都是好的,他们宣称传统没有黑暗面,没有专制政治,没有吃人的礼教,他们指斥这一切都是别有用心者塑造出来诬蔑中国文化,以迎合帝国主义及国际汉奸的丑剧。消极的保守主义者,虽然承认传统中有病态污秽的地方,但认为不能轻谈改革,因为一旦改革,社会就失去秩序,而混乱失序的代价,远超过改革所获得的益处。"见《徐复观文录选粹》,台湾,学生书局1980年版,编序第8页。

[2] 孔子说:"士志于道,而耻恶衣恶食者,未足与议也。"见《论语·里仁》。

[3] 参考余英时:《中国知识阶层史论》古代篇,台北,联经出版事业公司1980年版,第39页。

在孔子的心目中,国君仍是可以有为的,因此,他期望能提高君的品德,在这个前提下,他甚至不反对以君为师。另一方面他也鼓励"志于道"的"士"能以德致位——有理想、有品德的知识分子去参与现实政治。到孟子的时代,国君们连尊王的形式都已不能维持,有的是"望之不似人君"的庸碌之辈;有的虽具雄才大略,但又醉心功利,专求富强。前者是孟子不屑一顾的,后者又与儒家的价值取向有基本的冲突①。在这个背景下,于是转而主张以德抗位,并正式揭出"道尊于势"的观念②,本文扉页上所引明代理学家吕坤讲"理尊于势"的那段话,便是继承了孟子的精神。吕氏之言,不仅点破了两千年来中国"道"与"势"之间的紧张之源③,也不难因此索解主宰历代"背负传统文化十字架"的"真儒"命运的是什么。

必须先了解上述儒家理想主义的传统,才能握有解开复观先生后半生所开创的卫道论政志业的生命之钥。远在1953年,当时他的志业尚在起步,就写下《理与势》一文,他说:"理只有是非而无大小,势则不仅有顺逆而且有大小。吾人若仅凭势以自固,则遇势之小于吾人者,吾人固可肆其志,而觉人之莫可奈我何;但一旦遇势之较吾人为大,且对吾人为逆者,将立见神消气沮,张皇失措。此无他,不与理相应的心,便是中无所主、随风飘荡的心,真正的信念不会树立起来的。……能与理无所惭,即能于势无所畏。""中华民族的信念,是理而不是势,这是几千年的历史经验所培育、所证明的。"④这些言论正好是孟子"道尊于势"一观念的现代诠释。根据这些言论,我们有充分的理由说,当他五十一岁时,不仅就已经由自觉意识接上儒家理想主义的传统,而且"道尊于势"这一伟大的信念,也早已深植于他的生命之中。这个信念在历史上曾

①　以上参考韦政通《先秦七大哲学家》,台北,牧童出版社1974年版,第39、41页。
②　孟子说:"古之贤王好善而忘势,古之贤士何独不然? 乐其道而忘人之势,故王公不致敬尽礼,则不得亟见之,见且由不得亟,而况得而臣之乎?"见《孟子·尽心篇上》。
③　余英时:《中国知识阶层史论》古代篇,台北,联经出版事业公司1980年版,第41页。
④　徐复观:《学术与政治之间》甲集,台中,"中央书局"1960年版,第115页。

使许多儒者为之生、为之死，徐复观先生后半生的志业，既发扬了这个
传统的光辉，也为这一信念提供了极为鲜活而又生动的见证。

二　生平与性格

　　1903 年元月，复观先生出生于湖北省浠水县一个贫苦的农家，二十
三岁之前，大部分时光都生活在这个荒寒、破落的农村。晚年，他回忆：
"我的生命，不知怎样地，永远是和我那破落的塆子连在一起。"[①]自称
"是大地的儿子"[②]，这不但使他对辛勤于大地上的农民始终怀有厚意深
情，也形成他精神动力的源泉。他告诉杨逵："至于我，和唐小说中的程
咬金一样，每被人打倒在地上时，一闻到土气，便又活转过来了，所以不
会被人打死的。"[③]

　　金耀基说："徐复观先生是当代中国的一枝巨笔，这枝巨笔曾风动
一代人心。"[④]文字的才华，一部分固出于天赋，另一方面他就读武昌第
一师范与武昌国学馆文科时（1920—1926），曾有桐城文的训练。后来
他那独特的宏肆雄辩、元气淋漓的文章风格，与他深厚的学养以及狂狷
的性格是密不可分的。这方面的才华于国学馆时就已显露，他的诗文
在馆中有过两次榜首的记录。有一天在馆里教《周易》的刘凤章先生把
他找去："我知道你很穷，但不要灰心，像你这一枝笔有一天露了出来，
一定会名动公卿，还怕没有饭吃吗？"[⑤]徐先生有时候虽表示对自己写的
数百篇时论杂文并不重视，实际上他对留下的所有文字都有信心，也极
珍惜[⑥]。

---

① 《徐复观文录选粹》，台湾，学生书局 1980 年版，第 291 页。
② 徐复观：《学术与政治之间》甲集，台中，"中央书局"1960 年版，第 64 页。
③ 曹永洋等编：《徐复观教授纪念文集》，台北，时报文化出版事业公司 1984 年版，第 168 页。
④ 《徐复观教授纪念文集》，台北，时报文化出版事业公司 1984 年版，第 113 页。
⑤ 《徐复观文录选粹》，台湾，学生书局 1980 年版，第 302 页。
⑥ 参考徐王世高：《百日致亡夫徐复观先生》，《徐复观教授纪念文集》，台北，时报文化出版事
　业公司 1984 年版，第 5 页。

1930年，年二十八，得湖北清乡会办中人资助赴日本留学，初本拟于明治大学攻读经济，旋因资助中断，改入陆军士校步兵科，这一学历使他于"九一八事变"回国后，在军、政、党各界浮沉二十年。在国民党里，曾参与高阶层机要工作①。抗战期间（1942）奉军令部之令到共产党的大本营延安任联络参谋，因而常有机会在窑洞里与毛泽东畅论国事②。这一背景，使他多年来检讨海峡两岸时政的文章，往往因能依据他当年亲身的经历和观察，而深入其病痛。

五十岁以后，徐先生所以能成为"学术界的一位传奇人物"③，必须追溯到1943年在四川北碚金刚碑勉仁书院见熊十力先生，后并拜其为师这段因缘。熊先生是一位不讲客套的严师，第一次见面就教他读王船山的《读通鉴论》，再见时问有什么心得，徐先生说了许多不同意的地方，这位老先生未听完便怒声斥骂："你这个东西，怎么读得进书！任何书的内容，都是有好的地方，也有坏的地方，你为什么不先看出他的好的地方，却专门去挑坏的。这样读书，就是读了百部千部，你会受到书的什么益处？"④徐先生认为这对他"是起死回生的一骂"。从此，受到熊老先生不断的锤炼，才逐渐使他从个人的浮浅中挣扎出来，并感到精神上总要追求点什么。

由于这段不寻常的因缘，使他于抗战胜利后，在那波云诡谲、人心不安的乱局中，竟然默默地开始实现以学术文化报国的意愿。1947年得蒋中正先生之助与商务印书馆合办纯学术性刊物《学原》。后又在香港创刊《民主评论》，现在台、港之间的新儒家，就是从这个杂志起家的。直到1955年因沈刚伯的推荐进入新成立的东海大学为止。这八年间，是他逐步挣脱现实政治、闯入学术文化圈的历程。在这历程中，"道"的

---

① 这段经历见《垃圾箱外》一文，《徐复观文集——忆往事》，台北，时报文化出版公司1980年版，第22—46页。

② 这段往事见《徐复观教授纪念文集》，台北，时报文化出版事业公司1984年版，第49—50页。

③ 《徐复观教授纪念文集》，台北，时报文化出版事业公司1984年版，第235页。

④ 《徐复观文录选粹》，台湾，学生书局1980年版，第315页。

意识越来越明朗,"势"则由意识中慢慢沉淀,终被逐出于自我的价值世界之外。

　　进入东大当教授,实现了他一生职业上最大的志愿①,但因没有受过现代正规教育,总不免掩不住他内心那份遗憾之情②。"半路出家"是他常挂在嘴边的话,当他治学有成后,这话或许只表示他的谦虚,在进入学术文化圈的初期,这种话就不能不视为一种自卑感的流露。心理学家阿德勒(Alfred Adler)说:"我们每个人都有不同程度的自卑感,因为我们都发现我们自己所处的地位是我们希望加以改进的。"③复观先生在这个阶段所面临的,还不只是要改进他所处的地位,而是要从事重大的生命冒险,重新跨入一个与前半生完全不同的生活领域。因此,他的自卑感也比一般人来得格外强烈,证据之一是他时常与人论战,他似乎要靠打笔仗才足以解除自己内心的紧张。

　　时常与人论战这方面的行动,对复观先生的性格以及生活上究竟具有什么意义,当然有好多种可能的解释,例如你可以说是因为他性情刚烈、富正义感与同情心,有丰沛的感情,而脾气很坏,主观甚重④;可以说是为了维护知识分子的尊严,发自"不能自已的良知";也可以说是出于卫道的热情和以道自任的气魄。这些了解都可以找到充分的证据来支持,在这里我们所以要把论战这方面的行动与自卑感连结在一起,主要是为了了解他从事生命冒险、终于走上成功之路,提供另一条线索。"自卑感本身并不是变态的,它是人类地位之所以增进的原因"⑤。无疑的,不断论战对徐先生而言,不只是自卑感的表现,同时也是他克服自卑、追求优越、发挥个体功能的方式之一。他一直不停地努力,企图使自己在最感自卑的领域,变得卓越非凡,他的目的大抵达到了。

---

①　《徐复观文录选粹》,台湾,学生书局 1980 年版,第 307 页。
②　《徐复观教授纪念文集》,台北,时报文化出版事业公司 1984 年版,第 129 页。
③　A·阿德勒著、黄光国译:《自卑与超越》,台北,志文出版社 1971 年版,第 40 页。
④　《徐复观教授纪念文集》,台北,时报文化出版事业公司 1984 年版,第 235 页。
⑤　阿德勒:《自卑与超越》,台北,志文出版社 1971 年版,第 44 页。

假如把论战的涵义扩大，徐先生还不止于常和时贤较量，在中国思想史上，凡是他下过功夫的部分，一旦形诸文字，莫不异见纷纭、争议四起。在现实上，他是"恶声至，必反之"；在历史上，他对历代的学术权威是从不轻易信任的。梅广认为"在目前，只有徐先生的人格可以盖棺论定，他的书是无法盖棺论定的。他的文章著作有相当一部分相信以后还会继续引起争论"①。引起争论的原因，至少有一部分是由于异见颇多。这种情形，或许正如余英时所说，也是一种伟大的异端精神的表现吧②！异见纷纭，不服膺权威，固然可视为一个人创新活力的表征，但又何尝不是阿德勒所谓"过度补偿"（over-compensation）的心理作用？徐先生到晚年，对他前半生的政治生涯，简直到了深恶痛绝的地步。如此异乎寻常的心态，除了自罪自责的潜意识之外，恐怕也只有从这种心理作用才能加以了解。

徐先生在东大十四年。东大是一教会学校，他在那里却以弘扬儒家及中国文化为职志，因此长期以来，他与学校当局"都在发挥不得已中的耐性"③。到了1969年，终因揭发"文化汉奸"梁容若一案，冲破东大当局能忍耐的极限，而被迫退休，这是他晚年（六十七岁）生活遭到的一大挫折。当时他已在台湾生活二十年，并曾在这块土地上创造了生命的奇迹，旧雨新知也多在此，使他很留恋台湾。后因谋其他教职未成，不得不去香港新亚研究所，新亚待遇菲薄，在一星期之中，五天从事学术著作，用两天写时论，以贴补家用。在香港十二载，垂暮之年，却以惊人的活力，顽强的工作热忱，完成三大卷《两汉思想史》，使他三十年的学术生命到达了最高峰。

1982年，年八十，逝世于台北，遗嘱是："余自四十五岁以后，乃渐悟孔孟思想为中华文化命脉所寄，今以未能赴曲阜亲谒孔陵为大恨

---

① 《徐复观教授纪念文集》，台北，时报文化出版事业公司1984年版，第235页。
② 《徐复观教授纪念文集》，台北，时报文化出版事业公司1984年版，第116页。
③ 《徐复观文录选粹》，台湾，学生书局1980年版，第333页。

也。……。"①此外,在《旧梦·明天》一文中,曾希望在他死后的墓石上,刻下"这里埋的,是曾经尝试过政治、却万分痛恨政治的一个农村的儿子——徐复观"三十个字②。把这两次遗言合起来看,恰好表达了支配他后半生的一个基本信念:道尊于势。

三　卫道论政的志业

以上两节曾一再强调"道尊于势"这一传承自儒家精神传统的信念,对徐先生开创人生新历程的重要性。以下要再进一步看这一信念在他卫道、论政的志业中的表现。

前文说过,徐先生是以传统主义卫道,以自由主义论政。根据"五四"以来一般的了解,这两种意识形态一直是互相对立的,由于这种对立,不仅造成思想上的混乱,也导致现代中国思想的贫困。林毓生曾提出"迈出五四以光大五四"的观点③,"迈出五四"是要从"五四"激烈反传统思想中超越出来,"光大五四"是要发扬并充实"五四"自由主义的传统。就台湾近二十多年思想的演变来看,这个观点似乎还代表一种新的觉悟;就徐先生个人而言,三十年来在他卫道、论政的志业中,可以说一直是朝这个目标在努力。

基于卫道的热情,他对"五四"以来误把不合理的现实统治与文化中的传统混在一起而要加以一并打倒的彻底反传统运动,抨击可谓不遗余力。在这个立场上,他不惜与西方的自由主义者对立。但他并不因此就抹杀"五四"反传统的意义,至少在历史层次上,他对这个运动有相当同情和了解,他说:"五四时代的反传统,实在是'事有必至,理有固然'。当时反传统反得太过,事实上也不易避免。所以今日我们只可加以反省,而不必去深责。只要让其自然发展下去,这一股激流,便会完

---

① 《徐复观教授纪念文集》,台北,时报文化出版事业公司 1984 年版,第 566 页。
② 《徐复观文录选粹》,台湾,学生书局 1980 年版,第 292 页。
③ 见林著《思想与人物》,台北,联经出版公司 1983 年版,自序第 6 页。

成它应有的任务,而平静下来。这即是新传统的形成。"①任何一个思考现代中国文化思想问题的人,事实上都必须在历史层次上肯定"五四"反传统的意义,然后在思想层次上才能超越其激情,并为形成新传统而效力。

形成新传统本是当前中国知识分子的共同课题,如套入"五四"以后思想的脉络里,其意义与我们一般常说的传统与现代化的问题相当。传统当然不只是儒家,但与新传统里的民主、自由、人权等问题发生关联的,必以儒家为主。到目前为止,儒家思想与民主、自由的关系,大抵可分为四种不同的看法②:(1)认为二者互相冲突、不能相容,因此,要中国实行民主,必须打倒儒家。这是"五四"时代西化派的见解,现在仍持有这种见解的人恐怕已很少。(2)同样认为二者不能相容,但对民主、自由的价值所采取的态度与西化派恰相反,他们相信西方的民主政治不合我国国情,推行民主会导致长期的动乱,并以民国以后的政治演变,作为他们说词的依据。因此主张必须借重儒家或法家的照妖镜来彰显自由人权泛滥的邪恶面貌。这大抵是顽固的保守主义者和现实政治中的极右派看法。(3)强调儒家思想与民主、科学相符,认为中国人的旧政治,千万不要拿"专制"两字来讲,因而我们应当安住于历史传统政制之中,不必妄想什么民主。这个看法可以钱穆先生为代表。(4)肯定儒家思想中有与民主、自由的精神相符之处,只因在长期专制政治压制下,使儒家在历史的发展中不断渗入了反民主、反自由的成分。

以上四种看法,其中(1)(2)(3)三种见解都是徐先生所坚决反对的,唯有(4)才与他的想法最为接近。所谓儒家思想中与民主、自由精神相合者,是指"天下为公"、"民贵君轻"的政治理想,是指"当仁不让于师"、"匹夫不可夺志"等刚毅独立的精神,以及主张以天子的是非为是非之外,建立起民间的是非标准,然后以此标准去批判现实的政权等。

① 《徐复观文录选粹》,台湾,学生书局1980年版,第115页。

② 以下四种不同的看法,主要是参考徐复观《儒家政治思想与民主自由人权》,台北,八十年代出版社1979年版,萧欣义编序第3页。

这些思想包括了"士志于道"的"道"的内涵和有道之士应有的表现与抱负,而这些看法与近代自由主义者所追求的目标正是一致的。

为了答复"五四"的反传统思想,仅仅指出儒家思想与民主、自由的精神有相合之处,是不够的,还应该有更积极的主张,这主张是:"儒家精神、人文精神,应该是民主自由真正的依据。"①这本是当代新儒家(传统主义)的共同见解,但徐先生坦白承认"这一方面是来自个人在文化上的观点,一方面是文化上一种疏导融通的说法"②,其目的是使两方都能互相充实。所谓互相充实:就民主政治方面而言,儒家的精神,可使它在人性上有本源的自觉;就儒家精神、人文精神而言,民主可使它落实在政治上而切实有所成就。以上是针对反传统者互相冲突、二不相容的看法而提出的"一种疏导融通的说法",可代表传统主义者一个典型的观点。因复观先生又是自由主义者,所以在这个问题上,有比传统主义者更开放的观点:双方在理论上虽有互相充实的可能,但"不能因此而说儒家精神、人文精神,即可概括民主政治;亦不可说没有儒家精神、人文精神或理想主义等的个人自觉而即不配谈民主政治"③。这不仅肯定了自由民主有其自足的价值,也使那些在现实上从事民主运动者所表现的价值不致遭到忽视。

答复反传统的思考,虽使他脱出"五四"的羁绊,但就光大"五四"或是形成新传统的时代课题来说,毕竟还只是一个新的起步。光大"五四"最重大的课题之一,是促进民主在中国的实现,作为一个知识分子的角色,不论是卫道或论政,这始终是徐复观先生关切的焦点。

促进民主实现的工作是多层次、多方面的,徐先生的工作重点主要是在厘清观念上的纠结,扫除思想方面的障碍,并就中国传统和现代的历史,论证民主是中国唯一的出路。工作进行的方式,是以道(理)尊于势的观念为基准,一方面凭借儒家的"道"批判历史传统中的"势"(专制

---

① 《学术与政治之间》甲集,台中,"中央书局"1960 年版,第 130 页。
② 《学术与政治之间》甲集,台中,"中央书局"1960 年版,第 130 页。
③ 《学术与政治之间》甲集,台中,"中央书局"1960 年版,第 131 页。

政治),一方面是根据现代的"道"(民主自由)批判现代中国的"势"。他的感愤之心,他的不畏权势,他的深邃的洞察力,就在这双重而又目标一致的批判中,获得充分的展现。

儒家的政治理想是"天下为公",所谓"藏天下于天下"。经由秦、汉政治的大一统,实际在历史上出现的却是"藏天下于筐箧"①的私有天下的专制。于是在长期"道"与"势"的紧张关系中,不仅在治道方面产生二重主体性的矛盾,也严重影响了中国知识分子的历史性格及其历史的命运。

所谓二重主体性的矛盾②,即根据儒家民本主义的传统,政治上是以人民为主体,而在现实的专制政治里,则是以人君为主体的。人君显示其主体性的工具是其个人的好恶与才智。好恶本是人所共有,才智也为人所同贵,但因人君乃政治"权原"所在,一旦好恶与才智挟其政治的最高权力表现出来,势必冲垮了天下人的好恶而成为大恶。所以中国历史上"独制于天下而无所制"③的专制君王,很少不与人民处于对立的地位,对立程度表现的大小,遂形成历史上的治乱兴衰。

这个矛盾困扰了儒家两千多年,最早孔、孟是企图从改造君心提升君德来解除此一矛盾,到实际上已面对专制君王的董仲舒,即已深知这种企图是不切实际的,于是又提出一套"天人相与"的灾异理论,希望利用宗教的心理,以天的权威来限制君的意志。这个办法在汉代虽然不是全无作用,但实质的效果很少④。直到清初的黄梨洲,在痛斥历代专制荼毒天下万民之余,终于提出"有治法而后有治人"⑤的反人治的想法。且不深究其"治法"是什么涵义,至少在观念上对克制专制的弊害

---

① 黄宗羲:《明夷待访录·原法》。
② 关于二重主体性矛盾的解说,见《儒家政治思想与民主自由人权》,台北,八十年代出版社1979年版,第218、241页;又见《学术与政治之间》甲集,台中,"中央书局"1960年版,第93、111页。
③ 此乃李斯上秦二世胡亥书中语,见《史记·李斯传》。
④ 参考萧公权《中国君主政体的实质》,见《宪政与民主》,台北,联经出版公司1982年版,第70—71页。
⑤ 黄宗羲:《明夷待访录·原法》。

已有对路的思考。不过,他的思考也仅止于此。

复观先生透过以道事君的陆贽与唐德宗之间的故事①,对传统君臣间的悲剧,以及因二重主体性的矛盾造成整个中国政治史中的悲剧,有深中要害的分析和批判。他是真正挖掘到中国治道的病源,这除了处理史料的慧眼之外,正因为他有实际政治的经验,才加强了对历史更深刻的认识。那么,要如何才能医治这传统政治的病源呢? 徐先生认为必须把权力的根源从人君手上转移到人民,以"民意"代替"君心",也就是必须依照近代的民主政治,从制度上、从法制上才能解除此一矛盾。所以今天我们为民主政治所做的努力,"正是把中国'圣人有时而穷'的一条路将其接通,这是中国文化自身所必须的发展"②。

以上是"道"与"势"的紧张关系在传统实际政治中的表现,用吕坤的话来说,这是"圣人之权"与"帝王之权"互相矛盾的表现。这种紧张关系对历史上知识分子的性格与命运的影响又如何? 孟子虽已提出"道尊于势"的观念,又说"无恒产而有恒心者,唯士为能"③,其实能坚守这种观念的"士",不过是孟子为贵族没落而形成的士大夫阶层所塑造的理想典范,事实上能做到的很少。依照徐先生的了解,从战国时代所出现的"游士"、"养士",就已说明了中国知识分子的特性。"游"说明怀道不遇,在社会上也没有根;"养"说明他只有当食客才是生存之道。这些以出仕为人生目标的知识分子,"一开始便是政治的寄生虫,便是统治集团的乞丐"。由此不难看出"历史条件中的政治条件,对于中国知识分子性格的形成,有决定性的作用"④。

就中国历史看,汉代的酷吏酷法即已盛行,但由于儒家精神的渗入以及"直言极谏"的鼓励,仍多少能"伸张士人的气概",所以"大体说,这

① 徐复观:《中国的治道——读陆宣公传集书后》,见《学术与政治之间》甲集,又见《儒家政治思想与民主自由人权》。
② 徐复观:《儒家政治思想与民主自由人权》,台北,八十年代出版社1979年版,第241、242页。
③ 《孟子·梁惠王上》。
④ 徐复观:《学术与政治之间》甲集,台中,"中央书局"1960年版,第140页。

是中国知识分子和政治关系最为合理的时代"①。魏、晋的九品中正,虽有助长门阀之弊,然"中正的品鉴依然是以士人的行谊为标准"。既有此标准存在,所以"使皇帝不敢私人才予夺之权,而士人不敢放佚恣肆于社会之上,知识分子依然是站在皇帝与老百姓的中间,发生一种贯串平衡的作用"②。

专制政体要充分发挥其功效,需要有一套用人的制度,能不断抬高"帝王之权",削弱"圣人之权",到隋、唐的科举制度才真正达到这个目的。科举考试着重在文字测验,"文字与一个人的行义名节无关,这便使士大夫和中国文化的基本精神脱节";同时"文字的好坏,要揣摩朝廷的好恶,与社会清议无关……完全与现实社会脱节,更使其浮游无根"。更有甚者,"科举考试,都是'投牒自进',破坏士大夫的廉耻,使士大夫日趋于卑贱,日安于卑贱;把士人与政治的关系,简化为一单纯的利禄之门,把读书的事情,简化为一单纯的利禄的工具"③。这种制度,使"道尊于势"的观念彻底逆转,形成知识分子本身命运的一大变局。

科举至明、清二代,因参加考试的人数激增,于是换卷、易号、卷子外泄等科场弊端百出,使朝廷取士的制度变成"不在于求才,专心于防弊"。朱熹早就说过:"今日上之人分明以盗贼遇士,士亦分明以盗贼自处。"清人入关,八股之外,更发明读上谕、读圣训等奴化的方法④,使士大夫在"盗贼"的气氛之外,复强化了"奴才"的性格⑤。

以中国知识分子在历史上一代不如一代的下趋之势,与吕坤"天地间惟理与势为最尊,虽然,理又尊之尊也"之言相印证,真是莫大的讽刺。看到"在上述盗贼与奴才的气氛中,中国知识分子的命运只有不自觉的被动的殉葬"的历史场景,徐复观先生也只有慨叹:"这毕竟是中国

---

① 《学术与政治之间》甲集,台中,"中央书局"1960 年版,第 141—142 页。
② 《学术与政治之间》甲集,台中,"中央书局"1960 年版,第 142—143 页。
③ 《学术与政治之间》甲集,台中,"中央书局"1960 年版,第 144 页。
④ 读上谕圣训的奴化方法,徐先生不知是始于明太祖朱元璋,他的三篇语录叫做《明大诰》,规定全国每户都要有一册,凡藏有此书者,犯法可减刑。
⑤ 《学术与政治之间》甲集,台中,"中央书局"1960 年版,第 147 页。

文化的制限，中国文化的悲剧！""仅靠中国文化的力量，并不能转换中国的历史条件"，也"不能解开中国历史的死结"①。到了近代，中国由孤立而进入东西正式交通，才出现了新的转变，尤其是西方文化中的民主与科学，将可"提供了我们以新的生活条件与方法，使我们可以解决二千年久悬不决的问题"②。民主势必倒转了政府与人民的形势，要使这一形势顺利的发展，"首先要使士人从政治上得到解放，以完成士人性格上的彻底转变。这并不是说要知识分子脱离政治，而是说知识分子应立足于社会之上，立足于自己的知识之上、人格之上，以左右政治，而再不由政治权力来左右知识分子的人格和知识"③。

　　不论是从传统的治道，或是由知识分子的命运，要解开治道中二重主体性矛盾，以及把知识分子从"佞幸化之传统洪流中"④解放出来，都必须使中国走民主政治的路，切实把民主宪政充分实现。不幸民国以来的政治，"总括的说一句，是民主政治的挫折"⑤。这段悲痛的历史，遂形成徐先生论政的重要背景。（下略）

---

①　《学术与政治之间》甲集，台中，"中央书局"1960年版，第147、148页。
②　《学术与政治之间》甲集，台中，"中央书局"1960年版，第149页。
③　《学术与政治之间》甲集，台中，"中央书局"1960年版，第150页。
④　徐复观：《儒家政治思想与民主自由人权》，台北，八十年代出版社1979年版，第166页。
⑤　《徐复观教授纪念文集》，台北，时报文化出版事业公司1984年版，第242页。

我所知道的殷海光先生[①]

一　第一印象

"沉静得近乎冷漠,木讷得近乎拘谨",这是我和海光先生第一次见面留下的一点印象,那是 1965 年 5 月 20 日下午四时。后来我们熟了,我曾问他:"为什么你这么一个内心如此炽热的人,对待人的态度,表面上颇为冷淡?"他说:"我的老师金岳霖也是如此。"有一次,坐在他家院子的石凳子上,我半开玩笑地告诉他:"现在我们谈得这样高兴,可是当我第一次见了你以后,我真想永远不再见你。"我的话引得他哈哈大笑。

真的,自从 5 月 20 日谈了一次以后,那年暑假我虽然从台南搬到台北,但我一直没有再去看他。促成我们再度碰面的机会,是在哈耶克(F. A. Hayek)演讲的会场里。演讲结束以后,我到前几排的位子和他攀谈,这次他的反应很热烈,并把场中的两位熟朋友向我介绍,其中一位我记得是政大的易君博先生,他介绍我的时候,竟用这样的词:"韦政通,他是年轻的思想家。"

走出会场,他要我第二天下午四时去看他。事前我把他刚发表的关于哈耶克思想的文章《自由的伦理基础》,很仔细地看了一遍,并准备

① 编注:本文作于 1970 年 1 月 28 日至 2 月 9 日,原载《大学杂志》30 期(1970 年 6 月),曾收入韦政通先生著《人是可以这样的活的》,台北,洪叶文化公司 2000 年版。

了几个问题请教他。他看到我在那篇文章上写了许多的批注,堆满着红蓝线条,他说:"你读文章,这样仔细!"他从不喜欢用"看文章"或"看书"的"看"字,有一回他送本书给我,我说:我会用心"看",他马上纠正:"要读,不是看。"事后我想想,这样用字,有点道理。一个从事学问的人,对一本由精思而成的著作,怎么可以用"看"电影、"看"马戏的态度去对待它?"读"与"看",正说明两种迥然不同的读书态度。

第二天是 1965 年 10 月 18 日,这次他主动地和我谈,以哈耶克为谈话的中心,他说哈氏是当代自由思想的杰出代表,他受哈氏的影响很深。大家都知道,西方哲学家、思想家中,影响海光先生最深最久的,是罗素。在他思想走向成熟的最后一个阶段里,对他思想的塑造发生重大作用的,除罗素、哈耶克以外,还有《开放的社会及其敌人》(*The Open Society and Its Enemies*)一书的作者卜朴(K. R. Popper)。他非常重视这本书,"卜朴代表智力的一个高峰",他说"我们批判传统,应以此书作为追求的一个目标"。西方哲学家里,他也非常推崇休姆,认为休姆的经验论,是学哲学的人,必须通过的一道关,因为他颇具"扫雾"的作用。此外,偶尔也提到康德,称许他纯知方面的卓越贡献。

这一次谈了两小时,临别,签名送我一本:*Fundamental of Logic*,并在扉页上写了四个字——"入知之门",这是我们往后四年多次晤谈的一个开始。

二　他这个人

"我是一个头脑复杂,而心思单纯的人。"

"我是最少被人了解的。"

这是海光先生的"夫子自道"。"头脑复杂"说明他思想有训练,"心思单纯"可以由待人的真诚看出来。去年 5 月 21 日,我们在台大医院病榻之旁所谈的一些话,也许可以作为他"头脑复杂"一语的注脚。他说:"我喜欢做机械式的思考,先求其可能性。"又说:"我的思想是成套的,所吸收的知识和资料,在脑子里会自动归档。不是随感式的。"在平日的谈话中,他给予我一点很深切的印象,即每遇到一个较为复杂的问题,就伸出一只手,用手指列举其各种可能性,然后根据事实,根据判断,一点一点地剥落,剩下一种最可能的情况,再加以解释、分析。

　　凡是和海光先生接触过的人,都知道他有鲜明的好恶,是即是,非即非,极少模棱的态度。表现在他的人格上,就是一个"真"字。照我的了解,这个"真"字,可以分几方面来看:第一,是对人的真挚;第二,是对知识的真诚;第三,对理想的坚贞不移。由于第一点,使许多有真性情、真向往的青年,乐于和他接近,这是他所以能接引青年、感召青年最直接的一点本钱。由于第二点,才使他感到"我以前所写的都算不了什么",才使他"在真理的面前,像沙滩上玩贝壳的小孩子,永远是那么新奇,不停止,不满足自己"。徐高阮因为他把 Egocentric Predicament 译成"自我中心的论断",而写了几万字的批评。我去看他,谈起这件事,他拿出徐文,指着这个字:"徐高阮对这个字的批评是对的,错了我们就要承认。"他这种对知识真诚的态度,使我十分感动。由于第三点,使他在"五四"以后自由主义的阵营里,使他在二十年来的台湾学术界,树立了一个风范,将永远使后世的青年闻风而兴起。在学问方面,也许正如居浩然所说"无一传世之作";在人格风范方面,毫无疑问地,海光先生之名,必可垂诸久远。

　　他所说的"心思单纯",就是这个"真"字。

　　海光先生是一个逆着时流游泳的人,他之不被多数人所了解,并不为奇。有的人不被人了解,是因为他自己不容易被了解;有的人不被了解,却是因为人不愿意去了解。海光属于后者。如果有人想去了解他,实在是一件简单容易的事,因为他率真,因为他单纯,他率真得丝毫不知道掩饰自己,他单纯得甚至不能分辨敌友。

　　他是孤独的,尤其是屡遭横逆的最后几年。"现在和我能随便谈谈的,已不超过五个人",他说。在这一时期,他常常强调"隔离的智慧",认为"一个人必须有隔离的智慧,才能保持尊严"。这种话,在他的处境,确是深有感受之言。不过,我在这话里,似乎觉察到,他为了忍受孤独,仍不断在挣扎。他不是孤行冥想一型的人,他关切现实社会的问题,社会却遗弃了他。他的孤独有一部分是被迫性的,因此在孤独中,并不能充分享有隔离的智慧,以安顿他的生命。我们的谈话,偶然会引起他的朗笑,在笑声中,使我察觉到他苍凉、寂寞的心境。

"我的精神有时高昂、有时低沉,颇不稳定。而你好像一直是那样,我不了解是什么能支持你这样? 你真是一个特别的例子"。他的这种不平衡的精神状态,从行为的表面就可以观察出来。他是一个真理的追求者,他是一个知识的热爱者,但用东方人的标准衡量,他不是一个有很高精神境界的人。

"现实的名利不足动我的心了。不过,如果罗素赞扬,我是否会动心,就不敢说了"。这无异是他透露了自我境界的一次自白。

三　影响他的几个人物

在西方世界里,罗素是海光先生最崇敬的一个人物。在中国的知识界里,尤其是在台湾受大学教育的年轻一代的心目中,罗素和殷海光也似乎存在着一种不可分离的关系。他写过许多关于罗素的文章,台大对面一家翻印罗素原著最多的书店,是由于受到他的影响。像罗素这样一个在许多方面业已过时的人物,在台湾能活在多数知识青年的心里,直接间接也都是由于他的影响。

1967 年 11 月,因刘福增的请求,为《罗素选集》写了篇介绍罗素的文章,他说:

> 如果火星上有像人的生物,他要作一次太空旅行,那么他的第一站很可能就是地球。倘若他来地球作一次星际交谊,那么地球上的人类最好是请罗素和他谈谈。的确,无论是就学识说,还是就胸襟说,罗素是人类中最适宜的代表。

可见到死前不久,罗素在他心灵的地位,始终不衰。我读到他的学生陈少廷在《二十世纪的意义》自序中写着:"如果我们这一代想要有所创新,则必须赶过"五四"时代的观念;我们不能老是徘游在杜威、罗素之左右,而必须寻找新知识的刺激,这样才能促进中国文化的现代化。"我曾把这些话转告海光先生,他摆着头说:"要赶过罗素?这谈何容易!"只有一次,曾听到他对罗素的批评:"他有些文章和书是不必要写的,其中重复的地方也不少。"

罗素和怀德海(A. N. Whitehead)合著的《数理原论》(*Principia Mathematica*)是一部不朽之作。海光先生虽然在大学里教了20多年的逻辑,在这一门知识传授的功效上,在台湾可能也是最卓越的一位教授,但他这方面的才分毕竟有限,并不能在这一条道路上去追踪罗素。二十世纪的哲学界,罗素是经验论的巨擘,在这方面海光先生受到的影响颇深。终其一生,他始终没有脱去经验论的范限,甚至一直到《思想与方法》一书出版时为止,他仍带有科学主义的色彩。在这里,我们可以很清楚地了解他思想所停留的层域。由经验论的观点去批判中国传统,可以有许多新的发现,也可以避免迷失,但却不能接通中国文化最根源的智慧。中国文化最根源的智慧之一,是天人不隔,人己不隔,人物不隔,这是实践层的智慧,不是经验论的观点所能了解的。

罗素的伟大,是在他除了有纯知一面不朽的成就以外,还为20世纪树立了一个知识分子的典范。二者如居其一,人已可不朽,而罗素兼之。纯知一面,海光先生无能企及;作为一个知识分子的典范,以及对自由的酷爱,他不愧是罗素的信徒,人格的光彩,堪称东西辉映。

在中国方面并世人物当中,他敬佩金岳霖、熊十力。有一次大声地对我说:"我只佩服金岳霖,他不管你是什么身份、地位,话说得有理就承认。"在联大读书时,海光喜欢金岳霖的逻辑,另一位同学则喜欢黑格尔。到学期终了,他们二人就所好的题目,缴了一篇读书报告给金先生,结果海光逻辑报告的分数,却低于那位写黑格尔的同学。他跑去找金先生,问他这分数是怎样打的,金岳霖的回答是:"你的思路虽和我相同,但你的功夫没有他深。"海光告诉我,金先生的话使他了解什么是客观,什么是公平。"这在中国文化分子中是少有的"。敬佩熊先生,与他的学问无关。最初我听到他提起熊十力,就好奇地说"熊先生的思想和你的思想距离很远",他说:"我没有读过他的书,但我亲眼见到他脱俗的人格和推倒万世的精神。"

胡适自然也是对海光先生有过影响的人物,但在和我相识的四年,每提到胡先生总是贬多于褒。在我的记忆里,有两次批评胡适:第一次说胡适是个大乡愿;第二次他非常气愤地提到一件往事:"胡适在北大当校长,学生闹学潮,在办公室被学生包围了,他竟说:你们再不离开,我一个电话打出去,你们就要被捉起来。这算什么民主自由的斗士。"

四　海光与新儒家

许多反叛性的思想家,在他一生中,往往总集中目标在一二个重点上予以攻击,他就在攻击中表露了力量和光芒。如齐克果之对黑格尔,尼采之对基督教。海光先生是一个反叛性的思想家,他念兹在兹,要跳出自己的传统,因此在传统中占最大比重的儒家,就成为他一生中最大的敌对目标,尤其是当代新儒家,更是他常常指责的对象。我们之所以能够相识,以及他所以对我赏识,就是以这一心理的背景做基础的。因此,我们之间的谈话,经常转到这个题目上来。记得很清楚,有一次他对我说:

> 我之所以特别重视严格的知识:(1)是由于我的教育;(2)是由知识本身的吸引力;(3)是对新儒家的反动。

照海光先生的看法,新儒家是不重视知识的,他们"大都腾云驾雾地建立大体系"。他对玄学有极强烈的厌恶感,这可能就是他不容易培养一个接近传统的心灵的原因之一。他自称是传统的超越者,可是他只是外在的超越、知识的超越。他没有跃身其中,内在地穿透中国文化的生命与精神。我曾经提醒他:"新儒家并不能代表儒家,儒家也不只是一套玄学,要批判中国的传统,必须追溯到先秦。在那里你才能认识到中国文化伟大的一面,也才能了解中国文化缺陷的根源。"他听了我的话,很是兴奋,就要我为他拟一个书目,希望以后能直接读些古籍。

海光先生阅读中国古籍的能力很差,一般的国学常识也贫乏。在台湾的二十年,几乎全是读英文书。他的书房兼会客室里,有三架书,其中没有一本中文的。卧室里另有两架书,一架是英文的普及本,另一架上有些中文书籍,但多属时人的作品。这一事实,反映出中国文化在他脑海里所占的地位是多么渺小。在知识的世界里,海光实在不大像是一个中国读书人。1966 年 1 月 14 日,在写给我的一封信里说:"我在生活情调方面,尚不脱东方人色彩,然在为学方面早已直追西方精神。"像他这样一个直追西方精神的学人,在一生中,除了短期的访问过一次美国外,全部的时间却一直生活在中国的国土上,生活在他最讨厌的考据与玄谈的学风里,这不幸的境遇,显然是他学问造诣的一大限定。假如这二十年他能生活在美国,就可以很容易摆脱和新儒家对垒的局面,以免浪掷岁月。以他追求知识的热忱,以他治学的勤奋,在学问上必可有远胜于现在的成就。

他第二次病的时候,住在宏恩医院里,精神还好,他躺在床上,我半卧在沙发上,就这样我们谈了一个下午。在那次的谈话里,我把新近的反省告诉他:

> 传统与西化派这二十年来的对峙,是大大失策的事。你们把这种对峙带到台湾来,真是不智,我们早就应该跳出这种窠臼了。这样做不但耽搁了自己,也多少贻误了青年。

他听完我的话,一只手用力一拍,上身挺了起来:

> 你的话正说到我心坎里来了。我也上了当,他们(指新儒家)
> 认为全对,我则认为全不对,结果是一样的。

尼采抨击基督教,是面对着一个影响力无远弗届的大传统。齐克
果所批评的黑格尔,不只是一个德国观念论的哲学家,在齐克果的心目
中,黑格尔无异是西方哲学传统的代言人。殷海光的对手——新儒家,
他们生存的据点仅限于台、港弹丸之地,就是在这两片小小的土地上,
所产生的影响也是微乎其微,而且在目前的知识潮流下,新儒家很少有
壮大的可能。像这样一个对手,竟能吸引他的生命如此之久,以他思想
上所受的训练,诚难理解。也许,他是陷溺在佛教所说的"我执"之
中了。

五　海光与中国文化

海光先生对中国文化虽未尝深入,谈中国文化问题时所凭借的资
料也很有限,但由于他的阅历,由于他具备的现代知识,以及熟练的解
析技巧,往往能提出一些发人深省的问题。例如文化价值与生物逻辑
违离的问题,便是其中一例。

> 中国传统中,过分忽视生物逻辑,明明是一些情欲问题,古人
> 却要用礼教来一套文饰,说得如此神圣,如此庄严,把原来的真象
> 都忘了。这种现象在中国文化中颇特别,值得研究。

在这里,的确接触到中国文化的一个严重问题。因忽视生物逻辑
一层的重要性,确是造成道德价值不易实化、缺乏效验的主要原因之
一。这问题的形成,自然不能完全归咎于古代的道德家,他们之所以如
此构想、如此设计,是因受到经济结构和器用水准的限制。在今天最直
接相干的一个问题是,这些客观条件已有很大的改变了,传统的一些想

法——例如对情欲极端压抑的态度——还能坚守着一成不变吗？我曾把这个问题向海光先生提出来，他认为这个问题很复杂，行为科学的知识值得参考，古人把人的道德问题过分简化了。

近百年来，谈中国文化问题的人，总喜欢和西方文化对比着看，但大家都忽略了一个重要的问题：文化与文化之间的比较究竟哪些部分是可比的，那些部分是不可比的。因此尽管有很多人在谈中西文化，而中西文化科学性的比较研究，以及能被大家所承认的结论，却仍付阙如。关于这个问题，海光的见解很深刻，值得注意。他说："中国文化所有能和人家比高下的——例如数学、逻辑、经验科学、技术（器用）——都不行；凡是不能比的——例如文学、艺术、伦制——都有其特色。"

"权威崇拜"、"保守主义"、"传统主义"这三个名词，经常在海光先生的谈话中出现，因为这些名词，颇能代表中国文化里的一些重要现象。只有一次，是在台大医院的病房里，他把这三个名词联贯起来做了一次分析："权威崇拜、保守主义、传统主义，经过排列组合，根据这样的架构去分析才能了解中国文化。保守主义是普通性的，是为保守而保守，是以自身的利益为中心。传统主义是特殊的，各民族不同。真正的传统主义不一定妨碍进步，妨碍进步的是保守主义，全世界均相同。权威人格以权力为核心，凡是妨害到权力的，统统铲除。"

这也许就是他准备进一步研究中国文化，对研究方法构思的一部分。

在同一次的谈话里，海光先生对西方哲学家的纯理工作，备极推许，认为是人类智力的高度表现，具备永恒的价值。在中国方面，他只提到朱熹。他说："朱熹算是一个有纯理兴趣的思想家，可是他凭借的传统在这方面的成绩太差，所以只能在几个名词上打转转，做不出系统的工作来。"

1968 年 7 月 10 日下午，他来看我，因我外出未遇，所以当晚我就去看他，一进门，他高兴的不得了，说："我的心动了，很想和你谈谈。"那时候他从宏恩出院不久，为了顾到他身体，我不愿多坐，可是因为他的兴致很好,竟一直谈到十点。他是一个直来直往的人,如果他想和某一个人谈谈,他自己会去找他。如果是他觉得无法谈得来的人,你去看他,他往往保持缄默,一言不发,微露不耐烦的神情。我很少看到他有矜持的表情,他是一个真正脱俗的人。

这一晚,从直觉与逻辑的问题,谈到中国的哲学。"西方哲学家并不完全是采用逻辑的方法,中国哲学家也不纯然是直觉的"。他说:"一般人把直觉的价值看得很低,殊不知,许多创发性的观念,在哲人们的脑际灿烂的一瞬之间,就是一种直觉活动。"又说:"中国哲学乃哲学之素料,乃一未完成的哲学。中国哲学所以未能系统化,一是由于未能产生像希腊的几何学;二是由于社会结构的影响。"

这一晚,我们又从"是"不能支持"该",谈到"应然"、"实然"的问题。这一类的问题对海光先生来说,是比较生疏的,因为这已不完全是知识问题,而接触到实践或存在问题。所以在这一类问题上,他的谈话,没有能使我留下一点清晰的印象。在生命的最后几年中,海光先生对道德问题有强烈的感受,也充分认识到道德维系人群生活的重要性。这方面的思想所以能逐渐在他的心灵中加强比重,与其说来自知识方面的探讨,毋宁说是由拂逆的生活中,以自身做一个活生生的例子而体验出来的。当他遭遇到和斯宾诺莎被教会除名相类似的境遇的那几年中,他如果没有足够的道德勇气,如何能安然地活下去? 就在这一机缘下,他人格的光圈直射上古,和远在两千多年前孟子的光辉交会了,他激赏孟子作为一个知识分子的不凡的气概,他称赞孟子是一个道德英雄。

六　未了的心愿

海光先生生命的最后几年,他还想做些什么工作呢? 虽然这些构想都没有能够实现,但却可以使我们对他多几分了解。

当我和他初识时,《中国文化的展望》已大致完成,正准备出版。

1966 年初,他把新出版的书,亲自送两部到景美来,一部给我,一部给陈鼓应,那时鼓应是我的邻居。过了不久,我利用春节期间在家里请他吃晚饭,那一晚他的谈锋甚健。最使我难忘的,是他谈到新著时说:"再过二十年,依然没有人能写得出这样的书。"但过了不到一年的工夫,他就对这本书表示不满了,而认为应该重写。我接近过不少有点成就的学人,从没有看到一个像海光先生那样容易对自己感到不满,他不只一次地对我说:"真要用功,真有很多好书可读,有很多工作可做。"我每次去看他,从没有例外的,他一定在读书,而且多半是新书,从他面部那种自足的神情,你就知道,书对他的生活有多么重要。我们曾谈到读书对人的影响,我说:"读书是能滋养人的。"这句话使他高兴的大笑不已。甚至有一次,他说如果有机会,他愿意再到国外去读几年书。他的头发几乎全白了,可是他对事物的新奇感,对知识的迫切感,完全像一个最上进的年轻人。

1967 年 7 月 21 日,谈到未来的工作计划,他说:

> 我要重写《中国文化的展望》。假如能再活二十年,把中国近代思想史的工作做完了以后,要在知识论方面写本书,过此以往,再不敢妄想了。

重写《中国文化的展望》是他未了的心愿之一。有一次(1967 年 11 月 9 日)他突然告诉我,12 月 1 日要开始写《新传统主义》,这是计划中的《中国近代思想史》的一部分,也是《中国文化的展望》重写计划的一部分。据我所知,他的《中国近代思想史》将包括四个部分:(1)科学主义和自由主义;(2)新传统主义(即新儒家);(3)社会主义和共产主义;以及(4)孙中山先生的三民主义。《中国文化的展望》这本书的主题是论列中国近百余年的社会文化对西方文化冲突的反应;《中国近代思想史》,则是要在同一社会文化的背景之下,专门研讨近百余年来的思想变迁。这是一个很有意义的题目。可是很奇怪的是,他在准备这一工作的过程中,却显得很不耐烦,且屡次抱怨。他说:"我对这工作,一开始就厌倦。说真的,这是为了解决生物逻辑的问题,我真正感到兴趣的是自由与存在的问题。"

从他的话不难想像到,这个题目并不能完全满足他重写《中国文化的展望》的心愿。其次,他对这一工作所以感到厌倦,依我的推测,可能有两个原因:第一,他这个题目是为了要去哈佛大学研究而拟定的,他希望能借这个研究解决离开台大以后的生活问题。这显然是被逼出来的工作,既不是由于自发的兴趣,又不是发之于创造的冲动。第二,写这样一部范围广泛的思想史,要接触许多资料,要强迫自己去阅读许多不喜欢的作品,像海光先生这样一位在思想上要求严格、主观意识又极强的人,怎么耐得了这些琐碎乏味的工作? 在这一个角度上看,他极不适宜从事思想史的工作。他是一个喜欢自由思想、自由创作的思想家,他的理想工作,不在恰当地解释一个系统,而是想重建一个自己的思想系统。

尽管他对这一工作表示厌倦,在病中这一段宝贵的时间,却一直在进行这工作。这一时期,我一星期有三次去傅斯年图书馆阅读近半个世纪来的各种学报和期刊,他特别嘱托我帮他注意相干的论文资料,并要我为他借《翼教丛编》和《吴虞文录》。关于中国当代的思想,中文著作里比较详细的只有一部郭湛波的《近五十年中国思想史》。海光先生曾请台大哲学系研究所的一个学生,就这本书写篇报告给他,因他自己对这样粗浅的作品,实在读不下去。讲当代新传统主义的思想,梁漱溟无疑是个重要的代表,可是梁氏在海光先生的心目中,却只是个"有影响力的糊涂虫"。

这一时期,在谈话时,我常探问此一工作进行的情形,他曾告诉我,希望五年之内完成这一工作,并说至少要写一百万字。由于我阅读《中国文化的展望》的感受,我建议他:"不必要放太多材料在正文里,引文要以能证明你的论点者为限,如有必要,材料不妨尽可能放在附注里去,这样可使原文保持流畅,使读者读起来不致感到窒碍。"我说这话,

多少也是根据我自己写书时所得的一点经验。近几十年来许多学术性
的中文著作,尤其是思想史之类的书,它的内容,十分之七八都堆砌着
原料,对这些原料根本没有充分的运用和解释。这类书严格说只能算
是编的书,而不是著的书。既缺乏功力,解析训练又不足。这种情形在
英文的著作里,我还没有见过。我的话颇能引起他的注意,他说:"你的
话很重要,你的建议可解除我运用材料的困惑。"

根据我多次亲身的经验,海光先生是一个能接受旁人意见的人,纵
然是他的学生,他也能集中注意力静听对方的谈话,遇到一个好的观
念,一句富有灵感的话,常会不自禁地说出"好!好!精彩!"甚至马上
拿出卡片,把它记下来。只要是能和他聊得来的年轻人,在他面前不会
感到有一点拘束,更毫无尊卑之间的距离感,你放言无稽也不妨。有一
次我和他一同去参加台大同学主办的小型讨论会,讨论道德问题,他发
言以后,他的一个学生站起来驳他:"老师!你这种意见,我完全反对。"
他笑着说:"我的意见,只供参考,你也可以把你的意见说出来。"绝对没
有一点冒犯的感觉,相反地,他非常欣赏肯用自己大脑的学生。

我读了《中国文化的展望》以后,曾写了几十点意见供他参考,其中
有两点比较严厉的批评:第一点我告诉他,该书第 204 页,"五四运动和
新文化运动"一节一开头的几句话不符合历史事实,那几句话是这样
的:"五四运动的时间延续,大致说来,是从 1917 年到 1921 年。"事实上
"五四运动"发生在民国八年(1919 年)。我又指出,该书第 205 页根据
周策纵《五四运动史》一书,将"五四运动"的内容制成一个表也有问题。
这个表把新文化运动(包括新思潮介绍和文学革命)包括在"五四运动"
里,好像有了"五四运动",然后才有新文化运动,这是完全不符合历史
事实的。新文化运动最迟应从容闳建议曾国藩创办江南机器制造局
(创设于 1865 年)开始算起。"文学革命"的口号始于 1915 年,胡适的
《文学改良刍议》是 1917 年 1 月出版的,都发生在"五四运动"以前。海
光先生听了我的话,立即在卧房里取出自己藏的一部《中国文化的展
望》,翻到第 204 页,用红笔做了记号,他说:"我对五四运动的了解,是

根据周策纵的定义,照你这样说,他是把五四运动肥肿化了。"

另外一点是指出该书"自由主义的趋向"一章,处理的方式不当,他看了我的意见后问我:

> 你说我自由主义的那一章,写作的方式不当,你觉得应该怎样写法?
>
> 你采取的是历史的方法。依照这本书的体例,应该用观念类型的分析法,把他们的观念的若干共同点归纳出来,然后再逐点予以分析、讨论。
>
> 你指出这一点,对我的启发很大,历史的方法,本是我最讨厌的。

关于知识论方面的构想,我只听他提过一次,自由与存在这个问题却听他讲过好几次。

近几年来,台湾有一股存在主义的热风,介绍存在主义的文章和小册子不断增加,我差不多全都买来看过。我与海光先生聊天,大抵以学问为主,其次就是评论中外古今人物,我们自由地想,随意地说,你一言我一语,声入心通,从没有发生过歧见和争论,因此我们每次的会谈,都使双方很开心、也很满足。有时候因时间太晚,但兴犹未尽,他就从温州街的寓所一直送我到台大附近才分手,分手时他惯常讲的一句话是:"今天我又吃了不少精神馒头。"在这样自由聊天的情形下,很自然地我们会谈到存在主义。

1968年2月16日的一次谈话里,我说:"目前存在主义影响的范围已不限于西方,它对文化各种领域的影响,也早已越出一个学派所产生的影响。在这方面,它倒有点像一个新的宗教。你是很关心这时代大问题的,可是你和它隔离,因为你太重知识了。照我的想法,存在主义如果在东方或中国发展,将有新的面貌、新的成就,因为存在主义的若干问题,在西方人也许觉得很新鲜,但在我们东方人看起来,却是两千多年来的老问题。"他对我的话没有立刻反应,低着头想了一会:"我希望将来把自由主义和存在主义结合起来。"这是我第一次听到他说起自由与存在的问题。

过了三个星期(3月9日),我去看他,他开门见山地告诉我:"自你上次谈话后,自由与存在的问题就开始困惑着我。最近我已开始读点存在主义的书,越想越觉得这是这个时代的大问题,如果我可活下去,值得花十年八年的时间去做这个工作。"因我刚读完佛兰克尔的《从集中营说到存在主义》,于是趁机劝他抽点时间读这本能给痛苦失望的人带来莫大生之勇气的书,并强调佛兰克尔实是表现了自由与存在问题的一个活生生的例子。一年多后(次年的4月1日),我再度听到他提起这个问题,他说:"存在问题真是重要。"他的处境和他的病,可能是使他朝向这个方向去思索的重要契机。我想。

有一回他刚读完一本讨论民主与极权的书,他左手拿着这本书,右手的手指指着书名:"马克思一条流、民主一条流、法西斯一条流,不了解这三条大流,就无法重新肯定民主自由。谁能在这方面投资生命二十年,我保证他比马克思更伟大。"他的话触发了我的灵感:"大魔头们在扮演历史的主人,社会科学家们只跟在后面研究他们创造的历史和遗留下来的问题,对人类的影响,真是不成其比例。"他立即取卡片把我的话记下:"你真是提出了一个永恒的问题,这问题究竟要怎样解决?"静默了一会,我说:"你既然觉得这个问题如此重要,民主、自由又是你一生追求的理想,为什么不自己去做这个工作呢?"他倏然地神色凝重:"我的思想这样多,我的身体却这样弱,唉!"这一声令人心酸的叹息,使我永远难忘,我看着他那副干瘦的脸,立刻感到万分内疚,因为坐在我对面的人,正是身患重病的啊!

1969年6月30日,这时海光先生正住在台大医院做最后一次的治疗,那天我学校的工作已全部结束,就在中午稍后的时刻去病房探望他。头等病房面积很宽,前后门都敞着,他正在午睡,我蹑足走进去,看到床边的小桌上,放着一本 J. Bronowski 和 Bruce Mazlish 合著的 *The*

Western Intellectual Tradition，据我所知，这是他仔细阅读的最后一本书。因为这次出院以后，就一直躺在床上了。我站在走廊上等他醒来。两点多钟，醒了，笑脸迎着我："你来了多久？""一会儿。"一边说话，左手就拿起那本书："这是一本好书，基础那样的好！你买一本，读书要读一本就是一本，这本书值得你读三遍。"这时候，他的病已相当严重，癌细胞已侵犯到食道，可是他仍和往常一样，见了我第一句话就开始谈问题。像他这样的教师，一个不常读新书的学生，是不敢去见他的。

据一位实习医师告诉我，这一次殷先生住院，来看他的人很少，因此他一再地留我多谈谈。几年来，我们谈话已养成习惯，不谈一二个小时就不过瘾，纵然在病中，亦复如此。和海光先生聊天，是人生的一种享受，这也是他调剂生活主要的方式，因他其他的消闲活动极少。

这一次他破例谈到自己的病。

"我是一个受潜意识支配的人"，他说："我对病的看法和医生的看法不同，他们只治生理的病，我的病除了生理的，主要还是心理的、潜意识的。"

这一次他主动地和我谈存在主义：

> 你们都希望我多了解存在主义，最近我想的很多，我觉得要了解存在主义，至少要具备下列的条件：（1）要对尼采以降的生命哲学有了解；（2）要对休姆、康德以降的哲学有了解。（3）要对死亡问题有体悟。（4）要对时代和环境问题感受真切。（5）要对现代文明的病有深刻认识。存在主义不是枝枝节节的东西，它从根上反对理性主义的传统。

他的病情已这样严重，可是对人生仍不悲观。

> 有人认为人生是一流逝，四大皆空，我却不认为是如此。

他的话触发了我一个很久以来就想问的问题，我把握了这个机会向他提出来：

请就你个人的立场回答我，假如剥夺了一切外在的凭藉与追求，你认为人生的意义究竟在哪里？也就是，什么东西才是足以使你活下去的？

他回答：

(1)真理，(2)自由，(3)友情，(4)社会正义，还有普遍性的追求，不过那不是我的学力能够说明的。

这里所说的"普遍性"，是指"纯理工作"而言。海光先生认为，做纯理工作者，他所处理的是普遍的问题，无论放在哪个文化传统里，都是必要的，如休姆、康德。

除了个人学问方面的心愿之外，海光先生还有一个心愿，就是希望将来能有钱办一个真正自由独立做研究工作的研究所，约请一些能做超现实目标工作的青年来从事研究。促使他有这一构想的动机，是希望能改变现在的学风。近几十年来，学术界一方面是考据，一方面是玄学，他认为我们应该对这两条流提出严格的批评，并问我愿不愿意做这样的工作，如果愿意，他可以帮助我。

海光先生对这两条流都表示极端的厌恶。在以往，他和这两条流里的学人，都有过相当密切的关系，可是在他思想发展的过程中，愈往后来，和他们之间的往返也就愈少了，于是他在学坛上独树一帜。在台大二十年，凡是受过他影响的青年，绝少再会回到这两条流里去，经验、逻辑、认知、解析，成为这批青年追求知识的指标。目前在台湾把逻辑当作一门严格学科在传授的，有不少是海光先生的门生。他虽然没有能改变台湾的学风，但他的确培养了一种新的学风。就我的看法，这是他困守在台湾二十年，对中国学术界最有意义的一点贡献。

七　自我批评

海光先生在生命的最后几年,我察觉到他不断在做自我的反省,由反省而不时有一些悔悟的话。他悔悟到在《自由中国》杂志上写那样多不必要写的文章,他悔悟到二十年来与新儒家对垒的不智,他悔悟自己在二十年前没有去寻找一个适宜从事研究工作的环境,去做真正值得做的工作。这种悔悟的心理,我想可能是因为身患绝症,面对死亡,而自己又觉得太多的工作没有做的情况下引起的。他的悔悟,表示他在生活的过程中,每次面临需要做抉择的情境,一再犯了错误,这些错误,就是导致他生命悲剧的一些最直接的因素。

我们了解这一心理背景,然后再来听听他对自己批评的一些话,就格外感人了。

"我自小培养的情感基础,和这个地方的情感取向愈来距离愈远。"他说:"在这个环境里,我的心灵很单纯,我是一个真理的追求者,我必须保住自我,王船山就是这样的人物。"

这是他第一次同我提到王船山,他的话使我的心灵微微一震,因为王船山是我最熟悉的人物之一,在我穷愁潦倒的几年山居生活中,他是最靠近我心灵的一个古人。我听到这话以后,脑子里立刻翻滚起来,把殷海光和王船山做了默默的对比,我发觉不出他们之间有什么相同之点。唯一相似之处,是他们的际遇,以及被社会隔离的命运。王船山在学问上有极高的成就,因他自三十三岁开始隐遁,又活了四十一年,殷海光却在生命垂危之年才悟到"隔离智慧"的重要性,太晚了!

"王船山生于改朝换代之际,社会上天翻地覆,可是他能不随时流滚下去,很快就安定了自己,保住自我。"

"假如你在二十年前就认识到这一点,就好了!"我想。他见我一直不作声,于是瞪着我:

"怎么?你对王船山没有兴趣?"

"有,我是在想一个问题",我故意把话题转移,"请问,我们除了做王船山关进书房这一条路以外,还有没有其他的选择?"

"没有。"

"纵然如此,我们仍然可以做许多重要的工作,如写出够水准的书,只要在学问上建立起崇高的地位,将来就可以做中国文化的代言人。"我说。

"啊! 这在我们已是够高的理想。"

在海光先生几次自我批评的谈话中,最重要的一次是在 1969 年 6 月 23 日台大病房里,他说:

"我在香港的几个学生,要印我的文集,可是我有什么呢? 我算什么呢! 纯理的工作一点没有,在《自由中国》的文章,至少有三分之二不必写的,我感到很惭愧。"

"认识你自己",自古以来,就是最难的一件事,海光先生竟能对自己提出这样严酷的批评,真是难得的人生智慧。他这样的自我批评,自然是站在一个极高的标准说的。如果用学术水准衡量他,无疑的,他是一个有相当成就的思想家。他之不能有国际上第一流哲学家、思想家的成就,不一定在才智和努力上,文化传统才是重要的原因。半世纪来,中国人在国外拿到哲学博士的人不知有多少,却没有产生过一个够国际标准的哲学家,这种现象值得我们读书人向深处想一想的。海光先生没有留过学,没有读过博士,在学问上除了早年曾受到金岳霖的影响之外,大部分是靠自己的摸索和自修,像他这样的境遇,能有如此的成就,你不能不承认他有卓越的才华。近几十年来的中国,读书人之无耻,不亚于明末,而海光先生却是能站起来,拍着胸膛说"仰不愧于天,俯不怍于人"的少数者之一。

傅伟勋：一个飘泊不安的灵魂①

　　1996 年 10 月 16 日清晨，我从钟惠民女士的电话中，获知伟勋在美国圣地亚哥去世的消息，并未特别感到惊讶，因他的淋巴腺癌，由最初发病到去世，已拖了七八年之久，尽管他的生命力和求生意志都很强，但这毕竟是绝症，这一点他自己非常清楚。因此，这多年来一直在拼命工作，与死神搏斗，在某种程度上，可以说他已战胜死亡。

　　获知消息后，立即拨了两通电话，一通给香港的刘青峰、金观涛，一通给北京的汤一介，希望他们转告两地的友人。台北方面，当天晚报就有报导，次日各大报都以大篇幅刊载了他的近年活动与贡献，有的称他为"生死学作家"，有的称他为"生死学大师"，这是因为他于 1993 年出版了一本《死亡的尊严与生命的尊严——从临终精神医学到现代生死学》，相当畅销，带动台湾出版这类书的一股热潮。而对伟勋一生努力的专业，以及他在学术上的主要成就，多半茫然不知。

　　当日下午，我翻箱倒柜，把伟勋多年来给我的书信一包一包找出来，出乎我意料，竟达一百六十多封，信中谈师友、谈国事、谈家事、谈心得与心路历程，谈回到久别故乡的兴奋，谈神州四次讲学、遨游，谈得最多的是文章与专著的原始构想。读着一封封来信，使我重新回味在夏威夷、新加坡、台北同游、共饮、畅叙的欢乐时光。他在思想、观念方面游走中、西、日三大传统，与行动方面的飘游四海，字里行间，使我强烈

---

① 　编注：本文选自韦著《中国思想与人文关怀》，台北，洪叶文化事业公司 2000 年版。

感受到他那飘泊、不安的灵魂。

一　檀岛初识

伟勋于《哲学探求的荆棘之路》一文，开头便说："去年(1982)7月初旬曾去母校夏威夷大学参加陈荣捷教授所主持的国际朱子学会议，前后十天，将近百位学者来自世界各地，济济一堂。开会前夕，在东西文化中心餐厅得与闻名已久的韦政通兄初次见面。政通与我又在开会期间聚餐痛饮，促膝畅谈多次，结为良友，算是个人参加此次大会的最大收获之一。惜别之后我们常以书信联络，交换心得。"同样的话，他也曾写信告诉他的老师陈荣捷教授，陈氏因这次会议能促成我们之间的友谊，感到十分欣慰。会后不久，陈氏便推荐我以访问学者的名义，去哥伦比亚大学访问半年，而原始的提议者，就是伟勋。

20世纪50年代中期，我曾到台大哲学系旁听方东美教授的"人生哲学"和陈康教授的"希腊哲学"。刘述先兄就在那时相识，伟勋其时还是学生，却无缘交往。他开始知道我，是因殷海光的弟子罗业宏先生由香港寄赠了我早期的两本书：《中国文化概论》、《中国哲学思想批判》，那已是20世纪60年代的后期。后来他又经由台北学生书局，邮购了我的《荀子与古代哲学》、《先秦七大哲学家》、《中国思想史》、《中国哲学辞典》以及《现代中国思想家》系列中有关胡适、梁漱溟的两册。朱子大会前，我准备提的论文题目是《朱熹论"经"、"权"》，伟勋本来也有意写同样的题目，后来接受陈氏的建议，改写《朱子评佛的总检讨》。由于这次"英雄所见略同"（伟勋语）的巧合，使他加深了对我的印象，而急想一见。

因此，在朱子大会期间，朝夕相处，晚上正餐之后，常相约到市区吃宵夜。午夜时分，大伙散了，他仍留在我的房间，趁着酒兴，高谈阔论。他精力充沛，一天深夜，已两点多，突来敲门，约我步行到海边，我说"你疯啦，我明天要念论文的"。他还是一个人去了。

伟勋这个人，直爽、热情，好像与谁都能一见如故，只要有他在的场合，绝不会冷场，说起话来嗓门又大又快，酒量不大，却喜闹酒，喝醉了便口没遮拦，胡说八道。因言无顾忌，又不加修饰，有时不免低俗、粗野，使性格拘谨的人受不了。他说他是艺术家的性格，以未能做音乐家、文学家为憾。

1984 年元月 7 日伟勋在信中说：

> 吾兄是生平第一良友……信上无法表示，很多感受与奋勉过程太相近了，性格也极相近。我外表看来是性情人物，其实我交朋友，层次分明，像某某这样的"老友"打不进我的内圈。对吾兄如此人物，我反而自动"打出"，也算是一段因缘吧。

他的真诚，在朱子大会期间，我是感受到的。因此在会期将结束时，我约他就我们两人，谈点"正经"的，我的谈话主要重点希望他用中文多写点东西。他坦诚相告，在美国因生活安逸，不免松懈，日常多半以看武侠小说、听古典音乐混日子。我很严肃地向他说：以你如此丰厚的学养，在当代中国学人中，并不多见，在学术上如不多留下点东西，不但是中国学术一大损失，对你自己已付出数十年的辛劳，难道不觉得很遗憾？ 这番意思，在以后的通信中，我也常提起。1983 年 6 月 7 日他来信说：

> 读你信，有鼓励，有建议，有如长兄面谈，很受用。我在《荆棘之路》没有提到一点，就是我读哲学，原先最大目的是在克服自己的弱点。我那时自觉是"问题儿童"，没有经过磨炼，我的人生没有什么希望。这些年来中国的一套生死智慧（这四个字真是从多年来的甘苦体验拈出），使我对于世俗的一切都能抛下，因此反而"无意"开创什么思想，教学、写作也多半当做"学术生存"的手段而已，一心一意只想做平凡而无人知晓的生活艺术家（佛家所谓"自受

用"）。你的鼓励语点醒我，还是要做点该做的事，不要永远只过自
受用的自足生活。

往后的事实证明，他不但跳出自了汉的生活，甚至在国际学界与两
岸之间，都成为大忙人。中文写作一旦再出发，真如源泉滚滚，不但写
得兴味无穷，简直是欲罢不能。从 1983 算起，到 1996 年逝世为止，出版
了八本书（英文的不在之内），约二百万言，其中"创造的诠释学"思维方
法论的建立，对中国儒、释、道三大传统如何"批判地继承"、如何"创造
地发展"，都留下示范性的著作。

1983 年 11 月 6 日信中写道：

> 多年来以庄子与禅自受用，差点人间世都忘掉，从未想过（再
> 用中文写稿）。如果去年不去参加朱子大会，也就不可能认得恒炜
> 与你，而开始写文章了。

金恒炜先生当时是《中国时报》记者，专程到会中采访。也真是机
缘凑巧，会后次年（1983），恒炜出任《人间》副刊主编，而我也被《中国论
坛》半月刊编委会推举为召集人，我们不断向伟勋约稿、催稿，较通俗性
的短稿登在副刊，学术性的长稿则由论坛刊载，这样既满足了发表欲，
还有丰厚的稿酬，这是他从来没有想到过的。从此步入勤奋不懈长达
十四年的创作生涯，也使他的现实生活起了极大的变化。

二　荣归故里

朱子大会时（1982），伟勋已离开台湾十六年，除了为高希均主编的
《现代美国行为及社会科学论文集》写过一篇《美国近年来的哲学研究
与中国哲学重建问题》之外，没有在台湾发表过任何文章，与台湾学界
也没有任何联系，在会上骤然看到一群来自故土的与会者，使他感到格

外亲切。每天会后,几乎都"粘"在一起,吃、喝、笑、闹,使他觉得十分"过瘾"(伟勋语)。分手时,惜别之情,溢于言表,也引起他浓浓的乡愁。从那时起,他就企盼着重回故乡的时机能尽早到来。

1983年秋,伟勋的老同学刘述先教授,为中文大学哲学系课程改善事宜,决定以校外委员的身份,邀请他访问香港十天,并安排两场演讲。港、台之间很近,我写信给他,希望能顺道回台湾看看。回港、台的行程确定后,1984年2月17日的信中说:"这次去港,能见到好多朋友,实在难得。至于台北,更使我兴奋不已。"

他于3月2日由纽约起程赴港,在中文大学的两场讲题是:(1)《儒家心性论的现代化课题》;(2)《禅、佛教、心理分析与实存分析——环绕着自由论与决定论的古来哲学难题》。12日下午抵台,我为了使他有荣归故里的感觉,为他安排了几场演讲,第一场是由《联合报》与《中国论坛》合办,在耕莘文教院大礼堂举行,讲题是《中国文化重建课题的哲学省察——从生命的十大层面与价值取向谈起》。演讲由我主持,并请《联合报》副社长杨选堂先生到场致欢迎词。伟勋在美国除学术会议宣读论文,从无面对一般大众演讲的经验,显得有些紧张。此外,我也安排他到台湾大学哲学系、中研院三研所、佛教的灵山讲堂做三次演讲,台大的讲题《创造的诠释学》,中研院的讲题《伦理学三大层域的哲学考察》(三大层域指科学的、规范的、后设的),灵山讲堂的讲题《自力圣道门与他力净土门的分合问题——兼论佛(宗)教的本质》。

这是他第一次回台湾,为了不使他有被冷落的感觉,我为他约一些他想见的朋友,也介绍几位年轻人给他。在台期间,我几乎全程奉陪。他没有想到台北已如此富有、繁华,他尤其喜欢台北夜生活的多彩多姿,他说生活在美国费城,入夜以后简直像座死城。这次回台湾,原定一周,几场演讲下来,他感受到台北人对他的热情,一时有点舍不得离开,于是延长一周。1984年以后,他主动争取机会,每年至少回来一二次,愈往后,名气越来越大,朋友愈来愈多,回台开会、讲学的频率也越高,到20世纪90年代初,就已有回台定居的打算,因发病才延后了这个计划。

从此以后,除为《中国论坛》、《人间》副刊、《时报》美洲版撰稿外,也为恒炜主持的《当代》(1986年5月创刊)、萧孟能的《文星》(1986年9月复刊)、在美国出版的《知识分子》等刊物,发表了多篇长文,这方面,他几乎有求必应。再加上1986年起四次访问大陆,走遍大江南北,演讲、座谈数十场。每年还要出席多次国际会议,奔走于美国、欧洲、日本、新加坡及台湾与大陆之间,用他自己的话,"差不多忙疯了",有时忙到要在飞机上写会议论文。虽然很辛苦,但他乐此不疲。

这样不但使他的生活、甚至连性格都有了重大的改变:自谓最怕应酬的他,变得很喜欢应酬;自谓不喜欢常旅行的他,变得很喜欢旅行;自谓很内向的他,变得很外向。原先宁静、单纯的家居生活逐渐消失,完全从多年蛰居、自足的生活中解放出来,维持二十多年的婚姻也就此破裂,使他那飘泊、不安的灵魂显露无遗。

回台之后,一方面他感到多年来自己"做逃兵",对自己没有什么贡献而内疚;另一方面,心理上对生活了二十多年的美国产生疏离,觉得在异国教书一辈子,很不甘心。1986年3月4日来信说:"无论如何,我心早已不在异国,只在这样(里)培养洋学生,死不瞑目。"又同年7月3日函:"西田几多郎说得好:哲学思想一定要土著化(即本土化),一定要用本土语言开创思想。我留在美国难于做到,非不能也,实不得已也。这就是我如骨头埋在美国死不瞑目的部分理由。"

三 合编丛书

1965年就出版过伟勋《西洋哲学史》的三民书局董事长刘振强先生,得知伟勋要回台湾的消息,到新店容石园我的家中来看我,除了要我安排他们见面并请吃饭,表示他很想出版一套哲学方面的丛书,希望我与伟勋共同负责主编的工作。我们先在信中做了初步的商讨,来台后很快做了决定,并随即展开工作。后来印出来的《世界哲学家丛书》,

与刘先生的原始构想有些出入。刘先生的想法,希能通俗化,每册字数则在十二至十六万字之间;我们的着眼点,希望有长远影响,内容能代表作者自己学术上的成就或长期研究的成果,字数方面因哲学家本身,规模有大小,产品有多有少,宜采弹性。由于刘先生的体谅与始终支持,才能坚持到今天,仍在继续出版之中。

1986年,丛书开始上市,我们在总序中还说,"遗憾的是,此刻在政治上整个中国仍然处于'一分为二'的艰苦状态,加上其他一些种种限制,我们不可能邀请大陆学者参与撰写工作"。岂料世事变动难测,1987年开放大陆探亲后,台湾社会许多禁忌被打破,两岸之间的学术文化交流愈来愈频繁,原先所感到的"遗憾",自然也就不存在了。在已出版的一百一十多本中,大陆学者约占三分之一强。向大陆学者约稿,我们也曾担心一些框框一时丢不掉,事实证明"文革"后起来的新一代学者,这已不成问题。有人警告,像目前台湾这样大量出版大陆学者的书,我们自己如不加倍努力,迟早会丧失学术上的发言权。我想,如果我们真有这种危机感,就让我们努力竞争吧!

当初拟丛书作者名单时,我们就相约由我写孔子,伟勋写老子,抢先出版,不敢说示范,只望为其他作者提供例样。我因撰写《中国十九世纪思想史》前后拖了六年,遂约请国外一位华裔学者写孔子,可惜他中途因健康不佳而退约。在一时找不到合适作者的情况下,只好仍由我自己来完成,那已在十年之后。而伟勋虽一直不肯放弃,但老子始终未能写出(目前丛书中的《老子》,是刘笑敢教授写的)。他也曾动念要为丛书写萨特、黑格尔、铃木大拙、朱熹,都没有实现。他写书的动念,往往来得快,消失也快,这方面他常游移不定、见异思迁。伟勋为丛书写的唯一一本是《道元》。道元禅师南宋时曾留学中国,师承净如和尚,为日本曹洞宗始祖,伟勋认为他是日本思想史上两位不世出的哲学天才之一(另一位是西田几多郎)。他1986年已有写此书的念头,后因病写了又停,于1996年初,才以带病之躯勉力写成。我看这是他运用其自创的"创造的解释学"最成功的一部著作,学术价值很高。此书出版时,我恰巧应东京"亚细亚问题研究会"的邀请访问日本,行程中在京都大学人文研究所有场座谈,因道元与京都学派有历史渊源,特地送了一部给该所。

伟勋在来信中提过,他对解释学的运思,是由攻读《老子》以及王弼、郭象的注解而引发。老子一书最终虽未写成,但他确实一直在构思,因我在信中不断催他早早动笔,他寄来全书纲目,以证明他的进行工作的就绪。如能照此纲目写出来,必是他应用"创造的诠释学"的最佳示范。兹将纲目抄录于下,供未来老子研究者参考。

绪论

第一章　老子其人其书

第二章　创造的诠释学及其应用:中国哲学方法论建构试论之一

第三章　老子之"道"的六大层面

本论

甲篇:天道观(形上学)

第一章　老子实说什么——关于原典考证校勘的基本难题

第二章　老子意谓什么——语意分析与哲理初探

第三章　老子蕴含什么——哲学思想史的理路线索

第四章　老子应说什么——从表层结构到深层结构

第五章　我们(创造的诠释家)应说什么——批判的继承与创造的发展

乙篇:人道观(实践哲学)

第六章　道德(伦理观与解脱论)

第七章　道术(政治社会思想)

余论

第一章　老子与道家道教的分歧发展

第二章　老子与儒家的对比

　　我与伟勋合编丛书，约稿对象，有时会商量一下，原则上彼此尊重，唯一发生小小的争执，是主编排名次序，伟勋认为我年长，依照中国"长幼有序"的老规矩，我的名字要在前。我的考量是他的学术成就在我之上，他应在先。因他人在国外，我在岛内，方便做决定，最后印出来的是他在前。陈荣捷教授看到后，写信给我，赞美我不依主编姓氏笔画次序排名，以为是我的谦虚，同时这封信也复印给伟勋，使伟勋感到有点委屈。从这些小地方可看出，他虽在美国生活多年，依旧保有中国人的礼数。他也曾说，他的儿子太像美国孩子，使他很不喜欢。

四　破冰之旅

　　1984 年后的十余年间，是伟勋一生中放光放热的年代，他的"创造的诠释学"的方法论，和"批判的继承与创造的发展"一系列长文，为台湾学界带来不小的冲击，提倡生死学，更使他获得很高的知名度。在这期间，他接连四年（1986—1989）访问大陆，大力宣扬"文化中国"的理念，在两岸学术文化交流上，扮演着先锋而又重要的角色，在《中国论坛》、《当代》、《文星》写了不少评论大陆学术及新一代的思想状况的文章。

　　众所周知，大陆方面与美国的关系解冻，是由周恩来所说"一个小球转动了大球"的"乒乓外交"开始的。大概很少人知道（伟勋于正中书局出版的《学问的生命与生命的学问》自传中也未提到），当美国组成乒乓球队访问大陆时，曾请伟勋做访问团的团长，他经再三考虑，未曾接受。他曾告诉徐复观先生："没有旁的原因，我是学哲学的，哲学的本身是批判性的，假定因此行而把我对国家、对文化所应保持的批评性取消了,还是不去的好。"①

1982 年的朱子大会,是两岸学者阻隔了三十三年后,第一次有了交往。1984 年伟勋于美国出版的《知识分子》季刊上发表《马列主义的思想困局与未来中国的展望》,并寄了若干份给他相识的大陆学者,其中包括在朱子会上初次见过面的中国社科院世界宗教研究所任继愈所长。任所长于是年 10 月 23 日写信给伟勋,信中未提是否收到文章,但表示很欢迎他到大陆讲学。

伟勋于 1986 年 3 月,终于决定接受世界宗教研究所的邀请去了大陆,由 1985 年 2 月 16 日的来信可看出,除了故国情怀,还抱着冲破思想禁忌的使命感而去的,信中说:

> 我寄给他们拙文时,注明是一介书生的管见,只是为整个老大中国的未来而出于肺腑之言。至于他们有否听取的能耐,我也管不得了。一个社会经不起善意的批评,绝不会有进步。我过年写信给述先,说拙文不得不写,乃是因为自认"生为台湾人,死为中国人",这是自己选择的学术文化(及个人)命运,这个国家传统以来不管好的坏的,毕竟也有我的份。我花过那么多时间(有五年,那时连佛教之类都不搞)对马列做批评性的学术研究,如果此时不讲出十多年来积在内心的话,良心过不去,即使上述世界宗教研究所邀请我去的事告吹也无所谓(政通案:在文章发表之前,访问之事已有接洽)。相信拙文对北京当局将是一个"精神炸弹",也让他们知道,家丑容易外扬,我所知道的马列内幕还比他们清楚得多。

果如预期,伟勋在大陆评述马列的演讲,反应异常热烈,我写信告诉他,此番大陆行,可谓"破冰之旅"。

初访大陆三周之后,翌年(1987)元月 12 日晚上,《文星》杂志在台

---

① 见徐复观杂文《忆往事》,台北,时报文化出版公司 1980 年版,第 116 页。

北耕莘文教院，为伟勋学办演讲会，并安排我做讲评，讲题是"文化中国与海峡两岸的学术交流"。演讲一开头他告诉听众，"文化中国"的概念是由《中国论坛》的一份邀请函中学到的。那时（1985）我是《中国论坛》编委会的召集人，为了庆祝创刊十周年，我策划了《海峡两岸学术研究的发展》的专号，内容包括哲学、史学、文学、人类学、社会学、心理学、政治学、经济学、法学、教育学等十门学科，每一学科台湾、大陆各一篇，大陆哲学我请伟勋执笔，我在邀请函中有这样一段：

> 自从一九四九年迁台后，海峡两岸学术研究即分别在两种政体下各自发展，影响所及，不只方法论大有差异，亦形成不同的风貌。惟基于"文化中国"的立场，双方学术研究发展各有其特殊意义，殊值重视。

这是学术界首次使用这个概念。伟勋在演讲中又说：不知道这个概念系由何人最先提出？我在讲评中回答：

> 据我所知，这个观念是来自六七年前一群马来西亚侨生在台办的《青年中国》杂志，其中有一期是"文化中国"的专号。他们是否另有依据，我就不知道了。

现在想想，这些侨生，究竟来自马来西亚或印尼，或两地都有，我也无法确定，只记得20世纪70年代末或80年代初，这群侨生中有四五位到新店家中来看我，并做了访问记录刊于《青年中国》。其中有两位女同学是方娥真、陈淑宜，方娥真写小说刊于两大报副刊，印象较深刻。他们之中的核心人物是被他们称为"温大哥"的温瑞安，是位知名的武侠小说作家。他们成立"神州社"，在木栅地区的共同住处叫"试剑山庄"，过着类似"公社"式的生活。他们向我道别时，做了一个仪式性的手势，很特别。在那凭动机猜疑便能入人于罪的年代，我很为这群青年的安全担心，稍后果然听说他们受到政治迫害（1981年元月，温瑞安经军法判决感化三年）。

1949年后，台湾虽然出现过"文化断层"的问题，但像我们这种长年生活于"文化中国"之内的人，总不及长年飘零在异国的人对"文化中国"的概念有深切的感受。伟勋不仅感到它有深刻的时代意义，且在海峡两岸大力宣扬。在大陆他以"文化中国与中国文化"为题，发表公开演讲。在台湾，演讲之外，又为《文星》策划一期相同题目的专号。1988年出版《哲学与宗教》系列第三集时，又以此为书名。从此，不但在两岸炒热，这个概念，在国外也已流传。

五 学海飘泊

在现代中国思想史上，学哲学出身的学人中，像伟勋那样具有丰厚学养的，并不多见。学外语的天分和能运用四种语文（中、日、英、德）工具，固然使他游走几大传统提供方便，但使他博通古今中外的真正原因，应是他对知识的追求、对问题的探索，有永无止境的欲望，这种欲望愈到晚年也愈强，这也是很少见的。在我们的通信中，他常有新的论题，也不断提出写新书的计划，在我的感觉中，他真好像无所不能。我曾告诉他，就成学而言，这是犯了学问的大忌。后来我才逐渐了解，是否能成为一个伟大的学者，在哲学上是否有原创性的表现，在他心中都不是最重要的，惟有在知识上的无穷追逐（我称之谓"学海飘泊"），和永无定向、定性、定位的飘泊中，才是他的最大满足。一生搞哲学，但他觉得活着做个哲学家有点冤枉。如果说一个成功的学者，必然显现出一种生命的基调，那么，伟勋的生命中有不少的异质与难以协调的成份：他的学问富有超越的精神，探讨问题也很理性，但另一方面对尘世、对感性的生活，也十分热衷，一般人的酒色财气、声色犬马，也无一不好；在学术上他非常重视多元开放，同时也是一位自我意识很强、讲起话来旁若无人的人；他的口不择言和粗线条的动作，与他的丰富学养，总使人觉得不像同一个人；他喜讲"学问的生命与生命的学问"，但学问并未滋润到他的生命，是一个很难变化气质的人；老子说"为学日益，为道日损"，他讲的不论是"学问的生命"，或是"生命的学问"，都仍留在"为学日益"的层次上。他似乎不很清楚，真正的"生命的学问"是要在"为道日损"的层次上，方能有得。理性与感性的各行其是，学问与生命的未能统一，虽增强了他生命的张力，但也可能是他情绪时常波动、心理紧张不安的根源。

1965年，伟勋于台北三民书局出版《西洋哲学史》，撰写此书时，他三十一岁，尚未出国读博士，从这一点可看出他年轻时代对学问是如何勤奋，博通的才华业已显露。

20世纪70年代，台北学生书局的冯爱群先生就写信，希望伟勋能写《现代欧美哲学主潮》一书。后来他也一直有写此书的愿望，可惜始终未曾着笔。三民书局的刘振强先生也曾有意请伟勋重写一部《西洋哲学史》，而像他这样一位渴望新知、乐于学海飘泊的人，我早知道那是不可能的，而且我也赞成。

当我知道他有意写《中国哲学的继承与发展》一书时，我曾意图促成，我的理由是：大家都在使用"创造的转化"这一口号时，因缺乏示范性的著作，终究是口号而已。他1985年4月22日来信说：

> 中文撰著的兴趣愈来愈强，过去无聊看武侠小说的"习惯"都放弃了，此后十年，起码写出百万言。《中国哲学的继承与发展》仍想写，依目前700页英文稿做基础，如写出五十万字，分上下二册，再进一步把原有英文稿分(1)早期儒家，(2)道家与魏晋玄学，(3)中国大乘佛学，(4)宋明理学，(5)近代思想（与日本维新前后比较）与(6)现代中国哲学（熊、梁、胡适、张东荪、张君劢、牟、唐、徐、冯友兰，以及马、列、毛的论评）等六七部。这是此后二十年的中英文计划。

后来相关论文虽写了几篇，整套计划是落空的。

1993 年伟勋罹患绝症,在这一年完成的学思历程《自传》^①中,提出"专以写作为余生天命"的著作计划,包括(1)《从创造的诠释学到创造性思维》;(2)《佛教思想的现代探索》;(3)《从原始佛教到现代佛教》;(4)《从原始佛教到大乘佛教》;(5)能贯彻"一心开多门"主张,包括儒家道德心性论及天命论的心性论专书;(6)《生命十大层面与价值取向》;(7)有关《儒教传统与经济发展》的专书;(8)《现代生死学与生死智慧》;(9)《中国哲学的本根及其创造的转化》;(10)《科际整合的理路探索》;(11)环绕"爱与死"的小说。

在庞大写书计划中,最令人不可思议的,他竟然企图写一系列类似"小百科"的小册子,其中包括哲学、科学、宗教、文化、历史、语言、神话、传记、文学、音乐、美感、读书、写作、风土、爱情、友谊等^②。最令人惋惜的是他自豪"生平读破万卷日文书",计划已久的《日本佛教思想史》、《日本思想文化史》^③,也未能写出。

以上洋洋大观、近乎虚幻的写作计划,我不知道其他读者有何感想,在我看来,只不过是表达他至死不渝的"学海飘泊"的愿望而已!

---

① 该《自传》即《学问的生命与生命的学问》,台北,正中书局 1994 年版。下述计划分别见该书第 138、225、349;144;160;347;189;279、349;284;326、329、350;346;349;352 页。
② 《学问的生命与生命的学问》,台北,正中书局 1994 年版,第 351 页。
③ 《学问的生命与生命的学问》,台北,正中书局 1994 年版,第 348 页。

为中国文化的继往开来创造新模式的霍韬晦先生①

一 历史定位

首先,我要对霍韬晦先生在香港创办的"法住事业",在现代中国儒家发展史上如何定位的问题,表达一点个人的看法。

1996 年 7 月,我在台北中研院文哲所召开的"儒学与现代世界"国际研讨会上,所提《孔子成德之学及其前景》一文,其中有下面这段话:

> 这一学派依照所谓"后牟宗三时期"的发展趋势来看,似乎已很难再回到传统儒家的原来轨迹上去了。就个别学者而言,他当然可以顺着知性探求之路一直走下去,但就儒家整体的发展而言,藉用朱熹的比喻,终必陷入"一轮转,一轮不转"的困境,终必产生当儒学已赋予儒家传统以学术的生命之外,要如何才能再使儒家传统中的道德生命获得新生的问题。假如我们不希望当代儒学的影响仅局限于学院和少数知识分子,而希望深入社会大众和日常生活,这将是必须面对的问题。

在我看来,二十年前霍韬晦先生开创法住事业,就正是面对了这样

---

① 编注:本文作于 2002 年,曾发表于香港《法灯》241 期(2002 年 6 月 20 日)。

的问题。他希望在当代儒学前辈知性探求之路之外，也能走出一条如何使儒家传统深入社会大众和日常生活的另一路子。1982年创办法住学会，1987年又创办法住文化书院，以及后来相继开办的各种事业，都是为了使这一心愿和构想能够落实所做的工作。这些工作的主要精神，是继承中国历史上的书院传统，可是其主导的思想和经营的方式，已是相当现代化的。经过二十年的艰困岁月所获得的成就，不只是为儒家、为佛教，而是为整体中国文化传统的继往开来，创造出一个新的模式。

中国历史上的书院传统，其主要精神肇创于孔子的私人讲学。孔子的民间讲学开创了历代不绝的洙泗学风，它不仅成为历代自由讲学的典范，也是中国文化思想的主要源头活泉，中国传统的文化价值与文化命脉，就是在这一学风中得以维系、延续。传统理想主义知识分子的出处进退的规范，也在这一学风中渐次形成。其中很重要的一点，是为知识分子建立了"道尊于势"的信念，这个信念不仅影响了所有杰出知识分子对朝廷的态度，也使知识分子处于难以适应的专制天下的环境里，仍能有守有为。

继承洙泗学风，而以书院名称冠于教学场所，盖始于唐玄宗时的丽正与集贤书院，后衡州李宽建石鼓书院，与白鹿洞、应天、岳麓并称四大书院，其中白鹿洞与岳麓两书院皆曾由朱熹重建，并于院中讲学。朱熹一生为了推展儒家社会教化的功能，对推动书院讲学不遗余力，他立下的白鹿洞书院学规，不仅影响了官学，影响也扩及日本。宋代是中国印刷术开始发展的年代，朱熹为了发扬儒学，尝从事印书的事业。

书院传统对今日我们最大的启示，就是传承文化命脉、保存思想活力，主要是靠民间，而非朝廷。在中国历史上，朝廷往往利用民间已成气候的学说，以笼络士子、"缘饰"专制。当民间之学一旦成为官学，所谓学术势必质变而成为博取功名利禄的工具，导致思想活力的停滞和僵化，汉代的经学、宋代的理学，都曾经历过这一起伏的历程。章太炎说"中国学术自下倡之则益善，自上建立则日衰"，对中国学术的变迁，是极有见地的证词。中国历史上，由民间建立的书院传统，它代表中国历史文化一条长明的火炬，是因为它点燃了代代不绝的希望，使中华民族度过许多黑暗的时期。今天，霍韬晦先生所开创的法住事业，不但继承了这个传统，而且是在现代化的大趋势之下，使这个传统正在发扬光大。

二　人定胜天

在现代化大趋势之下，一个向往学术、以学术为志业的人，首先必须自己成为学者，方能立足于社会。我与霍韬晦先生结交三十多年。当他还很年轻时，他的气质，他的努力，未来即将成为一位杰出的学者，完全是可以预期的。我这个人，一生很少门户之见，只要是性情中人，没有不可以交往的。韬晦先生与我最初交往之时，正是我被新儒家视为"叛徒"之时，多年建立的师友关系，全部中断了，在那年代，韬晦先生是我与新儒家之间唯一的联系。后来他为何抛开作为一个学者的生涯，去开创法住事业，我并不清楚，但二十年来不平凡的成就，正好印证了中国一个古老的信念：人定胜天。

明代吕坤说："圣贤学问，只是人定胜天。"中国传统的圣贤学问，包括道德人格的塑造，历史文化的承担，社会教化的责任。这种古典的学问，在我们这个时代，虽没有完全断绝，但能把它做为人生奋斗的主要目标和价值的，已少之又少。霍韬晦先生正是其中之佼佼者。

具体一点讲，在韬晦先生奋斗的过程中，所谓"人定胜天"的"天"，就是香港这个环境。香港是一百多年的英国殖民地，是华人地区最西化的社会，要想把中国传统的文化理想、古典价值在此落地生根，理论上应比在其他华人地区，如台湾、大陆要困难得多，结果实际上像法住这样的事业，竟然奇迹似地出现在香港。中国有句俗语"事在人为"，法住事业能有今日的成就，韬晦先生其人扮演着决定性的角色。

就客观环境和文化资源而言，台湾比香港要强许多，创办一所小型的人文书院，也曾是我人生的梦想之一。我完全明白，要实现这样的梦想，首要的条件，那就是创办者本身，在人文学术这一领域，必须具备相当的成就，这样才可能获得社会的信赖，也才有条件去争取一些必要的资源。我这一生能走上学术思想之路，其中经历的艰辛，绝非在学院中按部就班学习者所能想像。当我在这方面有了一些成就时，比一般的学者要晚。当创办人文学院的机运降临时，我的人生已进入晚年。人到了晚年，在学术思想原来的轨迹上，迎接新的挑战，开拓新的研究领域，多少可有几分把握；如要去创办一种全新的事业，不免产生患得患失的心理。经过犹豫和挣扎，包括个人性格因素的考虑，终于把自己仍局限在原有的轨迹上继续努力。"性格决定命运"。从事学问比较能独来独往，如要开创社会性的事业，人际关系就相当复杂，这种适应的能力，我很缺乏。我父亲是个成功的商人，少年时期我们之间就冲突不断，终于导致我远走他方，这一背景使我一生无法与纯商人型的人物亲近。其次，我讨厌政客，凡是朋友中去做官的，必然断绝往来。这显然是非理性的态度，但我明知故犯，我无法改变这方面的性格。这种性格当然不能去开创社教性的事业。

我无法实现的梦想，韬晦先生在"知其不可而为之"的处境中，却脚踏实地实践出来，过程中的痛苦与挫折，我能理解。韬晦先生的成就对后人的启示是：一个理想的追求者，没有什么环境是好的，也没有什么环境是坏的，事在人为，人定胜天。"殷忧启圣"绝不是一句空话。

三　思想开放

自从邓小平为了结束十年"文革"的浩劫，主张"改革开放"以来，"开放"一词在华人世界可谓名噪一时。所谓改革开放，就是要将中国导向开放的方向，从事不断的改革。毫无疑问，这是正确的方向。但要使中国成为一个真正开放的社会这将是中国进入近代世界以来最严酷的挑战。"破坏容易建设难"，迈向开放社会的工程，比"反帝""反封建"

要困难百倍千倍。我最早接触到"开放"一词是由法国哲学家柏格森于1932 年出版的《道德与宗教之二源》，书中提出"闭锁道德"和"开放道德"的概念，差不多在四十年前，我根据这个概念对传统儒家所表现的道德形态有所批判（见《传统的透视》一书中《闭锁道德》一文）。后来我逐渐知道，作为现代化的重要指标之一的所谓"开放"，其涵义相当复杂，至少可以分"心灵的开放"、"思想的开放"、"社会的开放"等几个层次。

所谓心灵的开放，我的理解应该是指能宽容异见的一种人生态度。根据房龙《思想解放史话》一书的研究，在近代以前的西方传统，很少具有宽容的精神，总是把异见者当作异端加以惩罚，传统中国也不例外。

所谓思想的开放，是指对不同价值、不同信仰能一视同仁加以尊重。这是很伟大也很古老的信念，并不是近代才有的，大约在中国战国时代已有"道并行而不相悖"的理想。苏格拉底被审判时说："世界上没有人有权对别人说他须信仰什么，或剥夺他自由思想的权利。"但这毕竟只是一个伟大的理想，到今天即使号称最自由、民主的国家，也不能完全做到。

所谓社会的开放，根据卡尔·巴柏（《开放社会及其敌人》的作者）的研究，它具备下列几个特征：(1)一切禁忌和俗制虽仍存在，但已不是神圣不可改变的。(2)人已把约定俗成的东西与自然法则分离。(3)人可以根据自己的好恶去修改或废弃社会的各种制度。(4)人认识了个人的责任。(5)主张一切由自己决定。就这些特征来看，今日世界，只能说有实现程度上的差异，还没有一个彻底开放的社会。

由上可知，所谓开放，只是人类永远值得追求的理想。在现代这股开放的风潮之下，已产生所谓"开放教育"、"开放团体"、甚至"开放婚姻"。凡是冠以开放之名的一切活动，基本上都是自由精神的实践。自由是人类所有追求中极珍贵的价值，但没有健全法治的无序的自由却十分可怕，这正是今天华人世界共同面临的严重问题。

开放既然只是一种理想，因此我说"法住事业"具备开放思想，是与中国传统以及当代新儒家前辈比较而言。中国思想传统中很有趣的一个例子就是荀子,《荀子》书中有《解蔽》一篇,几乎道尽人世间各种之蔽(指与开放相反的心态),以及它造成的祸患。可是他并未反省到自己心智上就有严重的偏蔽,因为他对孟子所有的批判,都是不相干的。《解蔽》篇开宗明义就说"凡人之患,蔽于一曲,而暗于大理",这话真是说出古今思想人物很难克服的一种缺陷。

中国思想的大传统中有儒、释、道三教,三教相融之说始于魏、晋时代,隋、唐以后,更有"三教合一"的主张。宋、明时代的理学家,不少都有出入佛、老的经验,思想多半混合三家的成分,可是成学之后,依旧派系色彩显明,"辟佛"、"非儒"的言论不断。儒、佛之间的争议,一直延续到20世纪。

我一直认为,希腊柏拉图《对话录》中苏格拉底式的对话或辩论,颇有助于开放思想的培养。在辩论中要求对方能遵守辩论的规则,为了观念的清楚和精确,要不断下定义,以便把讨论的问题固定下来。一席冗长、层层质疑、重重问疑的辩论,简直就是一场心智的搏斗,如有犯错,自己承认,没有权威,只着重过程的表演,对问题不轻易遽下结论,容许怀疑、批判、挑战,容忍不同观点和冲突的存在。对照之下,记录孔子言行的《论语》,其中的对话,多半是以独断的方式表达,有结论,少过程。所以致此的原因之一,是在孔子学说本质上是行优先于知、道德实践重于理论思辨。儒家这种思维特质演变到当代,因受到西方哲学的冲击,才产生彻底的改变。当代新儒家,在儒家学术生命的重建上贡献很大,而就儒家本质而言,却又陷入本文开始所说的"一轮转,一轮不转"的困境。

在当代新儒家具代表性的人物中,我的印象,唐君毅先生最具有宽容的态度,对东西方哲学的学养,在新儒家前辈中无人能及。他很喜欢以东西思想比较的论述方式来讨论问题,从中我们可以明显阅读出,他对"中国优越"、"中国中心"的封闭式论调的心态,已自觉地加以克制;但对历史上杰出人格的探讨中,他仍无法以开放的心胸、平等的眼光去看待他们,仍以为释迦、耶稣、穆罕默德是"偏至的圣贤型",只有孔子才是"圆满的圣贤型"！这种看法不但出不了国门,我就觉得他对孔子如此推崇,实在"热"过了头。对世界史稍有了解的人都应该承认,对人类历史的影响,耶稣、穆罕默德,非孔子所及。此外,释迦对不同信仰者的宽容,也优胜过孔子。

霍韬晦先生既是佛学专家,又是唐门高足,因此,能突破过去儒、佛之争中的偏见,乃顺理成章。他在思想开放这方面的杰出表现,是他怀抱着中国传统的人文精神,开创了各种与之相应的事业,甚至要将这种人文精神灌注到现代的企业之中。

韬晦先生以"生命成长"概括东方儒、释、道三家之精神及宗旨,在过去二十年法住书院所办的活动中,大抵做到儒、佛并重,只是今后对道家也应该有较多的关注。我的学生欧崇敬博士在 2001 年出版的《中国哲学史》(先秦卷)中,认为"气"在世界哲学中乃中国独有的观念,从先秦开始,中国哲学家已赋予"气"很复杂的涵义,对后世哲学以及实用层次的医学和养生之术,有很大的影响。他认为这方面的思想,可能是中国对世界哲学特有的贡献之处。

韬晦先生为了提倡"生命佛学"、"生命儒学",因而提出"生命成长"之体会方法论,"于我心有戚戚之焉"。1995 年 10 月,我在北京大学哲学系召开的"变迁与调适,观念与行为的省察学术研讨会"上,所提《人文教育与人的品质》论文中,有一节的标题就是"人文教育的特性:体验重于思辨"。

什么叫体验? 19 世纪德国对人文学理论很有贡献的哲学家狄尔泰认为,"生命"或"精神"的创造的世界,就是"精神世界",而构成精神世界的基本细胞乃是体验,他根据这个观点,发展出一套体验的理论。不管他的理论如何深奥,无非是要告诉世人,要进入生命世界或精神世界,体验乃不二法门。

假如用同样的问题去诘问中国古代的儒者,很可能得到的回应就是:你要了解体验,就必须自己去体验,所谓"如人饮水,冷暖自知"。不亲自去体验,你将无法真正了解体验,因为体验是一种真实的感受,是一种精神的投入,是"我与对象"之间同感共鸣的活动。这在传统中国本是惯用的提升生命境界的方法,可是在现代中国已相当陌生。

四 经营多元

以上三节,希望世人对法住事业创办人霍韬晦先生的文化理想、人格特质,以及一个理想主义者如何在追求利润、高度商业化社会中的生存之道,增加一些了解。"开放"与"多元"都是现代化的重要指标,在运作的过程中,二者相互支援。没有开放的思想,不可能经营出多元化的事业;多元的事业,使"坐而言"的思想化为实际的行动,表现出具体的成果。就一位本是学者型的人物而言,这番事业的成就,不能不说是一个奇迹。这奇迹所显示的意义,就是一种生命的成长和不断的自我突破。如果说中国传统真有所谓"生命的学问",仅靠概念的分析和知识的系统化是不够的,它必须由生命本身亲自去承担,并不吝付出一切代价。法住事业的背后,如没有韬晦先生生命成长与自我突破的艰苦历练,绝不可能有今日的局面。

作为学者,在很大的程度上可以独来独往。但要经营事业,就必须具备与社会各色人等交往沟通的能力,在交往沟通的过程中,还得坚持自己的理想,确实难之又难。我不清楚韬晦先生是怎样做到的,当我每次从照片上看到法住团队以行脚僧人的方式募款时,就不禁想起中国历史上无数儒者和僧人,为了建立书院与佛寺所表现的惊人愿力。这个传统或许就是支持法住团队和法住事业在万难中仍能发展的一种精神动力。

到今天,法住事业已可开列出一长串的项目,其中使我最感兴趣的就是"喜耀生命"的课程。我虽没有参与过这一课程,但我能想像这种课程,主要的既不是为了传授知识,也不是教人技术,而是针对现代人的偏狭和苦闷,使他们能够充实生命,并提升精神境界,打破思想的僵固;使现代人了解,除了生存的专长和经济的利益之外,为了人生的幸福和意义,还有许多其他的潜能可以开发。人的一生,除了生物性的生命成长,知识性的生命成长,还有成德意愿的成长、合群意识的成长、审美能力的成长。这样的人生追求,才能使我们短暂的一生真正觉得"不虚此生"。"喜耀生命"的课程之所以能受到欢迎,并能向外推广扩充,其中一个重要的原因,我想就是它确实能燃起现代社会一些有心人追求生命理想的愿望。

在所有法住事业的项目中,1987 年创办的法住文化书院所提供的"后大学"课程,我认为很具前瞻性,如不断加以充实改善,做出相当的信誉,应可补正规教育之不足,对重振中国的人文精神和提升国人的人文素养,必有助益。

我在 1996 年前面提过的《孔子成德之学及其前景》一文的末尾,曾提出与"后大学"课程类似的构想。为了孔子成德之学在现代中国找到实践的途径,我提出在学院内外两种不同进行的方式。在学院之内,因台湾各大学的自主性已越来越大,我希望有创意的大学,能突破现有体制,担负起"人文教师再教育"的工作。这种教育的宗旨是"人"优先于"文","以友辅仁"重于"以文会友"。经由这种教育的过程,希望能激发人文教师提高人文素质的意愿,并以文质彬彬的君子自我期许。这样的教师,重回到讲台上,可能产生的效果,必不同于往昔。这种富创意的教育,初期可利用假期试行,长远的目标,望能把传统的书院精神扎根于现代的学制之中,创现代与传统结合的佳例,使每位人文教师在研究的工作之外,在人生的某一阶段,有机会在一具有人文气氛的场所,亲身领会人文精神的真实感受。

在学院外,希望把人文教育向社会推广,企盼社会上有财力的企业家或基金会来募集资金,精心规划,热心推动;聘请富有人文理想和人文素养的教师,定期以小众的方式进行讲学,使社会大众重新认识精神修养、道德人格以及身教,对于国家社会、文化长远发展的重要性。至于讲学的场所,不必有固定的房舍,文化中心(台湾二十多个县市,都建有宏伟的文化中心)的一角,学校的一间教室,办公大楼中的小会议室,咖啡屋,书屋,都可用作人文讲学的场所。

我与霍韬晦先生以及在法住事业中与韬晦先生同甘共苦的伙伴们生活在不同的环境中,竟然会产生类似的想法,大概是因我们享有传统的共同资源。为了"生命成长",为了"性情教育",但愿今后海峡两岸的人文学者,能共同组织一个推动人文教育的机构,以提高国人的生活品质。到目前为止,世界上还没有一个人民品质低落而能使经济持续发展的国家。